반도체
넥스트 시나리오

미래는 어떤 모습으로 다가오는가

반도체
넥스트 시나리오

권순용 지음

위즈덤하우스

머리말

반도체에서 시작해
인간으로 끝나다

마커스 드 사토이$^{Marcus\ du\ Sautoy}$ 옥스퍼드대학교 교수에 따르면 세상에 존재하는 데이터 중 90퍼센트가 지난 5년 사이에 만들어졌다고 합니다. 인류 문명이 시작되었을 때부터 2003년까지 만든 것과 똑같은 양의 데이터를 이틀마다 만들어 내는 꼴입니다. 정말 '하루가 다르게 변하는 세상'입니다.

그 세상의 중심에, 단언컨대, 반도체가 있습니다. 20세기 중반 모습을 드러낸 반도체는 데이터를 저장하고 처리하는 데 압도적인 힘을 발휘하며 과학기술의 발전 속도를 끌어올렸습니다. 불과 몇 년 전만 해도 휘어지는 디스플레이, 혼자 움직이는 자동차, 수많은 사람이 접속하는 가상의 공간 등은 SF 영화에서나 볼 수 있는 것들이었습니다. 하지만 그 기술들이 어느새 우리 곁에 와 있습니다. GPU$^{Graphics\ Processing\ Unit}$ 설계에 특화된 반도체 기업 엔비디아^{NVIDIA}의 창업자이자 최고경영자인 젠슨 황$^{Jensen\ Huang}$은 이렇게 말했습니다.

"지난 20년이 놀라운 수준이라면, 앞으로의 20년은 SF 영화와 같을 것이다."

열정적인 호기심

이 책은 우리를 SF 영화의 주인공으로 만들어 줄 반도체 기술을 소개합니다. 기본 개념부터 초격차를 달성할 '저세상' 연구까지 다양한 이야기를 담았습니다.

'1장 반도체, 세상을 바꾸는 1나노미터'는 반도체의 간략한 개발 역사와 주요 기능을 설명합니다. 아울러 더 좋은 반도체를 만들기 위한 최신 연구를 살펴봅니다. 기술적 설명이 주를 이루지만, 최대한 쉽게 풀어 썼습니다. 다만 여전히 어렵게 느껴진다면 굳이 읽지 않고, 바로 다음 장으로 직행해도 됩니다.

'2장 바로 지금, 당신의 일상을 설계하는 반도체'는 오늘날 가장 뜨거운 반도체 기술을 소개합니다. 자율주행자동차부터 무선 통신까지 우리 삶을 크게 바꾸고 있는 각종 기술이 총망라됩니다. 이미 아는 내용이라고 생각할 수 있지만, 찬찬히 읽다 보면 새로운 면을 발견할 겁니다. 반도체처럼 미래 가치가 큰 기술은 보이는 게 전부가 아니니까요.

'3장 미래를 책임질 반도체 시너지 기술'은 반도체와 에너지에 관한 이야기입니다. 반도체는 단순히 데이터를 처리하는 장치에 머물지 않습니다. 에너지를 효율적으로 이용하는 것은 물론이고, 가까운 미래에 에너지를 만드는 역할까지 담당할 것입니다. 이 내용을 미리 알고 있는 사람은 새로운 시각으로 미래를 준비할 수 있지 않을까요.

'4장 반도체 인간의 탄생'은 정말 SF 영화 같은 이야기로 가득합니다. 고성능 반도체를 이용해 인간의 오감을 인공적으로, 하지만 현실보다 더욱더 생생하게 구현하는 연구가 그 어느 때보다 성과를 내고 있습니다. 궁극적으로는 뇌와 직접 상호 작용하는 반도체 개발을 목표로 하지요. 저는 현실과 가상의 경계가 사라지는 곳에 미래가 있다고 감히 전망합니다.

본문 내용과 연결되는 또 다른 반도체 이야기, 과학 및 공학 이야기, 경제 이야기는 '증폭'과 '스위칭'이라는 부록에서 이어갑니다. 이를 따라가다 보면 정말 어느 곳에나 반도체가 있다는 사실을 알게 될 겁니다.

정말로 반도체는 인간 삶과 떼려야 뗄 수 없는 존재입니다. 너무 작거나 잘 숨겨져 있어 눈에 띄지 않을 뿐이지요. 그래서 누구나 한 번쯤 탐구해 볼 만한 주제라고 생각합니다. 동시에 굉장히 전문적인 분야이기도 합니다. 높은 수준의 분업화 때문에 전문가조차 본인 전공이 아니면 알지 못하는 경우가 많습니다.

책을 쓰며 반도체의 이러한 두 가지 특징을 모두 아우르고자 노력했습니다. 그러니 교양 수준에서, 또는 SF 영화를 보는 듯한 두근거림을 품고 가볍게 읽어도 좋고, 전문가적 시각에서 각종 반도체 기술이 모여 어떤 큰 흐름을 만들고 있는지 확인하기 위해 읽어도 좋습니다. 심지어 눈썰미가 뛰어난 사람은 책을 읽다가 좋은 투자처를 발견할지 모릅니다. 무엇이 되었든 반도체가 각자의 삶에 한 걸음 더 가까워진다면, 이 책은 목표를 달성한 것입니다.

이런 이야기를 하면 꼭 누군가는 눈에 보이지도 않는 반도체가, 아직 연구실 밖으로 나오지도 못한 각종 기술이 어떻게 우리 삶을 바꾸냐고 비웃습니다. (실제로 제 유튜브 채널에 비슷한 내용의 댓글이 종종 달립니다.) 그런데 저는 이렇게 생각합니다. 그렇게 말하는 사람들은 확실한 미래를 미리 만날 기회를 놓치고 있는 것이라고. 모든 위대한 발견은 작은 호기심에서 비롯됩니다. 알베르트 아인슈타인^{Albert Einstein}은 이렇게 말했습니다.

"나에게는 특별한 능력이 없다. 단지 열정적으로 궁금해했을 뿐이다."

어떤 만남

이 책을 쓰며 많은 분께 힘을 얻었습니다. 반도체라는 주제와 맞닿는 지점이 있기에, 그 이야기를 짧게 해보려 합니다.

2020년 2월 버펄로대학교와 서호주대학교, 하버드대학교의 연구팀이 흥미로운 연구를 발표했습니다. 2,500명 이상의 사람을 대상으로 경제적 성공과 외로움의 관계를 탐구한 그들은 이렇게 결론 내렸습니다.

"경제적 성공에 가치를 두는 사람일수록 더 외로워한다. 그런 사람은 더 많은 시간을 인간적 교류를 나누는 데 써야 한다고 스스로 압박한다."

돈을 좇는 사람일수록 외로움을 느낀다니! 돈만으로는 사랑이나 우정을 살 수 없다는 방증 아닐까요. 물론 연구팀의 결론이 꼭 정답인 것은 아닙니다. 하지만 저는 그들의 주장에 동의합니다. 경제적 자유를 위해 2년간 유튜브 채널을 운영하며 가장 크게 느낀 감정이 바로 외로움이었으니까요. (순수한 목적을 기대하셨다면 죄송합니다.)

공부마저 중단하고 유튜브 채널에 매달리게 될 정도로 많은 분께 사랑받으며 꾸준히 성장했지만, 이상하게 외로웠습니다. 점심 즈음 일어나 간단히 끼니를 때운 다음, 커피 한잔하며 각종 경제지와 과학 및 공학 관련 논문을 찾아 읽고, 잠시 쉬었다가 저녁부터 새벽까지 영상을 편집하는 하루. 누군가는 부러워할 만한 삶이지만 마음 한편에 외로움이 쌓였습니다.

이대로는 안 되겠다 싶어 2021년부터 외부 활동을 크게 늘렸습니다. 과학 커뮤니케이터로 활약 중인 과학쿠키, 과학드림, 엑소 등과 교류하고, 지금 이 순간에도 연구 현장에서 피땀을 쏟고 있을 한국과학기술연구원의 조일주 뇌과학연구소 단장과 민병권, 김래현 연구원, 백정민 성균관대학교 신소재공학부 교수, 홍윤철 서울대학교 의과대학 교수, 김진우 이대목동병원 교수 등에게 여러 조언을 구했습니다. 과학기술 발전은 정책과 분리할 수 없는 문제이기에 안철수 국민의당 대표, 정병국 전 국회의원 등과도 만나 이야기를 나누었습니다.

이렇게 다양한 분과 작업하니 비로소 '살아 있다'는 느낌을 받았습니다. 경제적 성공이든 무엇이든 어떤 목적에 삼켜지지 않으려면 사람들과 관계 맺어야 한다는 것을 배웠습니다. 이 단순한 진리를 알려주신 모든 분께 감사의 마음을 전합니다.

저는 앞으로도 살아 있음을 느끼고 싶습니다. 그러려면 계속해서 새로운 사람과 새로운 방식으로 만나야 하겠지요. 그것이 바로 이 책을 쓴 이유입니다. 비록 면 대 면은 아니지만 더 많은 사람과 교류할 기회가 될 테니까요.

본문에서 자세히 설명하겠지만, 아무리 좋은 반도체라도 단 하나만으로는 아무것도 하지 못합니다. 반도체는 더 많은 반도체와, 더 많은 소자와 연결되어야만 제 성능을 발휘합니다. 이때 연결 방식이 다양할수록 더 다양한 기능을 선보일 수 있습니다. 단순한 데이터 저장이나 연산은 물론이고, 빛을 내고 에너지를 모으기까지 하지요. 그렇다면 이 책은 만남에 관한 가장 최신의 과학적·공학적 탐구일지 모릅니다. 인간 삶에 가장 가까운 기술인 반도체에서 우리 삶의 모습을 보게 되는 흥미로운 과정인 셈이지요.

어떠신가요. 이 여행에 어서 빨리 함께하고 싶지 않으신가요. 1918년 양자화 개념으로 노벨물리학상을 받은 독일의 이론물리학자 막스 플랑크$^{Max Planck}$는 이렇게 말했습니다.

"과학은 자연의 궁극적 신비를 풀지 못할 것이다. 자연을 탐구하다 보면 자연의 일부인 자기 자신을 탐구해야 할 때가 찾아오기 때문이다."

2021년 10월
권순용

차례

3장 미래를 책임질 반도체 시너지 기술

NEXT
SCENARIO

1장

반도체,
세상을 바꾸는
1나노미터

1

모래가 돈이 되다

"미래는 이미 와 있다. 단지 고르게 퍼져 있지 않을 뿐이다."

미국 소설가 윌리엄 깁슨^{William Gibson}의 말로, 혁신은 이미 우리 주위에 와 있지만, 아직 많은 사람에게 적용되지 않았다는 뜻이다. 예를 들어삼성전자의 갤럭시^{Galaxy}나 애플^{Apple}의 아이폰^{iPhone} 같은 스마트폰은 대부분의 사람이 쓰는 듯해도, 2020년 기준 전 세계에 25억 대가량 보급되었을 뿐이다.[1] 고급 스마트폰의 대명사인 아이폰은 그중 약 15퍼센트에 불과하다.[2] 즉 수많은 사람이 스마트폰이라는 혁신을 누리고 있는 것처럼 보여도, 지구 전체 인구 78억 명 중 3분의 1도 사용하고 있지 않은 것이다.

반대로 깁슨의 말에서 "고르게 퍼져 있지 않을 뿐이다"라는 부분은이렇게도 이해할 수 있지 않을까. 미래 기술은 아직 고르게 퍼져 있지않지만, 미래 기술을 구성하는 핵심 요소는 고르게 퍼져 있다는 뜻으로 말이다. 실제로 스마트폰을 구성하는 핵심 요소는 우리 주위에 고르게 퍼져 있다. 그것이 무엇인지는 사람마다 생각이 다르겠지만, 나는 단언컨대 반도체를 꼽겠다. 인간은 눈이 없어도 살 수 있고 귀가 없어도 살 수 있지만, 뇌가 없으면 죽는다. 스마트폰의 뇌가 바로 반도체다. 더 정확히 말해 AP^Application Processor다. 스마트폰은 AP가 없으면 무슨 짓을 해도 작동하지 않는다. 사람이 뇌 없이 살 수 없듯 스마트폰은 AP 없이 작동할 수 없다. 물론 AP 말고도 여러 종류의 반도체가 스마트폰 안에 들어 있다. D램^Dynamic Random-Access Memory(동적 램)도 반도체이고 LED^Light-Emitting Diode(발광 다이오드)도 반도체이고 이미지 센서^image sensor도 반도체다. 따지고 보면 스마트폰은 반도체 덩어리다. 꼭 스마트폰뿐일까. 이제부터 우리 주위에 널리 퍼져 있는 반도체가 바꾼 세상 그리고 바꿀 세상을 알아보고자 한다.

일상 속 혁신을 찾아서

반도체는 모래로 만든다. 지금 당장 밖에 나가도 몇 초면 찾아볼 수 있는 모래가 반도체의 소재라니! 정확히 말해 반도체는 모래의 주성분인 실리콘으로 만든다. (실리콘 말고 다른 소재로 만드는 반도체도 일부 존재한다.) 예를 들어 인텔^Intel은 자신들이 만든 반도체를 홍보하며 모래가 칩이 되는 모습을 보여주었다.[3]

가만히 생각해 보면 정말 많은 고부가 가치 제품과 소재가 주위에서 흔히 볼 수 있는 물질로 만들어진다. 대표적인 것이 그래핀graphene이다. 만년 신소재 유망주인 그래핀을 한 번쯤 들어봤을 것이다. 그래핀은 내가 대학생 때도 교과서에 신소재로 소개되었는데, 여전히 신소재로 불린다. 관심이 식지 않는 것은 그래핀이 '신神의 소재'로 불릴 만큼 엄청난 특성을 지녔기 때문이다.

모래에서 추출한 실리콘. 원소 기준으로 지구 중량의 27.7퍼센트를 차지하는 풍부한 자원이다.

기본적으로 그래핀의 성분은 연필심과 같은 탄소다. 다른 점은 단 하나, 분자 구조다. 2004년 안드레 가임Andre Geim 맨체스터대학교 교수가 흑연에서 그래핀을 추출했다.[4] 그와 연구팀이 사용한 방법은 기가 막힐 정도로 간단하다. 흑연 가루에 테이프를 붙이고 떼었을 뿐이다! 이 발견으로 가임은 2010년 노벨물리학상을 받는다.

그래핀은 전기전도도, 즉 전기가 흐르는 능력이 구리보다 약 100배 좋다. 그리고 강철보다 200배 단단하다. 두께가 탄소 원자 하나 정도로 매우 얇은 2차원(면) 소재로 활용성도 좋아, 그래핀을 공처럼 만들면 풀러렌fullerene이라는 소재가 되고, 돌돌 말면 탄소 나노튜브carbon nanotube가 된다. 그래핀을 이렇게 자세히 이야기하는 것은 반도체와 관련해 많은 연구가 진행 중이기 때문이다. 이렇게 성능 좋은 녀석을 반도체에 안 쓴다면 얼마나 아까운가.

이처럼 세상의 온갖 뛰어난 소재는 대부분 우리 주위에서 흔히 볼 수 있는 물질과 연결된다. 그래서 나는 깁슨의 말을 "혁신은 바로 주위에 있다. 단지 우리가 알아채지 못하고 있을 뿐이다"로 바꾸고 싶다. 오늘날 대부분의 반도체 기업은 일상에서 당장 찾을 수 있는 흔하디흔한 물질로 수십조, 수백조 원 이상의 가치를 창출하고 있다.

반도체의 세 가지 차원

그렇다면 반도체는 무엇이길래 이만한 가치를 창출하고, 모습을 드러낸 지 한 세기도 지나지 않아 세상을 이렇게 바꿔버린 것일까. 나는 신소재공학을 전공했는데, 특히 반도체에 관심이 많았다. 종종 반도체가 무엇이냐는 질문을 받으면, 상대방이 어느 정도 알고 있는지에 따라 달리 알려준다.

우선 공학적 지식이 전혀 없는 사람이 반도체에 관해 물으면 '전기가 반만 흐르는 소재'라고 답한다. 어느 정도 공학적 지식이 있는 사람이 물으면 '전기전도도가 도체와 부도체 사이인 소재'라고 답한다. 마지막으로 재료공학이나 전자공학을 전공한 사람이 물으면 '에너지 밴드 갭energy band gap이 적당히 좁은 소재'라고 답한다.

그렇다면 가장 쉬운 설명부터 살펴보자. 첫째, 반도체는 전기가 반만 흐르는 소재다. 정확히 말해 어떤 때는 전기가 통하고 어떤 때는 전기가 통하지 않는다. 그래서 '반#'도체다. 실제로 반도체는 영어로 semiconductor다. semi는 '~에 준하다'라는 뜻의 접두사다. 따라서 semiconductor는 conductor, 즉 '도체'에 준하는 소재라고 생각하면 된다. 이 단순한 원리로 지금 당신의 스마트폰과 태블릿, 컴퓨터가 작동하는 것이다.

둘째, 반도체는 전기전도도가 도체와 부도체 사이인 소재다. 전기가 통하는 도체와 전기가 통하지 않는 부도체의 딱 중간에 있는 소재가 반도체다. 세상에 있는 거의 모든 소재는 저항을 지닌다. (초전도체 같은 것은 저항이 거의 0에 수렴한다.) 저항은 움직임을 막는 힘이다. 자동차 기업들이 아무리 기를 쓰고 연구해도 타이어가 받는 저항을 0으로 만들 수 없고, 따라서 땅에 붙어 달리는 자동차의 속도에는 한계가 존재한다. 그렇다면 반도체에도 전기가 흐르는 걸 막는 저항이 있지 않을까. 이때 저항은 소재의 크기에 따라 달라진다. 다시 자동차를 예로 들어보자. 자동차 100대가 지나갈 때, 길이가 1킬로미터인 도로와 10킬로미터인 도로 중 어느 곳이 정체가 심할까. 당연히 전자다. 앞뒤로 딱 달라붙어 달려야 하니 접촉 사고도 많이 날 거다. 그러면 하나 더, 폭이 3미터인 1차선 도로와 9미터인 3차선 도로 중 어느 곳이 정체가 심할까. 이번에도 당연히 전자다. 3차선 도로에서는 세 대씩 나란히 달려가지만, 1차선 도로에서는 한 대씩 달릴 수밖에 없다. 이와 마찬가지로 전기도 짧고 좁은 폭의 도선導線을 지날 때 저항이 심하다.

그런데 혹시 이상한 점이 보이지 않는가. 만약 구리 조각의 저항을 잰다고 하자. 조각의 길이와 폭에 따라 저항이 달라질 텐데, 좀 더 본질적으로 구리라는 소재 자체의 저항도 있을 것이다. 이것이 바로 전기비比

저항이다. 전기전도도는 전기비저항에 반비례한다. 이 전기비저항을 기준으로 소재는 전기가 통하는 도체와 전기가 통하지 않는 부도체, 그 중간의 반도체로 나뉜다. 이때 고체 소재는 대체로 전기전도도가 굉장히 높다. 금, 은, 구리 같은 금속이 대표적이다. 반대로 고무 같은 소재는 전기전도도가 매우 낮다. 그 중간에 존재하는 것이 반도체다.

전자의 등산과 스위칭

셋째, 에너지 밴드 갭이 적당히 좁은 소재가 반도체다. 생전 처음 듣는 용어이겠지만, 최대한 쉽게 설명할 테니 겁먹을 필요 없다. 이는 반도체를 과학적으로 가장 정확히 기술한 것이다. 본격적인 설명에 앞서 원자가 무엇인지 살펴볼 필요가 있는데, 20세기 최고의 물리학자 중 한 명인 리처드 파인먼Richard Feynman이 아주 명확한 설명을 남겼다. "모든 물질은 원자로 구성된다. 이들은 영원히 운동을 계속하는 작은 입자로, 거리가 어느 정도 이상 떨어져 있을 때는 서로 잡아당기고, 외부의 힘으로 압축되어 거리가 가까워지면 서로 밀어낸다." 그의 말대로 원자는 세상의 모든 것을 구성한다. 그리고 원자는 원자핵과 그 주위를 도는 전자로 구성된다.* 과학자들은 오래전부터 이들의 움직임을 연구했고, 그 움직임을

---

* 반도체를 제대로 이해하려면 각각의 전기적 성질을 간단하게라도 알아야 한다. 원자핵은 양전하(전기적 성질이 플러스)를 띠는 양성자와 전기적으로 중성인 중성자로 구성된다. 전자

제어한 결과가 바로 우리가 사용하는 각종 전자 제품이다. 즉 중요한 것은 원자핵의 주위를 돌고 있는 전자를 제어하는 일이다.

만약 원자들이 서로 엄청나게 멀리 떨어져 있다면 어떠한 힘도 그들 사이에 간섭하지 않는다. 반대로 원자들을 가까이 붙이면 서로 영향받아 동요하기 시작한다. 이를 무시하고 계속 붙이면 전자들이 움직이는 영역이 자연스레 겹쳐 넓어진다. 이로써 전자는 원자핵을 빙빙 도는 것보다 더 자유롭게 움직이게 되는데, 그 대역폭이 바로 에너지 밴드다. 이 에너지 밴드는 가전자대와 전도대로 구성된다. 여기에 전기나 빛 같은 외부 자극이 가해지면 가전자대에 있는 전자가 전도대로 올라가는데, 몇 개가 올라가는지에 따라 전기전도도가 달라진다. 이때 전자가 떠나가며 가전자대에 생긴 구멍을 양공陽孔, electron hole**이라고 한다.

이처럼 고체 소재의 전기적 특성은 가전자대와 전도대라는 두 구성 요소의 구조에 따라 달라진다. 상식적으로 생각해 보아도 가전자대보다 전도대가 너무 높으면 전자가 올라가기 힘들지 않을까. 산이 너무 높으면 정상까지 올라가는 사람이 적은 것과 똑같은 이치다. 적어도 전자

는 음전하(전기적 성질이 마이너스)를 띤다. 전기적 성질이 서로 반대인 원자핵과 전자는 서로 잡아당기며 원자를 구성한다. (대부분의 원자는 양성자와 전자의 수가 같아 전기적으로 균형을 이룬다.) 그런데 원자핵에 비교적 느슨하게 매여 공전하는 전자가 있다. 이를 자유전자라 하는데, 외부에서 에너지를 가하면 원자핵에서 벗어나 자유롭게 이동한다. 이것이 바로 '전기가 흐른다'고 할 때의 상황으로, 전자는 에너지가 가하는 압력, 즉 전압이 낮은 곳(음극)에서 높은 곳(양극)으로 이동한다. (이 높고 낮음의 차이를 전위라고 한다.)

** 양공은 말 그대로 구멍이지만, (음전하를 띠는 전자가 떠나고 남은 것이므로) 양전하를 띠는 입자로 다룬다.

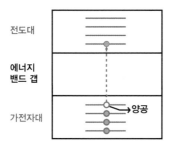

전도대

에너지
밴드 갭

가전자대

→양공

도체나 반도체에서 전자가 이동하는 원리.

의 세계까지는 우리의 상식이 통하기에, 가전자대와 전도대의 간격^{gap}이 크면 클수록 전자의 등산은 힘들어진다.

고체 소재 중 금속인 도체는 에너지 밴드 갭이 좁거나 아예 없다. 즉 전자가 올라가기 굉장히 쉽다. 따라서 전기가 잘 통한다. 반대로 고무 같은 부도체는 에너지 밴드 갭이 엄청나게 넓다. 즉 전자가 올라가기 너무 어렵다. 따라서 전기가 잘 안 통한다. 그렇다면 반도체는? 소재에 따라 다르지만 외부 자극을 주면 올라갈 수 있을 정도의 적당한 높이다.

눈치 빠른 사람은 '외부 자극'의 의미를 알아챘을 것이다. 즉 반도체의 전자는 외부 자극을 주지 않으면 가전자대에서 전도대로 올라가지 않는다. 그 상황에서는 전기가 안 통한다. 하지만 외부 자극, 예를 들어 전기나 빛을 쏘면 올라간다. 즉 전기가 통한다! 이게 바로 반도체의 매우 기초적인 원리다. 이렇게 반도체는 때로는 전기를 흘려주고, 때로는 흘려주지 않는 '스위칭^{switching}'의 역할을 수행한다.

반도체의 진짜 이름

여기까지는 반도체의 지극히 물리적 특성에 관한 설명이다. 하지만 일상에서 반도체라 하면 소재로서의 반도체가 아닌, 전자 제품의 주요 부품으로서의 반도체를 의미할 때가 많다. 예를 들어 CPU^Central Processing Unit나 AP처럼 말이다. 사실 이는 IC^Integrated Circuit(집적 회로)라 불러야 한다. 뒤에서 자세히 설명하겠지만, IC는 반도체라는 소재로 만든 소자素子, 즉 최소 단위의 전자 부품을 회로를 따라 오밀조밀하게 집적한 다음, 기능을 수행할 때 방해받지 않도록 포장한 것이다. 그렇다면 우리는 왜 IC를 반도체라 부를까.

IC의 핵심 기능이 반도체의 물리적 특성과 연결되기 때문이라고 생각한다. IC는 정보를 처리하거나 저장한다. 이는 전자를 통하게 하거나 통하지 않게 함으로써 가능하다. 컴퓨터에 정보 A와 정보 B를 구분해서 저장한다고 해보자. 컴퓨터는 두 정보를 어떻게 구분할까. 정보 A는 전자가 통하는 상태로, 정보 B는 전자가 통하지 않는 상태로 구분할 수 있지 않을까. 전자가 통하면 정보 A, 통하지 않으면 정보 B라는 식으로 말이다. 이처럼 반도체의 특성이 곧 IC의 기능을 구현한다. (따라서 이 책에서도 반도체와 IC를 구분하지 않을 것이다.)

좀 더 구체적인 예를 하나 더 살펴보자. 바로 삼성전자와 SK하이닉스의 주력 상품이자 우리나라 최고의 수출 품목인 D램이다. D램은 CPU의 속도는 빠른데 보조하는 메모리 반도체의 속도가 느릴 때 그 중간에서 효율성을 높여주는 장치다.

황철성 서울대학교 교수는 CPU가 뇌라면 D램은 책장에서 책들을 꺼내 펼쳐놓은 책상이라고 표현했다.[5] 책장에 꽂혀 있는 책들을 참고해 보고서를 작성한다고 하자. 모든 책을 책장에서 잠시 펼쳐 보고 기억하

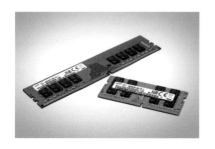

우리 주변에서 가장 쉽게 볼 수 있는 IC인 D램. 메모리 반도체의 하나로 삼성전자의 주력 상품이다. 오늘날 고성능 전자 제품의 필수 요소다.

려 한다면 매우 어려운 일이 될 것이다. 대신 책들을 꺼내 책상 위에 펼쳐놓고 수시로 확인하는 게 훨씬 효율적이다. 이때 책들을 펼쳐서 올려놓은 책상이 바로 D램이다. D램은 수로와 수문처럼 작동한다. 수문을 열고 수로에 전자를 넣어주거나 빼면,

즉 앞서 설명한 것처럼 전자가 통하면 정보 A, 전자가 통하지 않으면 정보 B가 저장되는 것이다. 애플의 M1처럼 성능 좋은 반도체의 D램에는 이런 수로가 수십억 개 이상이다. 수로의 수만큼 수십억 개 이상의 정보를 처리하는 D램이 없다면 오늘날의 컴퓨터, 스마트폰 등도 없다.

제2의 실리콘밸리를 꿈꾸다

반도체는 고작 실리콘에서 시작해 이러한 수준까지 발전했고, 세상을 이렇게 바꾸었다. 실리콘만큼이나 흔하면서도 위대한 소재가 또 있을까. 심지어 미국 캘리포니아 어느 도시의 이름에는 실리콘이 들어간다. 페이스북Facebook, 구글Google, 애플 등이 모여 있는 실리콘밸리 이야기다. 반도체(실리콘)를 만드는 회사가 많았기에 붙여진 이름이다. 도시의 이름이 될 정도로 실리콘의 위상은 대단하다. 우리나라로 따지면 포스코

POSCO 본사가 있는 포항을 '철 골짜기'라고 부르는 꼴이다.

기술에 정체停滯는 없다. 계속해서 나아갈 뿐이다. 사람들은 더 나은 소재를, 새로운 소재를 원한다. 실리콘은 어디든 존재하고, 따라서 저렴해 쉽게 살 수 있어 반도체를 대표하는 소재가 되었지만 분명 한계가 존재한다. 따라서 20년, 30년 뒤에는 상황이 달라질 수 있다. 비싼 탓에 실리콘에 밀려 빛을 보지 못한 갈륨의 새로운 처리법을 개발해 가격 대비 효율성을 높여 반도체 소재로 사용할지 모른다. 이처럼 언젠가는 실리콘보다 더 성능 좋고 범용성 있는 소재가 나올 것이다. 자연스레 그 소재가 있는 곳으로 반도체 기업들이 모여들어 제2의 실리콘밸리를 꾸릴지 모른다. 그곳에서 등장할, 오늘날 막강한 위세를 자랑하는 유수의 반도체 기업들을 뛰어넘을 새로운 다크호스를 기대한다.

스위칭

연필심도 돈이 된다

그래핀 다음으로 각광받는 신소재가 탄소 나노튜브다. 흔하게 볼 수 있는 일명 연필심, 즉 흑연으로 만드는데, 2차원으로 얇게 펼친 다음 원통형 모양으로 말면 된다. 철보다 100배 이상 뛰어난 강도, 알루미늄의 절반 수준 무게 등 성능이 굉장하다. 그리고 최근 특수 용액에 담그기만 해도 전기를 만들어 내는 기술이 발표되어, 에너지 혁명을 이끌 신소재로 주목받고 있다.

반도체의 근본 기술

- 〈휘어지는 트랜지스터 속도가 100배 빨라졌다〉[6]
- 〈투명 잉크로 찍어내는 고성능 트랜지스터 개발〉[7]
- 〈인텔, 새로운 트랜지스터 구조 '슈퍼핀' 공개〉[8]

대부분의 사람은 이런 기사를 보며 "무언가 새로운 것을 개발했나 보네" 이상의 감흥을 느끼지 못할 것이다. 트랜지스터^{transistor}라는 용어 자체를 들어본 적 없거나, 들어보았어도 무엇인지 모를 테니까 말이다. 대학교에서 신소재공학이나 전자공학 등 관련 분야를 전공해도 3~4학년이 되어야 스치듯 배운다. 사실 그마저도 연관된 수업을 선택하지 않으면 들을 기회가 없다. 연장선에서 반도체를 설계하고 만드는 삼성전자나 SK하이닉스가 아닌 다른 종류의 기업에 입사하고자 준비한다면 트랜지스터가 무엇인지 정확히 모를 확률이 매우 높다. 전공자들도 이러한데 전혀 상관없는 사람들은 오죽할까.

물론 몰라도 된다. 예를 들어 누군가 배터리가 무엇인지 묻는다면 "전자 제품이 작동하도록 도와주는 장치야" 정도로만 답해도 충분하다. 하지만 사람들은 더 알려고 한다. 전고체 배터리가 어쩌고 배터리 전해질이 저쩌고…. 학생들은 순수한 호기심에서, 주식 등 재테크에 관심 있는 사람들은 '미래 먹거리'를 알아보고 투자처를 정할 혜안을 얻고자 관련 정보를 찾아본다. 그렇다면 우리는 그 중간 어디쯤의 자리에서 트랜지스터가 무엇인지 살펴보자.

트랜지스터라는 증폭혁명

앞서 반도체가 어떻게 작동하는지 알아보았다. 핵심은 전자가 가전자대에서 전도대로 올라가야 한다는 것인데, 전기만 가한다고 자연스레 그리될까. 그럴 수도 있고 아닐 수도 있다. 전자를 진성 반도체라고 한다. 그런데 진성 반도체는 거의 사용하지 않는다. 전기전도도의 효율이 너무 떨어지기 때문이다. 효율이 떨어진다는 것은 전도대에 올라가는 전자의 수가 적고, 이동 속도가 느리다는 말이다. 이 문제를 해결하기 위해 불순물을 섞는 '도핑^{doping}' 과정을 거친다. 그렇게 해서 전기전도도를 높인 반도체를 외인성 반도체라고 한다. 불순물로는 보통 인이나 붕소를 넣는다. 이때 인을 넣으면 n형이라고 하고, 붕소를 넣으면 p형이라고 한다.

반도체의 주요 소재인 실리콘도 그 자체만으로는 성능이 좋지 않아

도핑해 주어야 한다. 이때 인을 넣는다고 해보자. 실리콘은 원자핵 하나당 전자가 네 개인데, 인은 다섯 개다. 이 둘이 결합하면 자연스레 전자가 하나 남는다.* 이 녀석은 아주 자유롭게 움직일 수 있으므로, 곧 전도대로 이동하는 전자의 수가 늘어난다. 이렇게 해서 전기전도도가 높아지는 것이다.

그렇다면 이런 궁금증이 생길 수 있다. "고작 전자 하나 늘었다고 어떻게 전기가 잘 통하게 되나요?" 얼핏 적절한 지적 같다. 그런데 사실 '고작 하나'가 아니다. 실리콘 원자 10^{15}개로 구성된 반도체가 있다고 하자. 여기에 불순물인 붕소 원자를 몇 개나 넣을까. 100개? 1,000개? 1만개? 10만 개? 다 틀렸다. 10^{12}개 이상 집어넣는다. 그러니 자유로워지는 전자가 얼마나 많겠는가. 이처럼 불순물을 넣어 전기가 잘 통하게 하는 것, 즉 '증폭amplification'이 외인성 반도체의 핵심이다.

지금까지 설명한 스위칭과 증폭은 반도체의 다양한 기능 중 가장 기본적인 것들이다. 그리고 이를 한층 강화해 혁신을 이룬 게 바로 트랜지스터다. 트랜지스터를 바탕으로 다양한 소자를 개발한 끝에 비로소 전자 제품의 소형화가 가능해졌다. 트랜지스터 전에는, 지금은 박물관에서나 볼 수 있는 진공관을 사용했는데, 유리라 깨지기 쉽고 예열 과정이 필요하며 무엇보다 전력 소모가 너무 컸다. 진공관을 사용한 최초의

---

* 이러한 화학적 결합을 공유 결합이라고 하는데, 말 그대로 결합하는 원자들이 전자를 공유하는 현상이다. 이때 안정적인 구조를 이루려면, 서로 주고받는 전자의 수가 같아야 한다. 물부터 다이아몬드까지 일상에서 접할 수 있는 대부분의 물체는 공유 결합의 산물이다.

컴퓨터인 에니악^{ENIAC, Electronic}

Numerical Integrator And Computer이 길이 25미터, 높이 2.5미터, 폭 1미터, 무게 10톤의 집채만 한 크기로 제작될 수밖에 없었던 이유다. 그런데 에니악이 만들어지고 다음 해인 1947년 개발된 트랜지스터는 진공관보다 훨씬 작은 크기에도 효율이 월등했다.

1947년 만들어진 최초의 트랜지스터. 증폭 기능을 강화해 진공관을 대체함으로써 컴퓨터의 새로운 시대를 열었다.

예열 과정도 필요 없고 전력 소모도 매우 적었다. 실제로 트랜지스터를 장착한 최초의 컴퓨터인 트래딕^{TRADIC, TRansistorized Airborne DIgital Computer}은 에니악의 300분의 1 정도 크기인데도 비슷한 성능을 보여주었다.

여담이지만, 이런 내용은 내 유튜브 채널에서는 잘 언급하지 않는다. 말로 설명하면 시청자가 강의처럼 따분하게 느낄 테니 말이다. 다만 좀 더 숙고하게 하는 책의 장점을 빌려 설명해 보았다. 이 부분을 넘어가면 사람들이 정말로 원하는 내용, 즉 반도체가 우리의 일상을 어떻게 바꾸고 있는지를 알아보려 하니 좀 더 힘을 내보자.

세상에서 가장 거대한 나노 전쟁

질문을 하나 던져보겠다. 여러분은 반도체의 가장 큰 장점이 무엇이라고 생각하는가. 다양한 답이 나오겠지만, 나는 '미세화'라고 말하겠다. 에니악과 트래딕의 예처럼, 반도체가 작아지지 않았다면 스마트폰 같은 전자 제품은 꿈도 꾸지 못했을 것이다. 반도체가 작아지려면 솜씨 좋은 세밀화가가 필요하다. 텔레비전 등에서 반도체 제조 설비를 보여줄 때 반짝거리는 원판이 자주 등장하는데, 이를 웨이퍼^{wafer}라고 한다. 실리콘으로 만든 이 웨이퍼에 아주 정밀한 그림(회로)을 그린 다음 자르면, 곧 소자가 된다. (그림을 그리는 과정에서 인이나 붕소가 들어간다.) 이 소자를 수억, 수십억 개 묶어 우리가 아는 반도체를 만드는 것이다.

결국 반도체가 작아지려면 웨이퍼에 처음부터 그림을 작게 그려야 한다. 이것이 오늘날 반도체 기업들의 최대 화두다. 아마 보통 사람들은 그 정밀함과 크기를 상상하지 못할 것이라고 장담한다. 예를 들어보자. 아이폰 13 시리즈에는 A15 바이오닉^{Bionic}이라는 AP가 탑재되어 있다. A15 바이오닉은 타이완을 대표하는 반도체 기업 TSMC^{Taiwan Semiconductor Manufacturing Company}의 5나노미터 공정으로 만들어졌다. 즉 그림의 한 획과 한 획 사이의 간격이 5나노미터라는 뜻이다. 머리카락 한 올의 두께가 보통 50~100마이크로미터다. 그렇다면 1나노미터는 머리카락보다 5~10만 배 이상 작은 크기다. 상상되는가. 반도체에 그려진 그림은 여러분의 머리카락보다 10만 배 더 정밀하다. 반도체를 가장 정밀하고 우아한 그림이라고 표현하는 이유다.

놀라기에는 아직 이르다. 가로세로 각각 1센티미터 크기의 A15 바이오닉에는 약 150억 개의 소자가 올라간다. 그림을 작게 그린다는 것은 그만큼 작은 소자를 반도체 하나에 많이 올릴 수 있다(집적도를 높인다)

는 뜻이다. 앞서 반도체의 역할은 스위칭과 증폭이라고 했다. 하나하나의 힘은 미약할지언정 150억 개의 소자가 모이면 엄청나게 빠른 스위칭과 증폭이 가능하다.

애플의 초소형 컴퓨터인 맥 미니(Mac mini)에 들어가는 M1. 반도체는 작아질수록 성능이 좋아진다. 반도체가 장착된 전자 제품도 마찬가지다.

근원적인 질문을 해보자. 왜 굳이 스위칭과 증폭 성능을 향상해야 하는가. 왜 반도체 집적도를 높여야 하는가. 2020년 11월 애플은 맥북^{MacBook}과 아이패드^{iPad}에 넣을 새 CPU로 M1을 발표했다. M1은 그들의 표현대로 "프로 중의 프로"다운 성능을 보여주었다. 기존 맥북 대비 CPU 성능은 최대 2.8배 향상되었고, 그래픽 처리 속도는 다섯 배 빨라졌다. 또한 전력 효율도 좋아져 한 번 충전해 스무 시간까지 사용할 수 있다. 반도체의 기본 기능인 스위칭과 증폭의 성능을 높이기만 했는데, CPU, 그래픽, 배터리 등 각종 기능이 대폭 좋아진 것이다. 왜일까. 답은 간단하다. CPU는 뇌다. "멍청하면 몸이 고생한다"라는 말이 있듯이, 머리 좋은 사람은 최고로 효율적인 방법을 찾아낸다. 반도체의 성능 향상도 마찬가지다. 좋은 반도체는 제품 전반의 성능을 끌어올린다.

그렇다면 집적도는 왜 높이는가. 크게 두 가지 이유가 있다. 첫째, 성능을 향상하기 위해서고, 둘째, 돈을 많이 벌기 위해서다. 뒤에서 자세히 다루겠지만, 반도체는 작으면 작을수록 성능이 좋아진다. 편의점과 직선거리로 30미터 떨어진 곳에 사는 사람이 있다고 해보자. 1초에 3미터를 걷는다고 하면 편의점까지 10초 걸린다. 그런데 직선거리로 9미터 떨어진 곳에 산다면, 3초면 충분할 것이다. 반도체도 마찬가지다. 전자가 금방 이동하는 만큼 성능이 좋아진다.

돈을 많이 번다는 것도 쉽게 설명할 수 있다. 누군가 피자를 만들어 판다고 해보자. 하루에 딱 한 판만 만드는 대신 조각당 무조건 1,000원을 받을 수 있다면 어떻게 해야 수익을 극대화할까. 당연히 조각이 많이 나오게 자르면 된다. 열 조각으로 자르면 1만 원을 벌지만, 100조각으로 자르면 10만 원을 벌 수 있다. 삼성전자나 SK하이닉스 같은 반도체 기업들이 하는 일이 정확히 이렇다. 조각의 맛을 점점 더 뛰어나게 해 개별 가격을 떨어뜨리지 않으면서, 하나의 판에서 최대한 많은 조각을 만들어 내 수익을 높이는 것이다.

붙여야 작동하는 접합의 비밀

웨이퍼에서 많은 소자를 만든다고 끝이 아니다. "구슬이 서 말이라도 꿰어야 보배"라는 말처럼, 특정 기능에 맞춰 소자나 금속, 절연체 등을 묶어야 한다. 이를 '접합^{junction}'이라고 하는데, 대표적인 예가 p-n 접합이다. 앞서 p형과 n형을 소개했는데, 이 둘을 붙이는 것이다. (정확히 말해 따

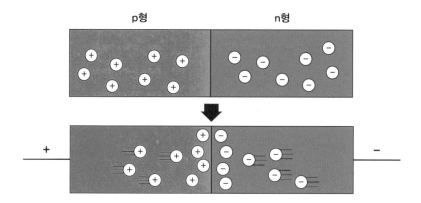

p형   n형

p-n 접합에서 나타나는 전자의 이동.

로 만든 다음 붙이는 게 아니라 처음부터 붙은 상태에서 따로 도핑해 만든다.) 일단 웨이퍼 양면에 각각 붕소와 인을 도핑해, 한쪽은 p형으로, 다른 한쪽은 n형으로 만든다. 이때 둘 사이에 전자의 농도 차가 발생하는데, 상대적으로 전자가 더 많은 n형은 음전하를, 상대적으로 양공이 더 많은 p형은 양전하를 띤다. 이때 p형에 양의 전압을 가하고, n형에 음의 전압을 가하면,* 각 반도체의 정공과 전자가 밀리며 서로 가까워지다가 끌어당기게 된다. 이로써 에너지가 발생한다.

이러한 소자를 다이오드^{diode}라고 부른다. 이를 활용한 가장 대표적인 반도체가 빛 에너지를 내뿜는 발광 다이오드, 즉 LED다. 내가 관련 내용을 유튜브 채널에 올리면서 LED를 예로 들었더니, 누군가 전구를 왜

---

* 양의 전압과 음의 전압은 상대적 표현이다. 즉 전압을 가했을 때, 기준점보다 전압이 높으면 양의 전압, 낮으면 음의 전압이다.

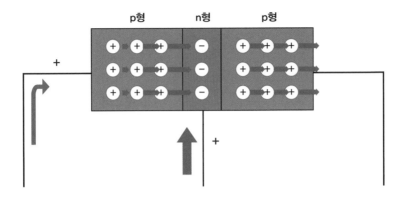

p-n-p 접합에서 나타나는 전자의 이동.

반도체로 부르냐고 물었다. 이제 그 이유를 알 것이다. LED는 반도체다! 비슷한 것으로 OLED^{Organic LED}(유기 발광 다이오드)가 있다. OLED는 액정 안의 유기물 소자들이 스스로 접합해 발광하므로 LCD^{Liquid Crystal Display}(액정 디스플레이)처럼 백라이트^{backlight}가 필요하지 않다.

다이오드가 에너지를 발생시킨다면, p-n-p 접합이나 n-p-n 접합의 꼴을 한 트랜지스터는 스위칭이나 증폭 기능을 강화한다. p-n-p 접합을 예로 들면, 제일 왼쪽 p형에 양의 전압을 가하면 (다이오드에서 본 것처럼) 중간의 n형 쪽으로 양공들이 이동한다. 이때 n형에 더 강한 양의 전압을 추가로 가하면 그 양공들이 제일 오른쪽의 p형으로 한 번 더 이동해 (그곳의 양공들과 합쳐져) 결과적으로 증폭된다. 이런 식으로 방향과 세기를 조절하는 것이다.

이 트랜지스터를 모아 만든 게 논리 소자인 인버터^{inverter}(NOT 게이트)다. 이 단계부터 본격적인 연산이 가능한데, 인버터는 트랜지스터의 스위칭 기능을 활용해 1을 0으로, 0을 1로 바꾼다. 논리 소자에는 인버터 외에도 AND 게이트, OR 게이트 등이 있다.

그렇다면 다이오드와 트랜지스터, 인버터만으로 앞서 언급한 애플의 M1이나 인텔의 코어Core i, 삼성전자의 엑시노스Exynos, 퀄컴Qualcomm의 스냅드래곤Snapdragon 같은 최첨단 반도체를 구성할 수 있을까. 당연히 절대 그럴 수 없다. 훨씬 더 강력한 소자가 필요하다. 그리고 이 소자는 놀랍게도 한국인인 강대원 박사가 개발했다. 그가 만든 모스펫MOSFET, Metal-Oxide-Semiconductor Field-Effect Transistor 은 역사를 바꾸었다.

스위칭

노벨상에 가장 가까운 한국인

강대원 박사가 일찍 유명을 달리하지 않았더라면 노벨물리학상을 받았으리라고 생각하는 사람이 많다. 오늘날 또 한 명의 한국인 연구자가 유력한 노벨상 수상자로 점쳐지고 있다. 바로 나노 입자 분야의 세계적 권위자 현택환 서울대학교 교수다. 지금까지 나노 입자 분야에서 가장 중요한 과제는 그 크기를 균일하게 조절하는 일이었다. 그는 이 문제를 해결해 나노 입자 대량 생산의 길을 열었다.

3

모든 반도체의 뿌리

인텔을 설립한 고든 무어$^{Gordon\ Moore}$는 1965년 4월 "앞으로 반도체 성능은 2년마다 두 배씩 증가할 것이다"라고 선언했다. 이 '무어의 법칙'은 이후 수십 년간 반도체 산업을 지배했다. 하지만 21세기 들어 상황이 급변하고 있다. 무어의 법칙은 힘을 잃고, 반도체 성능은 물리적 한계에 봉착했다. 이를 극복하려면 막대한 연구·개발비를 쏟아부어야 하는데, 감당하기가 쉽지 않고 성공한다는 보장도 없다. 급기야 2018년에는 당시 세계 2위 규모의 파운드리^{foundry*}였던 글로벌파운드리스^{GlobalFoundries}가 7나노미터 공정을 포기했다. 2020년에는 인텔이 7나노미터 반도체 양산을 2023년으로 미루었다. 다만 최근 들어 반도체 제조 장비를 생산하

---

* 반도체 기업은 크게 파운드리와 팹리스(fabless), 이 둘을 다 포함하는 종합 반도체 기업(IDM, Intergrated Device Manufacturer)으로 나뉜다. 파운드리는 TSMC처럼 반도체를 생산만 하고 설계하지 않는다. 반대로 팹리스는 애플처럼 반도체를 설계만 하고 생산하지 않는다. 종합 반도체 기업은 삼성전자나 인텔처럼 반도체의 설계와 생산을 모두 한다.

는 ASML이 EUV^Extreme Ultraviolet (극자외선)를 활용해 회로를 그리는 노광
露光 장비를 개발한 덕분에 7나노미터를 넘어 5나노미터, 3나노미터, 심
지어 2나노미터를 향한 여정이 시작되고 있다. 무어의 법칙이 부활할
조짐이랄까.

앞서 나노미터의 크기를 설명했다. 머리카락 두께보다도 훨씬 작은
세계, 그곳에서 반도체는 만들어진다. 인간이 만든 그 어떠한 것도 반도
체보다 정교하지 않다. 그리고 반도체의 핵심에 모스펫이 있다. 비전공
자를 충분히 겁먹게 할 만한 이름이지만, 걱정할 것 없다. 역시 차근차근
알아보자.

모스펫이 없으면 아무것도 없다

스마트폰, 컴퓨터 등 우리 주위의 전자 제품에는 대부분 반도체가 들어
있고, 그 반도체는 대부분 모스펫이라는 소자로 구성되어 있다. 다시 말
해 모스펫이 없으면 지금 우리가 누리는 삶도 없다. 그만큼 엄청나게 중
요한 소자인데, 강대원 박사의 발명품이다. 물론 한국에서는 아니고 미
국의 벨연구소^Bell Labs에서 만든 것이지만, 살짝 '국뽕'에 취해보자.

강대원 박사는 1931년 서울에서 태어나 서울대학교 물리학과를 졸업
하고 미국 오하이오주립대학교에서 박사학위를 받은 후 벨연구소에 들
어간다. 그리고 입사 1년 차인 1960년 마틴 아탈라^Martin Atalla 연구원과
함께 세계 최초로 모스펫을 개발한다.[9] 이로써 반도체 하나에 엄청나게

많은 소자를 집어넣고, 대량 생산까지 가능하게 되었다. 여러분이 이 성과를 제대로 느끼도록 설명해 보겠다. 만약 모스펫이 없다면, 오늘날 사무실이나 가정에서 사용하는 수준의 컴퓨터를 구동하는 데 발전 용량 1기가와트급의 원자력 발전소가 필요하다. 노벨물리학상을 받아도 부족할 만큼의 엄청난 성과다. 하지만 강대원 박사는 1992년 학회를 마치고 귀가길에 쓰러져 향년 61세를 일기로 눈을 감는다. 반도체 기업 텍사스인스트루먼트Texas Instruments의 연구원으로 최초로 IC를 개발한 잭 킬비Jack Kilby는 2000년 노벨물리학상을 받으며 이렇게 말했다. "강대원 박사가 개발한 모스펫이 반도체 산업 발전에 크게 이바지했다. 그의 연구가 없었다면 내 연구도 없었을 것이다." 이러한 공로를 인정받아 그는 미국의 전국발명가명예의전당National Inventors Hall of Fame과 컴퓨터역사박물관Computer History Museum에 이름을 올렸다. 그리고 우리나라에서 가장 큰 규모로 개최되는 반도체 관련 학술대회인 한국반도체학술대회는 강대원상을 제정했다.

모스펫이 대체 무엇이길래 이렇게나 대접받는 것일까. 모스펫을 우리말로 그대로 옮기면 '금속-산화물-반도체 전계 효과 트랜지스터'다. 얼핏 보면 어렵게 느껴지지만, 사실 그렇지 않다. 단지 금속과 산화물, 반도체를 붙인 트랜지스터라는 뜻이니까. 앞서 말했듯 트랜지스터는 스위칭과 증폭을 강화하는 소자다. 금속은 전기가 잘 통하는 소재다. 산화물은 전기가 안 통하는 소재다. 반도체는 전기가 반만 통하는 소재다. 즉 모스펫은 '전기가 잘 통하는 소재-전기가 안 통하는 소재-전기가 반만 통하는 소재를 붙여놓은 트랜지스터'다. 왜 이렇게 붙여놓은 걸까. 한마

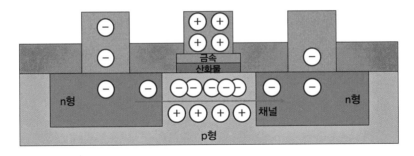

모스펫에서 나타나는 전자의 이동. 금속(gate)에 양의 전압을 가하면 자기장이 형성되어 p형의 전자들이 금속으로 향한다. 이때 산화물에 막혀 쌓이다가 통로(channel)를 만들어 첫째 n형(source, 전압이 낮은 곳)에서 둘째 n형(drain, 전압이 높은 곳)으로 전자가 흐르게 해준다.

디로 전기의 흐름을 조절하기 위해서다.

모든 소재는 전기의 흐름에 관여하는 나름의 벽이 있다. 그런데 신기하게도 반도체의 세계에서는 전기의 세기, 소재의 종류, 결합 방법 등을 조절해 벽의 높이를 조절하는 듯한 효과를 얻을 수 있다. 이런 이유로 금속과 산화물, 반도체를 붙인다. 예를 들어 금속에 양의 전압을 가하면 (중간의 산화물 때문에 직접 닿아 있지는 않지만) 전기장이 형성되어 반도체의 전자들이 금속 쪽으로 향한다. 이 전자들이 산화물에 가로막혀 쌓이다 보면 일종의 통로를 형성하고, 이를 따라 전기가 흐르게 된다. 좀 복잡하기는 하지만 또 다른 방식의 스위칭인 셈이다. 어렵다면 전자를 원하는 때에 원하는 방향으로 흐르게 하기 위해 서로 다른 재료들을 붙였다고만 이해해도 충분하다.

용적률이 반도체를 살린다?

여기서 잠깐, 이 꼭지를 시작하며 인텔이 7나노미터 반도체 양산을 미루었다고 이야기했다. 이것이 어떤 의미인지 잠시 들여다보자. 뉴스를 보면 삼성전자가 5나노미터 공정에 성공했다느니, 애플이 5나노미터 공정을 적용해 설계한 AP 제작을 TSMC가 수주했다느니 하는 이야기가 쏟아져 나온다. 반도체 미세화가 중요한 이유는 앞서 설명했다. 그런데 반도체 크기를 계속해서 줄이다 보니, 7나노미터이든 5나노미터이든 오늘날 반도체 기업들은 어느 지점에서 물리적 한계에 봉착했다. 이에 아랑곳없이 컴퓨터와 스마트폰은 물론이고 자동차까지 다양한 분야에서 반도체에 더 높은 성능을 요구하고 있다. 반도체 기업들은 고민 끝에 한 가지 꾀를 냈다. 면적을 줄이는 대신 높게 쌓는 것이다. 100평짜리 땅에 2층짜리 주택을 짓기보다는 20층짜리 아파트를 지어야 훨씬 많은 사람을 수용하는 것과 똑같은 이치다.

이 방법에 가장 찰떡궁합인 소자가 바로 모스펫이다. 그리고 모스펫이 최고의 성능을 발휘하려면 전자의 이동이 중요하다. 즉 아주 작은 전압만 가해도 전자가 쏟아지듯 흘러야 한다. 그 세기는 전자가 지나가는 길의 길이에 반비례하고, 길의 폭, 전자의 양, 전자의 속도에 비례한다. 즉 길은 넓되 짧아야 하고, 전자의 양은 많아야 하며, 속도도 빨라야 한다. 예를 들어 100리터짜리 물탱크에 길이 10센티미터, 너비 1미터인 파이프가 달려 있다고 해보자. 물이 미친듯이 쏟아질 것이다. 지금까지 반도체 기업들은 파이프, 즉 길을 더 짧게 만드는 데 집중했다. 그런데 길이 너무 짧아지자 문제가 발생했다. 다시 한번 예를 들어 벽에서 10미터 떨어진 곳에 서서 공을 던진다고 해보자. 꽤 멀리 서 있기 때문에 벽에 맞고 튕겨 나온 공을 쉽게 잡을 수 있다. 그런데 공을 던지는 속도는 유지하면서 점점 벽에 가까이 다가가면 어떻게 될까. 점점 공을 잡기 어려워질 것이다. 잡기 전에 멀리 튕겨 나갈 것이 뻔하다. 이와 유사하게 반도체가 너무 작아지니 전자가 새기 시작했다.

그래서 물탱크의 용량을 늘리는 쪽으로 방향을 돌린 것이다. 물탱크의 용량을 늘린다는 말은 전자의 양을 늘린다는 뜻이다. 동시에 파이프의 개수도 늘리고 있다. 전자가 지나가는 길이 한 개일 때보다는 열 개일 때 더 빨리 흐를 테니까. 이를 모두 충족하고자 모스펫은 점점 높아지고 있다. 그 결과 핀펫$^{Fin\ FET}$이니 GAA펫$^{Gate\ All\ Around\ FET}$이니 하는 차세대 소자들이 개발되었다. 이처럼 높이 쌓는 3차원 구조는 전자가 지나가는 길을 넓히는 장점도 있다.

마지막으로 전자의 속도까지 높이면 소자의 성능은 더욱 좋아질 것이다. 그런데 사실 전자의 속도는 웬만해선 변하지 않는다. 물론 방법이 아예 없는 것은 아니다. 특히 실리콘 대신 갈륨비소나 인듐비소 같은 신소재를 사용하면 기존보다 여섯 배에서 많게는 스무 배까지 전자의 속도가 빨라진다. 이쯤 되면 문제를 모두 해결한 것 같다!

2020년 독일의 반도체 기업인 인피니언 테크놀로지스(Infineon Technologies)가 내놓은 전기자동차용 모스펫 시리즈.

비용이라는 그림자

하지만 아니다. 세상은 그리 만만하지 않다. 생각한 대로 다 되면 얼마나 좋을까. 완벽해 보이는 방법들이지만 우리는 여전히 실리콘으로 만든 반도체를 사용하고 있다. 3차원 구조를 적용해 위로 쌓기보다는 어떻게든 면적을 줄이려고 한다. 왜 그럴까. 무엇보다 가격 때문이다. 실리콘은 매우 저렴하다. 그런데 갈륨비소나 인듐비소는 매우 비싸다. 반도체는 성능도 중요하지만 비용^{cost}도 중요하다. 수요가 너무나 많기 때문이다. 따라서 반도체 기업이 최우선으로 고려해야 할 사항은 성능도, 디자인도 아닌 바로 비용이다. 좀 더 정확히 말하면 최대한 싸게 만들어, 최대한 비싸게 팔아야 한다.

애플이 삼성전자보다 월등히 많은 영업이익을 자랑하는 이유가 뭘까. 운영 체제인 iOS를 자체 개발해, 안드로이드^{Android}를 사용하는 삼성전자처럼 로열티를 지불하지 않아도 되는 것부터 시작해 온갖 이유가 있을 것이다. 그중 가장 중요한 이유로 나는 최대한 싸게 만들어 최대한 비싸게 파는, 당연하다면 당연한 가격 정책을 꼽겠다. 애플이 2020년 12월 공개한 고성능 헤드셋인 에어팟 맥스$^{AirPods\ Max}$는 충전선의 가격이 2만 5,000원에 달한다. 그 원가가 사실 얼마나 하겠는가. 그런데 애플은 그렇게 가격을 책정했고, 또 그것을 사게 한다.

반도체 산업도 마찬가지다. 최근 반도체 기업들의 관심사는 5나노미터 이하 공정으로, 3나노미터와 2나노미터 공정을 먼저 완성하기 위한 경쟁이 치열하다. 연구·개발비가 수십조 원은 족히 들 것이다. 그런데 앞서 말했듯 반도체 성능은 이미 물리적 한계에 봉착했다. 크기를 줄인다 한들 얼마나 줄일 수 있겠으며, 그렇게 줄여서 어느 정도의 성능 향상을 바랄 수 있을까. 결국 현실적으로 중요한 건 경제성이다.

태양을 추월한 이카루스

그렇다면 우리는 현재의 반도체 성능에 만족하며 살아야 할까. 이렇게 묻는 사람이 있다면 뜬금없지만 영화 〈인터스텔라Interstellar〉의 유명한 대사를 들려주고 싶다. "우리는 답을 찾을 것이다. 늘 그랬듯이." 정말이다. 지금도 수많은 연구자가 물리적 한계를 벗어나기 위해 노력 중이다. 반도체의 성능을 측정하는 단위 중에 문턱전압이하 스윙subthreshold swing 이라는 게 있다. 무엇인지 설명하는 것은 이 책의 취지에 어울리지 않으니 넘어가자. 다만 이 값이 작을수록 성능이 좋은 반도체다. 물론 여기에도 물리적 한계가 있다. 인간이 아무리 노력해도 제자리에서 3미터 이상 높이 뛸 수 없는 것처럼 말이다. 그런데 이 문제를 해결하기 위해 기상천외한 방법들이 시도되고 있다. 터널펫Tunnel FET이라는 소자가 대표적이다. 뒤에서 자세히 소개하겠지만, 이 소자는 양자역학의 터널 효과tunnel effect를 활용해 전자가 소재의 벽을 뚫고 지나가게 한다. 이로써 문턱전압이하 스윙의 값을 물리적 한계 이하로 낮추는 데 성공했다.

이처럼 우리는 어떻게 해서든, 비록 느리더라도 문제를 해결하고야 만다. 이카루스Icarus는 태양 가까이 날았다가 날개가 녹아 떨어져 죽었다. 하지만 우리는 물리적 한계라는 태양 너머로의 비상을 준비 중이다. 비록 지난 100년간 너무나 빨리 발전해 버려 예상보다 이르게 한계에 도달했지만, 그만큼 튼튼한 날개가 있다. 진보를 향한 끝없는 열정과 놀라운 과학기술이라는 날개가.

스위칭

삼성전자와 TSMC가 주목하는 반도체 기업

현재 반도체 시장을 좌우하는 기업은 어디일까. 삼성전자? TSMC? 틀린 말은 아니지만, 그렇다고 정답도 아니다. 저 둘이 꼼짝 못 하는 반도체 기업이 있으니 바로 ASML이다. ASML은 EUV, 즉 빛으로 반도체 회로를 그리는 장비를 만든다. 5나노미터 이하 공정은 ASML의 노광 장비가 아니고서는 엄두도 내지 못한다. 반도체 초소화를 이끄는 삼성전자와 TSMC 모두 ASML의 노광 장비를 사기 위해 혈안이 된 이유다.

4

역사상 가장 정교한 예술 작품

지금까지 반도체의 주요 기능과 소자를 알아보았다. 그렇다면 반도체는 어떤 과정을 거쳐 만들어질까. 반도체 기업마다 다를 수 있지만, 기본적으로 '웨이퍼 → 산화 → 사진 → 식각 → 박막 → 금속 배선 → 이온* → 패키징packaging'의 8대 공정을 따른다. 그런데 이 여덟 번의 과정을 거친다고 반도체가 완성되는 건 아니다. 수십, 수백 번 반복해야 한다.

8대 공정을 간단하게 살펴보자. 일단 반도체를 만드는 것은 조각상을 만드는 것과 비슷한 일이라는 점을 기억하길 바란다. 조각상을 만들기 위해서는 직사각형의 거대한 대리석이 필요하다(웨이퍼 공정). 그리고 특정한 재질로 다듬기 위해 대리석의 겉면을 코팅해야 한다(산화 공정).

---

* 이온은 어떤 전하를 띠는 원자를 말한다. 앞서 설명했듯이 원자는 전기적으로 중성이다. 그런데 전자를 잃으면 양전하를 띠는 이온이 되고, 전자를 얻으면 음전하를 띠는 이온이 된다. 이를 소자에 주입하면 양공이나 전자가 많아져 전기적 반응을 극대화할 수 있다.

모든 준비가 끝나면 조각칼과 망치(불화수소)를 들고 원하는 모습으로 조각하면 된다. 그런데 실수로 잘못 깎아낼 수 있으니 우선 자 같은 도구(마스크)를 대고 가이드 라인을 그린다(사진 공정). 그 라인을 따라 본격적으로 대리석을 깎으면 된다(식각 공정). 멋지게 작업을 끝내고 나니 무언가 좀 아쉽다. 조각상이 반짝반짝 빛날 수는 없을까. 고민 끝에 조각상 위에 전기가 통하는 아주 얇은 막과 금속 배선을 두르기로 한다(박막 및 금속 배선 공정). 전기가 잘 통하라고 대리석 안에 이온들도 넣는다(이온 공정). 마지막으로 조각상이 깨지지 않도록 처리하고, 외부에서 전기를 공급받는 콘센트도 만들어 전선과 연결한다(패키징 공정).

이는 8대 공정을 정말 대략적으로 설명한 것으로, 반도체 기업마다 순서를 바꾸기도 하고, 여러 번 반복하기도 한다. 참고로 우리나라의 반도체 기업들은 굉장히 실력 좋은 조각가다. 아주 멋지고 아름답게 조각상을 만든다. 일본이나 독일은 조각에 필요한 각종 도구를 아주 잘 만든다. 나라마다 잘하는 분야를 분업화한 셈이다.

가치를 높여주는 패키징 공정

본격적인 이야기를 하기에 앞서 질문 하나를 던지겠다. 반도체 산업에서 가장 중요한 것은 뭘까. 앞서 비용이라고 설명했는데, 연장선에서 수많은 석학이 가치^{value}를 꼽는다. 그렇다면 가치란 무엇인가. 세상 어디에나 존재하는 모래에서 추출한 실리콘으로 수조 원을 벌어다 주는 반도체를 만드는 것, 이것이 가치다. 하나의 웨이퍼에 머리카락보다 1만 배 이상 미세한 굵기로 회로를 그려 몇만 개의 반도체를 만드는 것, 이것이 바로 가치다. 한마디로 가장 낮은 비용으로 가장 높은 가치를 얻는 것이 중요하다. 반도체 산업은 여기에 목숨을 건다.

패키징 공정은 이러한 의미에서 가치를 높여준다. 반도체를 작게 만드는 것이 물리적 한계에 봉착했기 때문이다. 과거의 패키징 공정은 정말 포장 수준으로 반도체를 보호하고, 전기가 통하는 길만 연결해 주는 정도였다. 하지만 최근의 패키징 공정은 그러한 수준을 아득히 뛰어넘었다. 참고로 흔히 '랙^{lag}'이라고 부르는 전기 신호 지연 현상은 절반이 반도체와 반도체, 또는 반도체와 기판의 접합부에서 발생한다. 이 접합에 관여하는 게 바로 패키징 공정이다. 따라서 패키징 공정을 개선하면 전기 신호를 더욱 안정적이고 빠르게 전달할 수 있다. 4차 산업혁명 시대에 요구되는, 엄청난 양의 데이터를 빠르게 전달할 능력의 열쇠를 패키징 공정이 쥐고 있다는 말이다.

예를 들어 요즘 가장 주목받는 미래 기술이자, 이미 서서히 모습을 드러내고 있는 자율주행자동차를 살펴보자. K5나 쏘나타 같은 소위 국민차에도 이미 반자율주행 기능이 적용될 정도로, 관련 기술은 매우 빠르게 발전하고 있다. 특히 미국의 테슬라^{Tesla}를 필두로 독일의 메르세데스-벤츠$^{Mercedes-Benz}$, BMW$^{Bayerische\ Motoren\ Werke}$, 아우디^{Audi}, 우리나라의 현대자동차, 기아의 성과가 눈에 띈다. 하지만 완벽한 자율주행자동차가 탄생하려면 무엇보다 전기 신호의 전달 능력이 개선되어야 한다. 절대로 지연되어서는 안 된다. 이는 목숨과 직결된 문제다. 만약 패키징 공정에 문제가 있어서 반도체와 반도체, 또는 반도체와 기판의 접합부가 손상되었다고 하자. 그래서 0.01초면 전달되어야 할 전기 신호가 무려 1초나 걸려 전달된다면, 그 찰나의 순간에 사고가 발생해 탑승자가 사망할 수 있다. 그래서 더 안정적으로, 더 빠르게 전기 신호를 전달할 필요성이 커지는 것이다. 이를 가능케 할 핵심 기술이 바로 패키징 공정이다. 과거의 패키지가 중세 시대의 갑옷이라면, 현재의 패키지는 아이언맨의 수트다!

단순해서 아름다운

접합부의 신뢰성을 높이고 전기 신호의 전달 속도를 높이기 위해 패키징 공정에서 사용하는 방법이 TSV^{Through Silicon Via}(실리콘 관통 전극)다. 뒤에서 자세히 살펴볼 것이므로, 간단하게만 알아보자. TSV는 높게 쌓인 3차원 구조의 반도체에 레이저 등으로 구멍을 뚫은 다음 전기전도도가

와이어로 기판과 연결한 반도체. 반도체 구조가 복잡해질수록 와이어가 얽히고설킨다.

좋은 구리 등을 채워 기판과 연결하는 방식이다. 과거에는 와이어^{wire}라는, 말 그대로 전깃줄을 사용해 반도체와 기판을 연결했다. 그런데 와이어는 그 길이만큼 전기 신호 전달이 지체되고, 간섭도 발생하며, 연결할 수 있는 개수 자체도 한정적이었다. 심지어 엉키기까지 했다. 마치 꼬불꼬불한 등산로를 따라 산꼭대기까지 오르는 꼴이었다. 반면 TSV는 산의 입구와 정상을 수직으로 잇는 엘리베이터를 타는 것과 같다. 즉 패키징 공정에 따라 성능을 극대화할 수 있는 것이다.

물론 여기에서 만족할 반도체 기업은 없다. 다시 한번 말하지만 우리는 어떠한 상황에서도 답을 찾아낸다. 그렇다면 반도체 기업의 다음 목표는 무엇일까. 답은 매우 상식적인데, 모든 것을 통합하는 것이다. 메모리 반도체부터 CPU까지 모든 반도체를 단 하나로 통합할 수 있다면 전기 신호가 지연되는 일 따위는 아예 사라질 것이다. 이러한 반도체를 SoC^{System on Chip}라고 한다.

물론 쓸 만한 SoC가 나오기까지 상상을 초월하는 연구·개발비와 시간이 소요될 테다. 하여 그 대안으로 최근 주목받는 것이 SiP^{System in Packaging}다. SoC가 하나의 반도체에 모든 시스템을 통합하고자 한다면, SiP는 하나의 패키지에 모든 시스템을 통합하고자 한다. SiP가 대두된 데

TSV 방식으로 패키징한 반도체의 단면. 수직으로 구멍을 뚫고 구리를 채워 그대로 기판과 연결해 성능을 극대화한다.

는 가격 문제가 영향을 미쳤다. SoC에 비해 연구·개발비가 적게 들고 수율收率도 좋기 때문이다. 또한 학부생 이상의 수많은 반도체 전공자가 SiP를 연구 중이어서 인력도 많다.

인류 역사는 통합의 역사다. 특히 과학 발전의 끝에는 늘 통합이 있었다. 20세기의 거인 아인슈타인은 모든 힘을 하나의 방정식으로 설명하기 위해 노력하다가 끝내 성공하지 못하고 숨을 거두었다. 그는 우주의 원리가 단순해 아름답다고 굳게 믿었다. 그리고 오늘날 많은 반도체 기업과 연구소는 반도체의 통합을 믿고 있다. 너무나 빨리 물리적 한계에 봉착했기에, 통합에 대한 열망은 더욱 크다. 아마 이 통합이 성공하는 날, 우리는 빌 게이츠Bill Gates의 예언대로 "실리콘의 주먹 아래 무릎 꿇고 2진법의 신에게 자비를 구하게 될지 모른다."

스위칭

정교함에 한계는 없다

사실 정교함은 반도체뿐 아니라 대부분의 과학기술 분야에서 추구하는 목표. 최근에는 생물학 분야에서 '미친' 정교함으로 액체의 흐름을 조절하는 연구가 진행되었다. 3D 프린터로 모세 혈관을 본뜬 아주 정밀한 구조를 만들어 중력에 상관없이 액체를 흐르게 하는 데 성공한 것이다. 이 기술은 코로나19 검사 키트, 인공 장기, 우주 시설 등 다양한 곳에 활용될 수 있어, 연구팀의 표현처럼 "한계를 돌파한" 연구로 평가받는다.

위기의 대한민국

나는 유튜브 채널을 운영하며 가능한 한 댓글을 읽고, 특히 중요한 질문에는 답글을 달아주려고 한다. 물론 구독자가 50만 명을 넘기에 모든 사람과 의견을 나누기는 물리적으로 불가능하지만, 그래도 최대한 소통하려고 노력한다. 그래서인지 다른 유튜브 채널과 비교해 댓글이 많이 달리는 편이다. 그런데 내가 기술 관련 영상을 올리면 항상 달리는 유형의 댓글이 있다. "관련 주식 종목 좀 추천해 주세요"라거나 "그래서 전망은 어떤가요" 하는 댓글들이다. 솔직히 말해 답하기 굉장히 곤란하다. 나도 모르기 때문이다. 단언컨대 우리나라 최고의 석학들도 모를 것이다. 실험실에서 연구만 하고 논문만 쓰던 사람들이니 자기가 관심 있는 기술은 빠삭해도, 그것이 경제적으로, 또 정치적으로 어떤 의미가 있는지 어떻게 알겠는가. 미래를 전망하려면 기술적인 요인과 경제적인 요인, 정치적인 요인을 모두 아울러야 하는데, 사실 그렇게 해도 틀리는 경우가 대부분일 것이다. 우리가 사는 세상은 너무나 복잡하다. 하여 전망은 예언의 수준을 요구한다. 한마디로 전문가의 '주관적인 의견'은 엄청나게 잘 틀린다는 점을 기억하길 바란다.

노키아와 삼성전자

그래서 나는 유튜브 채널 구독자들에게 쉽게 믿지 말라고 충고한다. 예를 들어보자. 스마트폰이 처음 등장할 때만 해도 수많은 전문가가 피처폰$^{feature phone}$에 밀릴 것으로 전망했다. 당시 삼성전자와 LG전자의 행보를 떠올려 보라. 그들은, 특히 LG전자는 한동안 피처폰에 주력했다. 해외도 상황은 비슷해 휴대전화 분야에서 애플이 노키아^{Nokia}를 따라잡을 것이라고 전망한 전문가는 거의 없었다. 하지만 어떻게 되었는가. 노키아는 몰락했고 애플의 아이폰은 세계 최고의 스마트폰으로 군림하고 있다. 시간을 좀 더 뒤로 돌려보자. 1983년 삼성전자는 메모리 반도체를 만들 것이라고 발표했다. 전문가들은 물론이고 청와대조차 삼성전자의 결정에 난색을 표했다. 국내외 언론들도 삼성전자를 비웃느라 바빴다. 특히 일본의 언론들은 〈한국이 반도체를 개발할 수 없는 다섯 가지 이유〉 같은 기사들을 쏟아냈다. 그들은 이제 막 성장하고 있는 개발도상국의 일개 기업이 고도의 기술력이 필요한 반도체 산

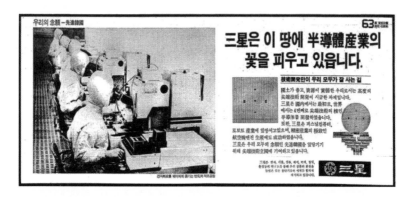

"三星(삼성)은 이 땅에 半導體産業(반도체산업)의 꽃을 피우고 있음(습)니다." 1983년 메모리 반도체 개발을 발표하며 신문에 실은 광고다. 당시 삼성전자의 성공을 전망한 사람은 거의 없다.

업에 뛰어든다는 것을 자살 행위로 보았다. 하지만 부정적인 전망은 완전히 엇나갔다.

비슷한 사례는 정말 수도 없이 많다. 그래서 나는 늘 말한다. "나를 믿지 마세요." 정말이다. 나를 믿지 마라. 심지어 나는 반도체 기업의 임원도 아니고 권위 있는 석학도 아니다. 그들조차 앞날을 전망할 때는 헛발질하기 일쑤다. 유튜브에 올릴 영상을 만들며 박사 이상의 전문가들에게 자문을 많이 구하는데, 그럴 때마다 본인 연구 분야의 전망을 물으면 한결같이 "저보다는 은행이나 증권사에서 일하는 사람들이 더 잘 알 겁니다"라고 답한다. 심지어 그들이 나에게 전망을 물을 때도 많다. 그렇기에 누군가 반도체에 관해 의견을 제시하고 주장을 펼칠 때는 곧이곧대로 믿지 말고 비판적으로 살펴보기를 바란다. 즉 참고하되 맹신하지 마라. 이 책이 그런 시각을 길러주는 데 도움이 되기를 바랄 뿐이다.

반쪽짜리 반도체 강국

비판적 시각은 현실을 정확히 파악하는 데서 비롯된다. 그렇다면 오늘날 우리나라의 반도체 산업은 어떠한 위치에 있을까. 2021년 3분기 삼성전자는 반도체 부문에서 영업이익 10조 원을 달성했다. 코로나19 사태로 재택 근무, 원격 수업 등이 늘어나며 서버 수요가 늘어나 '역대급' 기록을 세운 것이다. 이래저래 반도체 산업은 한국 경제의 미래를 짊어졌다고 해도 과언이 아닌 듯하다. 그런데 주변국과의 경쟁 상황을 살펴보면 문제가 복잡해진다. 특히 많은 사람이 중국을 경계한다.

일단 좋은 소식부터 들어보자. IBK기업은행 경제연구소의 보고서[10]와 김용석 성균관대학교 교수의 인터뷰 기사[11]를 보면 한국과 중국의 메모리 반도체 기술 격차가 최소 3~5년에 달한다고 한다. 아직은 한국의 메모리 반도체 기술력이 중국보다 월등하다는 뜻이다.

그런데 반도체에는 메모리 반도체만 있는 것이 아니다. 반도체는 크게 데이터를 저장하는 메모리 반도체와 데이터를 처리하고 연산하는 시스템 반도체로 나뉜다. 전자는 램 같은 것들이고, 후자는 CPU나 AP 같은 것들이다. 경제 전문 언론사 블룸버그^{Bloomberg}와 정보통신 분야 컨설팅 기업 가트너^{Gartner}, 시장 조사 기관 트렌드포스^{TrendForce}에서 발표한 보고서들을 종합하면, 2019년 기준 반도체 시장의 26.7퍼센트는 메모리 반도체가, 73.3퍼센트는 시스템 반도체가 차지하고 있다. 그리고 삼성전자와 SK하이닉스는 메모리 반도체 시장의 약 73퍼센트를 점유하고 있다. 하지만 시스템 반도체 시장에서 삼성전자의 점유율은 4퍼센트에 불과하다.[12] 이런 점에서 우리나라는 반쪽짜리 반도체 강국이다. 메모리 반도체는 세계 최고 수준이지만, 시스템 반도체는 미미한 존재감만 보이고 있다. 숫자는 거짓말하지 않는다. 중국을 경계해야 한다면 이런 이유 때문이다. 메모리 반도체는 설계가 복잡하지 않다. 저장만 하면 되기에 구조가 단순하고 반복적이다. 책장에 책을 넣는데, 책장 자체를 복잡하게 설계할 이유가 있는가. 단지 좀 더 효율적으로 많은 책을 꽂을 수 있도록 크기를 조절하면 된다. 반면 시스템 반도체는 연산이 목적이기에 구조가 엄청나게 복잡하다. 번뜩이는 영감이 필요한 분야다.

물론 우리나라는 반도체를 아주 잘 만든다. 앞서 말했듯이 웨이퍼에 더 미세하게 회로를 그릴수록 더 많은 소자를 만들 수 있고, 하나의 반도체에 더 많은 소자를 올릴수록 당연히 성능도 좋아진다. 삼성전자는 2020년부터 5나노미터 반도체 양산을 시작했고 2022년부터 3나노미터 반도체를, 2025년부터 2나노미터 반도체를 양산할 계획이다. 참고로 이 꼭지를 탈고하고 있는 2021년 10월 기준 2나노미터 반도체 양산 계획을 구체적으로 밝힌 반도체 기업은 삼성전자와 TSMC, 인텔뿐이다.* 반면 중국은 여전히 20나노미터 반도체도 제대로 양산하지 못하고 있다. 무엇보다 미세한 회로를 그리려면 EUV를 활용한 노광 장비가 필요한데, 한 대에 대략 2,000억 원 정도 한다. 웬만한 대기업 아니고서는 꿈도 못 꿀 가격이다. 이런 점에서 삼성전자와 SK하이닉스가 뛰어난 공정 능력과 가격 경쟁력을 기반으로 우위를 지킬 것으로 전망하는 전문가도 있다.

중국이라는 파도

그렇다면 중국은 무시해도 되는 상대일까. 나는 아니라고 생각한다. 중국의 도약이 거침없기 때문이다. 2019년 9월 중국을 대표하는 메모리 반도체 기업인 YMTC^Yangtze Memory Technologies Corp가 64단 3차원 낸드 플래시^NAND Flash** 양산에 성공했다. 또한 중국은 2018년 기준 378조 원어치의 반도체를 해외에서 수입했다.[13] 378조 원이면 우리나라의 2021년 한 해 예산인 555조 원의 68퍼센트에 달한다. 바꿔 말해 중국의 반도체 기술이 성숙해 해외에서

---

* 다만 인텔은 아직 7나노미터 공정도 도입하지 못하고 있다. 따라서 인텔이 계획대로 2025년 2나노미터 반도체를 양산한다 하더라도 수율이 좋지 못하리라는 전망이 우세하다.
** 낸드 플래시는 플래시 메모리(Flash Memory)의 일종이다. 플래시 메모리는 데이터를 지우고 다시 기록할 수 있는 메모리 반도체다. 그중 전기가 통하지 않아도 데이터를 기억하는 플래시 메모리를 낸드 플래시라고 한다. USB(Universal Serial Bus)가 대표적이다.

단위: 달러　● 중국 반도체 시장 규모　● 중국 내 반도체 생산 규모

2014년	112억	770억
2016년	128억	940억
2018년	239억	1,500억
2020년	227억	1,430억
2025년(예상)	432억	2,230억

중국의 반도체 시장과 자급률. 전 세계적인 견제 속에서 중국은 반도체 자급률을 끌어올리기 위해 안간힘을 쏟고 있다.
자료: IC Insights, 대외경제정책연구원

수입하지 않게 된다면 그렇게 거대한 시장이 사라지는 셈이다.

게다가 중국은 대규모 설비 투자에 능하다. '뭐니 뭐니 해도 머니money'가 중국의 힘이다. 지금 이 시간에도 비싼 장비를 사 오고 인재를 데려오는 데 천문학적 비용을 쏟아붓고 있다.* 실제로 2020년 6월 삼성전자에서 36년간 일하고 2017년 퇴사한 장원기 전 사장이 중국의 어느 반도체 기업 부회장에 취임하려다가 여론의 질타를 받고 철회했다. 비슷한 시기 카이스트KAIST,

---

* 중국은 이를 천인계획(千人計劃)이라고 부른다. 해외의 인재들을 중국으로 끌어들여 여러 노하우와 정보를 빼가는 게 핵심이다. 사실 천인계획이 모의된 지는 10년 가까이 되었다. 1953년부터 중국 공산당과 국무원의 고위급 인사들은 1년에 한 차례씩 베이다이허(北戴河)에 모여 국가 운영 방안을 깊이 논의했다. 2001년부터는 같은 곳에서 과학기술 전문가들을 초빙해 회의를 열었다. 그런데 2010년부터 무언가 또 다른 성격의 회의가 열리기 시작했다. 당시 베이다이허에 과학기술 전문가 70명이 모였는데, 우리나라 사람도 포함되어 있었다. 중국은 그들을 위해 교통을 통제하고, 전문 의료진과 경호원을 붙여주는 등 귀빈 대우를 해주었다. 그해 7월 28일 70명이 모두 모인 만찬에서 중국의 과학기술 발전을 이끌 천인계획이 선포되었다. 중국은 그들에게 1인당 15만 달러의 정착금을 주고, 주택, 의료, 교육 등에 관한 열두 가지 혜택을 약속했다. 또한 해외에서 유학하더라도 다시 돌아오면 1인당 80만 달러를 지원하기로 해, 지금까지 다시 중국행 비행기에 오른 이만 6,000여 명에 달한다.

Korea Advanced Institute of Science and Technology(한국과학기술원)에서 자율주행자동차의 핵심 기술을 연구하는 모 교수가 중국의 어느 대학교에 자료를 빼돌리다가 걸려 2021년 8월 실형을 선고받았다. 중국의 머니 파워에 미국도 예외는 아니다. 나노 기술의 선구자인 찰스 리버Charles Lieber 하버드대학교 교수는 2020년 중국에서 수백만 달러를 몰래 받은 혐의로 검찰에 기소당했다. 밝혀진 바에 따르면 그는 수년간 우한기술대학교에서 매달 5만 달러를 받았고 생활비로 15만 달러를 더 받았다고 한다. 중국 정부 차원의 전폭적인 지원에 많은 연구자가 동조하는 것은 엄연한 사실이다.

2018년 중국은 2025년까지 반도체 산업에 170조 원을 쏟아붓기로 결정했는데, 그 결과 메모리 반도체 기술 격차가 1년까지 좁혀졌다는 분석도 있다.[14] 실제로 중국은 64단 3차원 낸드 플래시 양산에 성공했고, SK하이닉스가 세계 최초로 양산하기 시작한 128단 4차원 낸드 플래시도 곧 양산할 계획이다. 물론 현업에 있는 연구자들은 한국과 중국의 기술 격차가 여전히 크다고 하지만, 중국이 부지런히, 수단과 방법을 가리지 않고 따라오고 있다는 것도 부정할 수 없다.

무엇보다 중국의 연구 성과는 세계 최고 수준이다. 《네이처Nature》가 우수한 연구 성과를 기록, 정리해 발표하는 〈네이처 인덱스Nature Index〉를 살펴보면, 2020년 기준 논문 수 세계 1위는 미국, 2위는 중국이다. 중국은 우리나라보다 약 일곱 배나 많은 논문을 발표했다. 물론 인구가 많으니 당연히 논문 수도 많을 것이다. 하지만 인구도 결국 국력이다. 심지어 중국 논문의 수준은 매우 높다. 보통 학술지에 논문을 제출하면 여러 명의 검토자reviewer가 그 타당성과 독창성, 가치를 평가해 수록을 결정한다. 당연히 높은 권위를 자랑하는 학술지일수록 검토 과정이 깐깐하다. 특히 이공계 연구자에게《네이처》,《사이언스^{Science}》,《셀^{Cell}》, 일명 NSC라고 불리는 세 학술지는 꿈의 무대다. 교수, 대기업이나 정부출연연구기관 연구원조차 NSC의 문턱을 넘기가 쉽지 않다. 그런데 2020년 한 해 동안《네이처》에 중국은 190편을 올렸고, 우리나라는 마흔세 편을 올렸다.《사이언스》에 중국은 134편을 올렸고, 우리나라는 열아홉 편을 올렸다.《셀》에 중국은 예순일곱 편을 올렸고, 한국은 여덟 편을 올렸다. 특히 논문의 피인용 횟수는 중국이 우리나라보다 무려 열한 배나 높았다. 이래도 중국을 무시할 수 있을까. 나는 중국의 과학기술 수준을 무작정 높이 평가하려는 것이 아니다. 다만 현실을 정확히 파악해야 한다는 것이다.

메모리와 시스템 사이에서

앞서 메모리 반도체와 시스템 반도체의 기술적 차이, 시장 상황을 살펴보았다. 둘 다 중요하지만, 더욱 고부가 가치를 창출하는 건 역시 시스템 반도체다. 이걸 나도 아는데, 우리나라 최고 기업인 삼성전자가 모를까. 삼성전자는 2030년까지 시스템 반도체 분야에 133조 원을 투자하고 1만 5,000명을 채용하기로 했다. 당장 인터넷에 접속해 메모리 반도체인 D램의 가격과 시스템 반도체인 CPU의 가격을 비교하기만 해도 과감한 투자의 이유를 알 수 있다. 삼성전자의 16기가바이트 D램은 기껏해야 7만 원 정도다. 그런데 CPU는 반도체 기업 AMD$^{Advanced\ Micro\ Devices}$의 36만 원짜리 라이젠^{Ryzen} 7 3700X부터 510만 원짜리 라이젠 스레드리퍼^{Threadripper} 3990X까지 가격대도 다양하고 훨씬 비싸다. 왜 시스템 반도체에 투자해야 하는지 직관적으로 이해할 수 있다. 게다가 시스템 반도체는 일단 기술력을 확보하면 따라잡힐 걱정을 크게 안 해도 된다. 현재 사용하는 5G 통신부터 점점 현실화되고 있는 자율주행자동차와 IoT^Internet of Things(사물 인터넷)까지 모두 시스템 반도체가 핵심이다. 즉 우리나라가 진짜 반도체 강국이 되려면 시스템 반도체를 잡아야만 한다.

실제로 삼성전자는 5G 통신 연구에 많은 투자를 하고 있다. 삼성전자는 5G 통신 모뎀용 반도체 점유율에서 퀄컴에 밀리는 실정이다. 시장 조사 기관 스트레티지 애널리틱스^Strategy Analytics에 따르면 퀄컴은 87.9퍼센트를, 삼성전자는 7.5퍼센트를 점유하고 있다. 희망적인 것은 2023년이 되면 퀄컴은 46.1퍼센트를, 삼성전자는 20.4퍼센트를 점유하리라고 전망한다는 점이다.

무엇보다 삼성전자는 퀄컴보다 활발히 차량용 반도체, 즉 전장電裝 반도체에 투자하고 있다. 전장 반도체는 컴퓨터에 들어 있는 CPU나 스마트폰에 들어 있는 AP와 달리 매우 가혹한 환경을 견뎌야 한다. 한여름이면 30도를 훌쩍 넘기고 한겨울이면 영하 아래로 떨어지는 기온뿐 아니라 눈과 비, 먼지 등에 그대로 노출되기 때문이다. 삼성전자는 오랫동안 전장 반도체를 연구했는데, 신뢰성에 관한 상당한 양의 데이터를 축적한 것으로 알려져 있다. 이를 활용해 보통 접합재로 사용하는 주석 기반 소재를 은이나 구리 같은 소재로 대체, 전기 신호를 더욱 빠르고 안정적으로 전달하고자 연구 중이다.

10년 후를 예측한다는 것

미래의 유망 산업 중 반도체를 사용하지 않는 분야는 없을 것이다. 4차 산업혁명의 핵심 기술로 꼽히는 무인 운송, 3D 프린터, 로봇, IoT의 핵심은 모두 반도체다. 그런데 우리나라는 제조업으로 먹고산다. 앞으로도 그럴 테다. 그러니, 감히 전망하건대, 반도체를 제조하는 일은 우리에게 더욱더 중요해질 것이다.

지금까지 아주 대략적으로 반도체 산업의 추이를 살펴보았지만, 솔직히 말해 당장 이번 달의 유튜브 채널 성장 추이도 예측할 수 없는 내가 어찌 반도체 산업의 미래를 알아맞힐까. 다시 한번 강조하지만 모든 전망을 쉽게 믿지 마라. 비판적으로 따져보라. 우리나라 반도체 신화의 산증인이자 삼성전자 종합기술원 회장을 지낸 권오현 삼성전자 고문은 이렇게 말했다.

"10년 후 미래를 예측한다는 것은 가능성이 0퍼센트에 가깝습니다. 10년 전에 제가 예상했던 반도체 산업의 미래는 지금의 모습과 완전히 다릅니다. 10년 전의 예상이 틀렸다는 뜻이지요."[15]

2 위기의 삼성전자

2021년 1월 삼성전자의 주가가 9만 6,800원으로 최고치를 경신했다. (이후 6만 원대까지 대폭 조정되었지만 말이다.) 내 주변의 많은 사람이 삼성전자 주식으로 돈을 벌었다. 최소한 은행 예금보다는 수익률이 높았다고 한다. 물론 이후 계속해서 떨어지고 있지만, 단언컨대 우리나라 사람들에게 삼성전자의 의미는 상상 이상이다. 삼성전자가 망하면 나라가 망한다고 생각하는 사람도 여전히 많다. 우스갯소리로 나라는 망해도 삼성전자는 망하지 않는다는 말이 '동학 개미' 사이에서 유행하기도 했다. 이처럼 강렬한 믿음의 중심에 삼성전자의 반도체가 있다.

주식에 일가견은 없지만, 나름 기술적인 측면에서 감히 판단하자면 반도체 산업은 앞으로도 쭉 상승세일 수밖에 없다고 본다. 물론 반도체 산업이 잘나간다고 삼성전자가 잘나가는 것은 아니다. 오늘날 삼성전자는 세계 최고의 기술력을 가진 세계 최고의 기업이고, 단군 이래 우리나라 최대의 기업임이 틀림없지만, 동시에 몇몇 약점을 여전히 품고 있다.

무엇이 삼성전자의 발목을 잡는가

대부분의 사람은 삼성전자 하면 스마트폰인 갤럭시를 떠올린다. 일상에서 스마트폰을 너무나 쉽게 접할 수 있고, 무엇보다 갤럭시를 홍보하는 데 엄청 난 인적·물적 자원을 쏟아붓기 때문이다. 그런데 한번 생각해보자. 삼성전 자가 갤럭시만 가졌다면 오늘날처럼 우리나라를 대표하는 기업이 될 수 있 었을까. 나는 절대 아니라고 본다. 삼성전자의 기둥은 반도체다. 물론 '삼성 전자'라는 이름 자체는 갤럭시 때문에 유명해졌을 수 있지만, 소위 말하는 펀더멘털^{fundamental}, 즉 핵심은 반도체다. 혹자는 반도체 산업이 점점 지고 있지 않냐고 하는데, 아무리 봐도 전혀 그렇지 않다. 2020년 기준 국내 개인 투자자의 전체 순매수 금액은 64조 원인데, 그중 4분의 1이 삼성전자에 들 어가 있다. 그리고 같은 해에 삼성전자의 주가는 45퍼센트 급등하며 주주들 에게 은혜를 갚았다. 시가 총액으로 따져보면 2019년에 보통주와 우선주를 합쳐 약 370조 원이었으니, 2020년에 무려 173조 원이나 급증한 것이다.[16] 저 173조 원 중 약 39조 원이 230만여 명의 개인 투자자에게 돌아갔다고 한 다. 1인당 1,700만 원 꼴이다.[17] 사람들이 어찌 사랑하지 않을 수 있을까.

그렇다고 삼성전자의 미래가 마냥 밝은 것만은 아니다. 이제 삼성전자의 약점을 알아보자. 삼성전자는 메모리 반도체 분야의 강자다. 하지만 앞서 말 했듯이 훨씬 더 고부가 가치를 만들어 내는 분야는 시스템 반도체다. 삼성전 자가 다른 반도체 기업들을 압도하기 위해서는 시스템 반도체 분야에서 뚜 렷한 성과를 내야만 한다. 물론 삼성전자도 이를 잘 알고 있다. 그래서 2030 년까지 133조 원이라는 거금을 투자해 시스템 반도체 분야에서 경쟁력을 강화하겠다고 하는 것이다. 자율주행자동차부터 5G 통신과 IoT까지, 4차 산업혁명은 또 한 번의 반도체 슈퍼 사이클을 예고하고 있고, 그 중심에 시 스템 반도체가 있다.

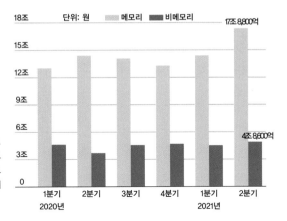

18조 단위: 원 ▨ 메모리 ▪ 비메모리 17조8,800억

삼성전자 반도체 매출 현황.
시스템 반도체 매출이 메모
리 반도체 매출의 3분의 1도
안 된다. 이 차이를 어떻게 메
꿀 수 있을까.
자료: 삼성전자

말이 나온 김에 5G 통신을 잠깐 살펴보자. 2020년 기준 5G 통신 모뎀용 반도체를 개발한 기업은 삼성전자와 퀄컴, 화웨이^{Huawei}뿐이다. 그런데 화웨이는 미국의 견제로 상황이 어려워졌다. 결국 삼성전자와 퀄컴만이 남았다. 콧대 높은 애플조차 자체적으로 생산할 능력이 없어 퀄컴에 고개를 숙였다. 아쉽게도 해당 시장에서 삼성전자는 퀄컴에 많이 뒤쳐져 있다.

몇몇 사람은 제대로 터지지도 않는 5G 통신이 쓸모없다고 하지만, 절대 그렇지 않다. 물론 통신사가 속도로 사용자를 기만하는 행위는 마땅히 비판해야 한다. 그렇다고 4G 통신만으로 충분하다고 하는 사람은 미래를 보지 못하는 것이다. 설마하니 5G 통신을 스마트폰에만 사용할 것이라고 생각하는 사람은 없길 바란다. 5G 통신은 조만간 모습을 드러낼 완전한 자율주행 자동차에 적극적으로 사용될 것이다.

뜬금없지만 질문을 하나 던지겠다. 테슬라의 자율주행자동차는 왜 이렇게 인기가 많은가. 일론 머스크$^{Elon Musk}$라는 인물의 화제성, 다른 회사의 자율주행자동차들을 압도하는 성능과 테슬라만의 감성 등 이유야 많겠지만, 무엇보다 사용자 만족도가 매우 높은 자율주행시스템 때문이 아닐까. 사실 테슬라의 자율주행시스템은 완벽하지 못하다. 실제로 국제자동차공학회 Society of Automotive Engineers International의 기준으로는 2단계 수준이다.* 그러나 시장 조사 기관 J.D. 파워J.D. Power and Associates가 진행한 상품성 평가에서 테슬라는 포르셰Porsche를 제치고 1위를 달성했다. 그만큼 사용자는 테슬라의 자율주행자동차에 만족하고 있다는 뜻이다.

현재 상용화된 자율주행시스템이 맞닥뜨린 난제 중 하나가 대처 속도다. 기존의 4G 통신으로는 지연 시간이 0.03~0.05초 정도 걸린다. 고속으로 주행 중에 갑자기 장애물이 나타나면 순식간에 피해야 하는데, 0.03~0.05초는 너무 길다. 그런데 5G 통신을 이용하면 0.001초까지 줄어든다. 장애물을 피하는 데 충분하다. 한마디로 자율주행자동차에 5G 통신은 선택이 아닌 필수다. 확실한 시장이란 말이다. 현재 이 시장을 퀄컴이 꽉 잡고 있으니, 당분간 삼성전자가 약진하기는 쉽지 않을 것이다.

전 세계인을 직원으로 둔 구글?

메모리 반도체 편중과 5G 통신 시장에서의 약세 다음으로 삼성전자의 약점으로 꼽히는 것이 바로 소프트웨어다. 본격적으로 살펴보기에 앞서 잠시 내

---

* 비자동화인 0단계를 제외하고, 운전자를 지원하는 1단계부터 완전한 자율주행이 가능한 5단계까지 나뉜다. 2단계는 부분 자동화로, 차선 유지, 속도 유지, 앞 차와의 간격 유지 등이 가능한 수준이다.

이야기를 하고 싶다. 한때 한정판 신발을 모으는 게 취미였다. 그런데 한정판 신발은 선착순으로 구매해야 한다. 당연히 우리나라보다 미국이나 유럽에 풀리는 수량이 압도적이기에 많은 사람이 해당 국가의 관련 홈페이지에 접속해 사려고 한다. 그런데 접속하기가 무섭게 마주치는 녀석이 있다. 바로 리캡챠^{reCAPTCHA}다. 이상하게 휘갈겨진 글씨를 보여주고는 다시 적으라거나, 여러 장의 사진 중 자전거가 나온 것을 고르라거나 하는 보안 프로그램이다. 다른 사람보다 빨리 구매 버튼을 누르려고 매크로 프로그램을 쓰는 경우가 많은데, 사람의 적극적인 개입을 요구함으로써 이러한 편법을 막아내는 것이다. 리캡챠를 개발한 구글은 이렇게 설명한다. "사람에게는 쉽지만 기계에는 어렵다." 목적과 방법에는 동의하나, 소비자로서는 정말 귀찮기 그지없다.

사실 리캡챠에는 겉으로 드러나는 것보다 훨씬 거대한 구글의 지혜, 또는 속셈이 담겨 있다. 구글은 이 보안 프로그램을 사용해 자사 AI^{Artificial Intelligence}(인공 지능)의 능력을 향상하고 있다. 전 세계 사람들이 부지불식간에 리캡챠를 쓰는 사이에 구글은 엄청난 양의 데이터를 얻고 있는 것이다. AI는 자동으로 학습하며 능력을 키우는

리캡챠. 도로 표지판이 나온 사진을 고르는 나는 구글의 비정규직 직원일까.

데, 이때 수많은 데이터를 공급해야 한다. 그 데이터의 양이 상상을 초월한다. 사람을 고용해 그것을 일일이 입력하라고 하면 너무나 많은 비용과 시간이 들 것이다. 구글은 이 문제를 리캡챠로 해결했다. 지금 이 시간에도 전 세계 사람들이 무료로 구글을 위해 일하고, 그럴수록 구글의 AI는 점점 강력해진다.

삼성전자는 이런 꾀가 부족하다. 이는 소프트웨어의 부실로 이어진다. 삼성전자가 미래를 위해 역량을 집중하는 분야가 시스템 반도체인데, 시스템 반도체의 핵심은 소프트웨어다. 스마트폰의 뇌인 AP를 예로 들어보겠다. AP는 대표적인 시스템 반도체다. 그런데 많은 사람이 (최근에는 격차가 많이 줄었지만) 아이폰이 갤럭시보다 프로그램 구동이 훨씬 부드럽고, 오래 써도 속도 저하가 없다고 말한다. 이유는 무엇일까. 애플은 아이폰의 AP에 가장 적합한 운영 체제인 iOS를 직접 개발했기 때문이다. 하드웨어와 소프트웨어가 통합되어 있고 꾸준히 관리해 주니, 당연히 성능이 떨어지지 않는다.

소프트웨어가 약하다는 것은 삼성전자 스스로 인정한 사실이다. 2016년 6월 삼성전자는 이런 내용의 사내 방송을 했다. "소프트웨어 개발 인력이 구글은 2만 3,000명, 삼성전자는 3만 2,000명이다. 하지만 문제 해결 능력으로 따지면 삼성전자의 인력 중 1~2퍼센트만이 구글에 입사할 수 있다." 10~30대 중 안 쓰는 사람을 찾아보기 힘든 SNS^Social Networking Service^인 인스타그램 Instagram은 고작 네 명의 개발자가 뭉쳐 6주 만에 개발한 것이다. 만약 삼성전자가 시도했다면 몇백 명이 붙어 1년은 걸렸을 것이라는 우스갯소리가 있다. 소프트웨어 없이는 삼성전자의 미래를 장담할 수 없다. 4차 산업혁명의 핵심인 시스템 반도체는 소프트웨어와 융합되어야 제 성능을 발휘한다.

소프트웨어가 답이다

구글은 우리가 좋아하는 음식부터 심지어 성인물까지 다 알고 있을 것이다. 리캡챠 등의 프로그램을 이용해 수많은 사람이 자신도 모르게 무료로 데이터를 넘기고 있기 때문이다. 삼성전자가 수십조 원을 써 AI 분야의 인재들을 끌어모아도 구글의 저 단순한 아이디어를 뛰어넘기는 불가능에 가깝다. 소프트웨어를 강화해야 할 삼성전자로서는 악조건인 셈이다.

정량적인 수치로도 우리나라가 처한 상황은 별로 좋지 않다. 2018년 기준 서울대학교의 컴퓨터공학과 인원은 55명밖에 되지 않는다. 15년째 이런 상황이 이어져 왔다. 그런데 스탠퍼드대학교의 컴퓨터공학과 인원은 739명이다.[18] 게다가 모두 세계 최고 수준의 학생들이다. 한마디로 질적으로도 양적으로도 밀리는 상황인 것이다. 인텔이 1년에 한 번 가장 뛰어난 성과를 보인 연구자에게 주는 IAA^Intel Achievement Award, 즉 소위 '인텔상'을 세 번이나 받은 이석희 SK하이닉스 사장은 이렇게 말했다. "시스템 반도체의 핵심은 결국 사람이라는 점을 인식해야 합니다."[19] 인재가 우수한 아이디어를 내고, 우수한 아이디어가 시스템 반도체의 경쟁력을 좌우한다.

5

물리적인 한계를 돌파하다

앞서 설명했듯이 반도체는 크기는 줄이고 성능은 높이는 방향으로 발전해 왔다. 당연히 반도체가 들어 있는 각종 전자 제품의 크기도 매우 작아졌다. 10년 전 최고 사양의 컴퓨터와 바로 지금 당신이 들고 있는 스마트폰을 비교해 보라. 크기는 작아지고 성능은 좋아졌다. 그런데 크기가 작아지는 데는 물리적 한계가 있다. 지금과는 다른 방법을 고민해야 할 때다.

엉뚱하게도 나는 가끔 만화 《드래곤볼》에 나오는 캡슐을 상상한다. 만화에서는 집처럼 거대한 것도 알약만 한 크기의 캡슐에 넣어 휴대한다. 반도체의 물리적 한계를 깨는 데도 이처럼 아예 상식을 초월하는 색다른 방법을 시도해야 하는 것 아닐까. 누군가 성공만 한다면 부와 명예를 모두 거머쥘 수 있을 것이다.

성벽을 뚫는 양자역학

다시 한번 강조하지만, 무언가 근본적이고 획기적인 방법을 고민할 때다. 여러가지 연구가 진행 중인데, 핀펫이나 GAA펫 같이 반도체를 3차원 구조로 만드는 방법, TSMC의 FOWLP^{Fan Out Wafer Level Packaging}나 삼성전자의 FOPLP^{Fan Out Panel Level Packaging} 같이 패키징 공정을 혁신하는 방법, 신소재를 개발해 적용하는 방법 등이 대표적이다. 아예 새로운 종류의 반도체를 개발하는 것도 방법이 될 수 있다. 물론 정답은 아무도 모른다.

여기서 근본적인 질문을 던져보자. 반도체의 역할은 무엇인가. 다시한번 말하지만 스위칭과 증폭이다. 사용자가 원할 때 전기 신호를 주어야 하고, 또 원하는 만큼 증폭해야 한다. 과거에는 전자의 흐름, 즉 전류를 강하게 하는 데 집중했다면, 최근에는 전류가 약해도 제대로 작동하는 효율성과 최대 전류에 빨리 도달하는 속도에 초점을 맞추고 있다.

그런데 여기서 문제가 발생한다. 일반적인 방법으로는 어찌해도 문턱전압이하 스윙을 특정 수치 이하로 낮추지 못하는 것이다. 문턱전압이하 스윙을 아주 간단히 설명하면 최대 전류에 도달하는 속도다. 단위는 'mV/dec'인데, 출력을 열 배(dec) 높이는 데 필요한 전압 증가량(mV)을 의미한다. 따라서 수치가 낮을수록 좋다. 전압을 적게 가해도 출력을 열 배 높일 수 있다는 뜻이니까. 그런데 상온에서는 무슨 수를 써도 60mV/dec 아래로 내려가지 않는다. 연구자들은 이 문제를 해결하기 위해 완전히 새로운 트랜지스터를 개발했다. 무려 양자역학의 터널 효과를 활용

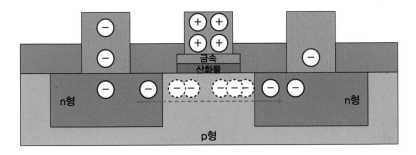

터널펫에서 나타나는 전자의 이동. 모스펫과 구조는 비슷해 보이지만 구성 요소가 약간 다르다.
터널 효과로 p형과 n형 사이에 통로가 없어도 전자가 이동한다.

한 것이다. 전자처럼 매우 작은 물질은 특정 조건에서 벽을 뚫고 지나간
다.* 원래는 벽을 넘어 올라가야 하는데, 투명 인간처럼 그냥 통과하는
것이다. 예를 들어 문이 없는 성이 있다고 하자. 성 밖에서 성안으로 들
어가려면 사다리를 기어오르든 엄청나게 높이 뛰어오르든, 어떤 힘을
가지고 성벽을 올라가야 한다. 그런데 성벽을 힘들이지 않고 그냥 통과
하는 것이 바로 터널 효과다.

이 터널 효과를 적용한 반도체가 바로 터널펫으로, 문턱전압이하 스
윙이 60mV/dec 이하다. 효율이 굉장히 좋아진 것이다. 그런데도 상용
화하지 못하는 것은 몇 가지 문제점이 있기 때문이다. 첫째, 전자가 줄줄
새고, 둘째, 전류의 세기가 너무 약하다. 그런데 2020년 1월 흥미로운 연

---

* 빛은 유리에 부딪히면 일부는 반사되지만 일부는 투과한다. 빛은 입자인 동시에 파동이기
때문이다. 전자도 마찬가지다. 따라서 벽과 부딪히면 일부는 튕겨 나오지만, 일부는 통과한다.
이를 터널 효과라고 하며, 벽이 너무 두껍지 않아야 하고 입자의 질량이 매우 작아야 한다는
조건이 있다.

구가 《네이처 나노테크놀로지*Nature Nanotechnology*》에 소개되었다.[20] 우리나라의 카이스트와 나노종합기술원National NanoFab Center, 일본의 국립재료과학연구소National Institute for Materials Science가 공동으로 성능을 대폭 강화한 터널펫을 개발한 것이다. 연구팀은 흑린을 활용해 기존 터널펫보다 전력 소모량은 열 배, 대기 전력 소모량은 1만 배 가까이 줄이는 데 성공했다.

쌀가루, 밀가루 그리고 흑린

새로운 차원의 터널펫을 제대로 이해하려면 앞서 설명한 에너지 밴드 갭에서 시작해야 한다. 모든 물질은 에너지 밴드 갭이 있다. 이것이 너무 크면 전자가 이동하기 어려워 전기가 통하지 않는 부도체가 되고, 매우 작으면 전자가 쉽게 이동해 전기가 잘 통하는 도체가 된다. 그 중간에 반도체가 있는데, 에너지 밴드 갭을 조절함으로써 스위칭과 증폭을 수행한다. 예를 들어 붕소를 도핑한 p형과 인을 도핑한 n형을 붙인 다음(p-n 접합) 그 둘의 에너지 밴드 갭을 조절해 원할 때만 전기가 흐르게 하는 식이다.

당연한 말이지만, 종류가 다른 두 물질을 붙이면 경계면이 생긴다. 쌀가루로 만든 빵과 밀가루로 만든 빵을 붙였다고 하자. 두 빵 사이에 경계면이 생길 것이다. 뛰어난 제빵사가 만든 게 아니고서야 맛이 이상해질 테다. 그래서 빵을 만들 때는 쌀가루나 밀가루 중 하나만 쓰지, 섞어서 쓰는 경우는 거의 없다. 반도체도 마찬가지다. 스위칭을 위해서는 경계면이 필수인데, p-n 접합처럼 서로 다른 종류의 물질끼리 붙이면 전체적인 균형이 깨지고 경계면이 산화된다. 이 문제를 어떻게 해결해야할까.

연구팀은 두께에 따라 에너지 밴드 갭이 변하는 흑린에서 해결의 실마리를 찾았다. 즉 서로 다른 두께의 흑린 두 개를 붙이기만 하면, 근본적으로 같은 물질이니 부작용은 피하면서도, 완전히 다른 종류의 물질두 개를 붙이는 것과 같은 효과를 낸다. 이로써 에너지 밴드 갭의 차이가 발생해, 원활한 스위칭과 증폭이 가능하다. 무엇보다 문턱전압이하스윙이 23~24mV/dec까지 내려간다. 인텔의 14나노미터 실리콘 기반모스펫보다 낮은 값이다. 흑린을 사용한 터널펫이 꽤나 경쟁력 있는 성능을 보여준 것이다.

티끌 모아 태산

그렇다면 어서 이 우수한 반도체를 사용해야 하는 것 아닌가. 아쉽게도당장은 어려울 듯하다. 역시 비용이 문제다. 지구에 실리콘은 엄청나게많다. 지구를 이루는 전체 원소의 27.7퍼센트가 실리콘이다. 그 어떤 소재도 실리콘보다 싸기 어려운 이유다. 당신이라면 실리콘을 사용해 성능은 50점이지만, 50만 원인 CPU와 흑린을 사용해 성능은 100점이지만, 500만 원인 CPU 중 무엇을 쓰겠는가. 아주 부자에다가 새로운 전자제품에 관심이 많은 사람이라면 후자를 사겠지만, 대부분의 사람은 전자를 택할 것이다. 흑린은 1그램에 98만 원 정도 하는 아주 비싼 물질이다. 이를 해결하지 못하면 흑린을 사용한 터널펫은 상용화하기 어렵다.

그렇다고 관련 연구가 무의미한 것은 아니다. 단 하나의 발견으로 세상이 바뀌고 패러다임이 뒤집어지는 경우는 거의 없다. 작은 연구들이 하나하나 쌓이고 쌓여 큰 차이를 만들고, 국가 경제의 원동력이 된다. 누가 알겠는가. 수십 년 뒤에는 새로운 처리법이 개발되어 흑린의 가격이 엄청나게 낮아져 실리콘을 대체할지. 그러니 발표된 지 얼마 되지도 않은 연구를 두고 왜 상용화가 안 되냐고 닦달하지 말자. 갓 태어난 아기가 달리기를 바라는 꼴이다. 독일의 물리학자이자 작가 게오르크 리히텐베르크$^{Georg\ Lichtenberg}$는 이렇게 말했다.

"과학의 진보에 가장 방해가 되는 것은 진보가 너무 빨리 일어나기를 바라는 마음이다."

스위칭

양자역학의 한계를 돌파하다

양자역학은 그 자체로 어떤 한계. 불확정성의 원리 때문인데, 아주 작은 세계에서 입자의 위치와 속도는 그 누구도 동시에 정확히 측정할 수 없다. 측정할 수 없기에 분석하고 활용하는 것이 너무 어렵다. 그런데 최근 빛으로 양자 하나를 붙잡는 데 성공했다. 양자 컴퓨터 같은 거시적인 차원에서 양자를 제어할 수 있는 토대를 닦은 것이다.

6

속도를 높이는 발상의 전환

컴퓨터는 0과 1, 두 숫자만 이해한다. 그렇다면 어떻게 두 숫자만으로 그토록 엄청난 양의 데이터를 저장하고 연산할 수 있을까. 예를 들어보자. 넓은 공터에 수조 1억 개가 있다. 수조에 물이 가득 차면 1, 물이 완전히 빠지면 0이다. 어떤 데이터가 주어지면 컴퓨터는 나름의 공식에 따라 수조별로 물을 채우거나 뺀다. '반도체'라고 입력하면, '1번 수조는 1, 2번 수조는 0, 3번 수조는 0, …… 9,999만 9,998번 수조는 1, 9,999만 9,999번 수조는 1, 1억 번 수조는 0'이 되는 식이다. 수조가 1억 개이니만큼 경우의 수는 무한에 가깝다. 따라서 어떤 데이터를 입력해도 처리할 수 있다.

지금 우리가 사용하는 모든 반도체는 바로 이 2진법에 기반한다. 숫자 두 개만으로 이토록 놀라운 발전을 이룩했는데, 숫자가 세 개라면 어떤 신세계가 펼쳐질까. 앞의 예에서 수조에 물을 반만 채우는 방법이 더해진다면? 일단 더 적은 수조만으로도 더 많은 데이터를 처리할 수 있을 것이고, 자연스레 수조에 물을 채우거나 빼는 데 들이는 힘도 아낄 수 있을 것이다. 한마디로 더 작고 더 효율적이며 더 강력한 반도체가 탄생한다. 이 혁신에 가까이 다가간 사람이 있다. 2019년 7월 《네이처 일렉트로닉스*Nature Electronics*》에 3진법 반도체 연구를 발표한 김경록 유니스트*UNIST, Ulsan National Institute of Science and Technology*(울산과학기술원) 교수다.[21] 그와 연구팀은 삼성전자의 지원을 받아 수년간 3진법 반도체를 개발해 왔는데, 일찍이 2015년 8월에는 《전자 기기에 관한 IEEE 방식*IEEE Transactions on Electron Devices*》에 2진법 반도체의 구조와 공정을 적용한 3진법 반도체를 발표했고,[22] 2017년 1월에는 언론사와 인터뷰하며 3진법 반도체를 언급했다.[23]

더는 줄일 수 없어서

그렇다면 3진법 반도체란 무엇인가. 모스펫에서 이야기를 시작해 보자. 앞서 말했듯이 모스펫은 거의 모든 전자 제품에 몇억 개씩 들어가 있는 가장 기본적인 소자다. 아주 쉽게 말하면 일종의 스위치다. 사용자가 원할 때 전자가 이동하도록 해주는 것이다. 모스펫도 n형(N모스)과 p형(P모스)으로 나뉘는데, 이 둘을 합쳐 C모스*Complementary MOS*(상보형 모스)를 만든다. C모스는 전자가 움직일 때와 움직이지 않을 때를 판단해 0과 1을 구분하고, 0을 1로, 1을 0으로 바꾼다.

2000년대 초반까지는 2진법을 활용하는 모스펫이면 충분했다. 데이

1996년 출시된 컴퓨터 게임 〈디아블로(DIABLO)〉(왼쪽)와 2017년 출시된 스마트폰 게임 〈아이언 블레이드(Iron Blade)〉(오른쪽). 그래픽의 차이는 반도체의 성능의 차이다.

터의 양도 그리 많지 않았고, 요구되는 연산 속도도 적당했으니까. 생각해 보라. 민속놀이의 자리를 꿰찬 컴퓨터 게임 〈스타크래프트^{StarCraft}〉가 1998년 3월에, 여전히 많은 사람이 그리워하는 〈워크래프트 III$^{Warcraft\ III}$〉가 2002년 7월에 출시되었다. 당시에는 어떠했는지 몰라도, 지금 기준으로는 아주 저사양 게임이다. 그때의 최신식 컴퓨터는 요즘의 플래그십 스마트폰보다 성능이 한참 떨어진다. 바꿔 말해 모스펫에 점점 더 어려운 일을 맡기는 시대가 온 것이다.

그런데 문제가 생겼다. 반도체와 소자의 크기가 이미 너무 작아져 버린 것이다. 물론 그만큼 성능은 좋아졌지만, 이제 물리적 한계에 부닥쳤다. 모스펫의 크기를 더 줄이면 소자 내 여러 영역이 서로 간섭해 전자가 줄줄 새는 부작용이 발생한다. 전자가 특정 방향으로만 이동해야 하는데, 여기저기로 튀어 나가는 것이다. 수도꼭지에 호스를 연결해 마당에 물을 뿌리는데, 호스에 구멍이 숭숭 뚫려 있는 것과 비슷한 상황이다.

보통 사람이라면 어떻게든 구멍을 막으려고 할 텐데, 연구팀은 발상을 완전히 전환했다. 즉 다른 곳으로 새는 전자까지 신호로 활용한 것이다. 이로써 데이터를 하나 더 처리하게 된 꼴이니, 곧 2진법이 아닌 3진법의 도입이다.

3진법 반도체가 보여줄 신세계

물론 상용화는 아직 먼 일이다. 하지만 3진법 반도체를 우리나라 연구팀이, 그것도 삼성전자의 지원을 받아 개발해 냈으니, 여러모로 의미가 크다. 일단 3진법 반도체는 연산 속도를 엄청나게 끌어올린다. 2진법이 구구단까지 할 줄 아는 사람이라면, 3진법은 19단까지 할 줄 아는 사람이다. 복잡한 계산을 누가 더 빨리 할지는 굳이 말하지 않아도 알 수 있다. 다음으로 3진법 반도체는 전력을 아주 적게 소모한다. 잘만 개발하면 스마트폰 정도의 전자 제품은 1,000일에 한 번만 충전해도 될 것이다. 무엇보다 3진법 반도체는 4진법과 5진법, 10진법 반도체 등 더 높은 차원으로 도약할 발판이 된다. 이는 강력한 성능의 AI를 개발하는 데 큰 도움이 될 테다. 김경록 교수는 2017년 진행한 인터뷰에서 이렇게 말했다.

"3진법 반도체가 차세대 주자로 주목받고 있다고는 할 수 없습니다. 다만 빅데이터 등의 수요가 있으므로, 10년 내로는 특정 응용 분야에서 3진법 반도체를 장착한 컴퓨터가 등장하지 않을까 생각합니다."

　내가 기대하는 분야는 바로 시뮬레이션이다. 3진법 반도체는 '저세상' 물건인 양자 컴퓨터만큼은 아니지만, 현재 수준보다 월등히 뛰어난 시뮬레이션을 구현할 수 있다. 이런 말이 있지 않은가. 이 세상은 어쩌면 뛰어난 기술을 가진 지적 생명체가 구현한 시뮬레이션일 수 있다고. 비슷한 내용의 SF 영화나 소설이 적지 않지만, 여전히 많은 사람의 호기심을 자극하는 것만은 확실하다. 최근에는 머스크가 말해 화제가 되기도 했다. 〈GTA 5〉 같은 수준 높은 오픈 월드 게임을 보면 마냥 불가능해 보이지도 않는다.

　실제로 2019년 8월 피터 베루지[Peter Behroozi] 스튜어드천문대 교수는 유니버스머신[UniverseMachine]이라는 시뮬레이션을 개발해, 각각 1,200만 개의 은하를 포함하는 800만 개의 가상우주를 시현해 냈다.[24] 이 시뮬레이션은 빅뱅 직후라 할 수 있는 4억 년부터 현재까지 우주의 성장을 보여준다. 이 작업에는 CPU 2,000개가 설치된 컴퓨터가 쓰였다. 그런데도 모든 항성과 행성의 변화 및 움직임을 한꺼번에 보여주기에는 아직 성능이 부족해, 특정 구성 요소를 선택해 집중하는 방식을 택했다. 베루지 교수는 같은 해 9월 블랙홀을 시

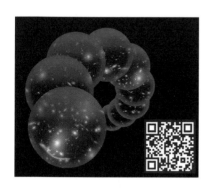

유니버스머신의 로고. QR 코드에 접속하면 유니버스머신으로 구현된 우주를 감상할 수 있다.

뮬레이션으로 구현해 그 결과를 발표하기도 했다.[25]

　이처럼 시뮬레이션은 가까운 미래가 될 수 있다. 이를 뒷받침하기 위해서는 고성능 컴퓨터가 필요하다. 그 끝판왕은 양자 컴퓨터가 되겠지만, 시작점으로 3진법 반도체는 나쁘지 않다. 물론 길은 다양하다. 실제로 최근 들어 굉장히 새로운 종류의 반도체 연구들이 약속이나 한 듯 발표되고 있다. 물론 어느 것이 상용화될지는 아무도 모른다. 다만 굉장히 좋은 연구들이 세계적인 학술지에 발표되고 있는 것은 좋은 신호다. 우리는 파인먼의 말처럼 '영웅의 시대'에 살고 있는 셈이다.

D램과 S램의 기억법

3진법 반도체를 개발한 김경록 교수에 이어, 내가 최근 주목하는 영웅은, 2020년 7월 《사이언스》에 Fe 램[Ferroelectric RAM] (강유전체强誘電體 램)에 관한 연구를 발표한 이준희 유니스트 교수다.[26] 자세한 설명에 앞서 잠시 아이폰 이야기를 해보자. 아이폰은 켜놓은 채 장시간 사용하지 않은 애플리케이션[application]을 초기화한다. 이유는 간단하다. 아이폰에는 갤럭시보다 램이 적게 들어가 있기 때문이다. 램이란 무엇인가. 정확한 이름은 Random Access Memory인데, 말 그대로 기억(memory) 장치다. 그런데 기억하는 방식이 독특하다. 책상에 앉아 열심히 공부하는 학생이 있다고 하자. 그의 뒤에는 수백 권의 책이 꽂힌 책장이 있다. 공부하는 중에 《반도체, 넥스트 시나리오》를 참고하고자 책장에서 찾아 살펴본 다음 다시 꽂아두었다. 그리고 다시 공부하다가 또 책을 찾아 책장을 뒤진 다면 시간이 얼마나 낭비되겠는가. 그냥 책상에 책을 올려놓고 필요할 때마다 보면 된다. 이때 책장은 HDD$^{\text{Hard Disk Drive}}$의 역할을, 램은 책상의 역할을 한다. 즉 램이 많을수록 더 많은 책을 그 위에 올려놓을 수 있고, 따라서 더 빨리 필요한 정보를 찾아볼 수 있는 것이다.

현재 가장 많이 쓰는 램은 D램이다. 구조가 매우 간단하고 전력을 아주 적게 소모하기 때문이다. 그런데 치명적인 단점이 있다. 느리다. 앞의 예로 설명을 이어가면, 학생은 CPU다. 그런데 학생이 어떤 내용이 궁금할 때마다 책상 위의 책들을 뒤진다면 공부가 제대로 되겠는가. 당연히 전체적으로 속도가 떨어질 것이다. 그래서 CPU와 D램 사이에 S램^{Static} ^{RAM}(정적 램)을 넣는다. S램은 학생이 살펴본 책들을 오래 기억하고 있어, 어떤 내용이 보고 싶을 때 D램이 찾는 동안 간단하게라도 먼저 보여줄 수 있다. 이로써 속도가 빨라지는 듯한 효과를 낸다. 이때 S램을 캐시 메모리$^{\text{cache memory}}$, D램을 메인 메모리$^{\text{main memory}}$라고 한다.

아울러 책상에 계속 책을 올려놓으려면, 즉 D램이 (그때그때 찾는 것과 별개로) 데이터를 기억하고 있으려면 주기적으로 전기를 충전해 주어야 한다. 이를 리프레시^{refresh}라고 한다. 보통 트랜지스터가 여섯 개 달린 S램은 리프레시가 필요 없다. 대신 전력을 많이 소모하고 구조가 복잡하다. 반면 D램은 리프레시가 필수적인 대신, 전력 소모가 적고 구조가 간단한데, 보통 트랜지스터 한 개와 축전기^{capacitor} 한 개로 구성된다. 축전기는 말 그대로 전자를 저장하는 소자다. 여기에는 절연체라는, 전기가 통하지 않는 벽이 있어 전자가 최대한 새어 나가지 않게 막는다. 하지만 아무리 성능 좋은 절연체라도 전자를 완벽히 묶어둘 수는 없다. 그러니 계속해서 리프레시해야 한다.

기타 줄 하나로 연주하는 관현악

만약 D램의 단점을 보완하는 램이 개발된다면 일대 혁신을 일으킬 것이다. 즉 D램처럼 구조가 단순하고 전력을 적게 소모하면서, 리프레시가 필요 없는 램 말이다. 그러려면 D램과 구조나 원리 자체가 달라야 할 텐데, 그런 점에서 M램$^{Magnetoresistive\ RAM}$(자기 램)과 R램$^{Resistive\ RAM}$(저항 램), Fe램이 최근 주목받고 있다. 이 중 Fe램은 전원이 끊어져도 데이터를 보존하는 비휘발성이 특징이다. Fe, 즉 강유전체란 가만히 있어도 전기적으로 분극分極을 유지하는, 쉽게 말해 자성을 띠는 소재다. 외부 자극 없이도 전자가 왔다 갔다 하면서 자석 같은 성질을 띤다. 이때 어느 한쪽으로 전자를 이동시키는 방법으로 0이나 1을 지정할 수 있다.

그런데 Fe램은 치명적인 단점이 있으니, 바로 크기다. 최소 단위인 도메인^{domian}은 원자 수천 개로 구성된다. 나노미터 단위의 경쟁이 벌어지는 반도체의 세계에서 이는 너무 거대하다. 하지만 강유전체의 분극을 유지하기 위해서는 도메인보다 작아질 수 없다. 쉽게 말해 작물(데이터)을 심은 곳뿐 아니라, 씨도 뿌리지 않은 곳(도메인 전체)까지 농사짓는 것이다. 작물을 심은 곳에만 농사지을 수 있다면, 도메인을 줄일 수만 있다면, 공간도 아끼고 일도 효율적으로 할 수 있을 텐데!

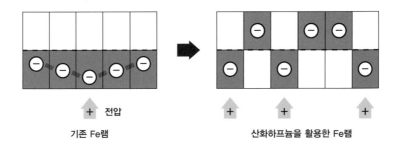

산화하프늄을 활용한 Fe램. 기존 Fe램은 수천 개의 원자가 연결되어 있어 비효율적이나,
개선된 Fe램은 개별 원자에 1비트의 데이터를 저장할 수 있다. 이로써 집적도를 1,000배
이상 높였으니, 미세 전극 기술이 보완된다면 무궁무진하게 활용될 것이다

이준희 교수와 연구팀은 삼성전자의 지원을 받아 혁신적인 Fe램을
개발해 냈다. 연구팀은 강유전체로 산화하프늄에 주목했다. 앞서 설명
했듯 강유전체는 외부에서 전기를 가하지 않아도 분극이 발생하는데,
크기가 작아지면 그러한 성질이 사라진다. 그런데 산화하프늄은 나노
미터 크기에도 분극이 유지된다. 이론적으로 1비트의 데이터를 저장하
려면 기존에는 원자 수천 개가 필요했는데, 이제는 산화하프늄 원자 하
나면 충분하다. 집적도를 1,000배 이상 높인 꼴이다. 어떤 비유가 가장
적절할지 이준희 교수에게 직접 물으니 "기타 줄 하나에 피아노 건반 수
백 개가 올라가 있는 꼴"이라고 답했다. 즉 기타 줄 하나만으로 수십, 수
백 대의 피아노가 필요한 음악을 연주할 수 있게 된 것이다. 평소에는
원자들이 하나의 기타 줄처럼 강하게 연결되어 있지만, 전기를 가하는
순간 원자 하나하나를 따로 조정할 수 있으니, 놀라울 따름이다.

《사이언스》가 감동한 Fe램

아쉽게도 산화하프늄을 이용한 Fe램은 아직 이론 수준에 머문다. 그렇다면 언제쯤 실제로 구현할 수 있을까. 이준희 교수는 수년 정도 걸릴 것으로 예측했는데, 아주 작은 원자 안에 들어 있는 데이터를 읽을 수 있는 수준까지 미세 전극 기술이 발전해야 하기 때문이다. 전극은 전기가 드나드는 통로다. 아무리 좋은 반도체와 소자를 만들어도 전기가 흐르지 않으면 모래알에 불과하다. 전기가 통해야, 즉 전자의 이동이 발생해야 데이터를 처리할 수 있다. 현재로서는 전극을 부착하려면 소자의 크기가 최소 10나노미터는 되어야 하는데, 원자에서 데이터를 읽어내려면 0.5나노미터 크기의 소자에 부착할 수 있을 정도로 정밀해져야 한다. 극도로 밀도 높은 메모리 반도체는 만들 수 있는데, 데이터를 읽을 기술이 따라오지 못하고 있는 것이다. 하지만 모든 기술이 준비되는 순간 초격차가 실현될 것은 자명하다.

한 가지 첨언하자면 《사이언스》는 이론 수준의 연구를 잘 소개하지 않는다. 실험 결과 없이 이론만으로 《사이언스》에 논문을 낸다는 것 자체가 굉장한 모험이다. 그런데 연구팀은 순수 이론 논문을 《사이언스》에 게재했다. 그만큼 의미 있고 독창적인 연구임을 인정받은 것이다. 이 연구는 향후 반도체 산업에 뚜렷한 방향을 제시할 가능성이 크다. 그 시작은 '왜 굳이 도메인을 만들어야 하는가'라는, 상식에 반하는 발상의 전환이었다. 어찌 보면 상식은 발전의 발목을 잡는 원흉이 아닐까 싶다. 입체주의라는, 세상을 보는 새로운 시각을 창조한 파블로 피카소Pablo

Picasso도 이렇게 말하지 않았는가.

"창조력의 가장 큰 적은 상식이다."

스위칭

빨간 약과 파란 약

영화 〈매트릭스(Matrix)〉에는 의식을 데이터화해 가상현실에 접속해 살아가는 사람들이 등장한다. 그들은 가상현실을 현실로 믿는다. 정확히 말해 믿을 필요도 없다. 그들에게는 가상현실이 유일한 현실이기 때문이다. 이 비밀을 아는 자는 아주 소수에 불과하다. 만약 우리가 사는 세상도 그러하다면? 엄연히 존재한다고 생각하는 나와 세계가 사실 0과 1의 데이터더미에 불과하다면? 이러한 과학적·철학적 탐구의 중심에 시뮬레이션 우주론이 있다.

7

신소재로 달성할 초격차

나는 혼자 산 지 오래되어 자주 빵으로 식사를 대신한다. 특히 크루아상을 좋아하는데, 빵의 결이 층층이 나뉘어 씹는 맛이 좋기 때문이다. 맛있는 크루아상일수록 얇은 층이 균일하고 깔끔하게 나뉘어 있다. 한 겹 한 겹이 모여 놀라운 맛을 만드는 크레이프 케이크도 마찬가지다. 반도체 소재 중에서 2차원 소재는 크루아상이나 크레이프 케이크의 한 층 같다. 아주 얇게 펴 발라 두께가 원자 하나만 한 수준이다. 계속 설명했듯이 반도체의 핵심은 미세화다. 수많은 반도체 기업이 더 뛰어난 성능의 2차원 소재를 개발하는 데 집중하는 이유다.

신의 영역에서 맞붙은 삼성전자와 TSMC

2차원 소재를 이야기하기에 앞서 반도체 미세화 경쟁이 어떻게 진행되고 있는지 살펴보자. 현재 10나노미터 이하 미세 공정이 가능한 반도체 기업은 TSMC와 삼성전자가 유일하다. 둘 다 2020년 5나노미터 반도체를, 2021년 4나노미터 반도체를 양산하기 시작했다. 지금까지는 삼성전자가 TSMC를 몇 달 차이로 바짝 뒤쫓고 있는 형국인데, 3나노미터 공정부터는 상황이 어찌될지 모른다. 삼성전자는 2022년 상반기에, TSMC는 2022년 7월에 3나노미터 공정을 도입한다고 공식적으로 밝혔다. 계획대로라면 삼성전자가 두세 달 차이로 앞서나갈 듯하다. 심지어 삼성전자는 2025년에 2나노미터 공정을 도입한다고도 했다.

그렇다면 앞으로 삼성전자가 반도체 천하를 통일하게 될까. 마냥 낙관할 수만은 없는 게, 현재 삼성전자는 메모리 반도체 분야의 최강자지만, 시스템 반도체 분야에서는 비교적 약세이고, 파운드리로서는 TSMC에 압도적으로 밀리는 2위다. 실제로 파운드리 시장 점유율을 보면 몇 년째 TSMC는 무려 53~56퍼센트이고 삼성전자는 17퍼센트 안팎이다.[27] 사실 정량적인 수치로만 보면 17퍼센트가 나쁜 수준은 아니다. 하지만 과반 이상이 삼성전자가 삼성전자에 반도체 생산을 수주해 발생한 것으로, 내부 거래 의존도가 너무 높다. 트렌드포스 보고서에 따르면 2019년 1분기 삼성전자의 파운드리 매출 중 외부 기업의 주

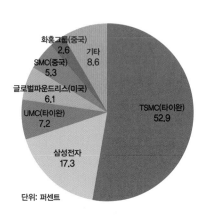

화홍그룹(중국) 2.6
SMC(중국) 5.3
기타 8.6
글로벌파운드리스(미국) 6.1
UMC(타이완) 7.2
삼성전자 17.3
TSMC(타이완) 52.9

단위: 퍼센트

2021년 2분기 기준 파운드리 시장 점유율.
자료: 트렌드포스

문으로 발생한 것은 40퍼센트에 불과하다.[28] 한마디로 압도적으로 많은 기업이 파운드리로서는 삼성전자보다 TSMC를 선호한다는 것이다.

TSMC의 주 고객은 애플로, 아이폰의 AP를 독점 생산하고 있다. 2020년 7월에는 삼성전자를 제치고 반도체 기업 중 시가 총액 1위의 자리를 차지하기도 했다.[29] 사실 주식이나 반도체 산업에 관심 없는 사람이라면 TSMC를 처음 들었을 수 있다. 그들에게 TSMC가 세계 1위의 반도체 기업이고 타이완 기업이라고 알려주면 적잖이 놀란다. 어쩔 수 없는 것이 TSMC는 애플이나 삼성전자와 달리 철저히 B2B[Business-to-Business] 기업이기 때문이다. 즉 일반 소비자와는 그리 접점이 없다.

물고 물리는 팹리스와 파운드리

그렇다고 절대 무시할 수 없는 기업이라는 점은 앞서 제시한 수치로 잘 설명되었으리라 생각한다. TSMC는 스마트폰이 대세가 되면서 크게 성장했다. 스마트폰의 뇌인 AP는 전력을 조금 소모하면서도 고성능을 발휘해야 하는데, 이 정도 수준의 반도체를 직접 생산할 라인을 갖춘 반도체 기업이 없기 때문이다. 반도체 공장을 세우는 데는 수십조, 수백조 원의 돈이 우습게 들어간다. 앞서 소개한 ASML의 EUV를 활용한 노광 장비 한 대가 2,000억 원 정도임을 떠올리면, 웬만한 반도체 기업은 꿈도 못 꾸는 이유를 알 수 있다. 이렇게 공장이 없으니 공급이 수요를 따라가지 못하게 된 것이다.

팹리스가 아무리 설계를 잘해도 파운드리가 제대로 만들지 못하면 그림의 떡이다. 특히 애플처럼 고성능 반도체가 필요한 경우 원하는 대로 만들어 줄 파운드리 찾기가 하늘의 별 따기다. 어느 분야나 마찬가지 겠지만, 설계도가 세밀하고 복잡할수록 누가 만드냐에 따라 완성도에 차이가 날 수밖에 없다. 그리고 오늘날 팹리스는 5나노미터 이하를 원한다. 극한의 정밀도가 요구되는 작업인 셈이다.

앞서 설명했듯이 반도체는 웨이퍼라는 판 위에서 만들어지는데, 수익을 극대화하려면 하나의 웨이퍼에서 최대한 많은 반도체를 뽑아내야 한다. 그러려면 회로를 작게 그리면서도 성능을 유지, 향상해야 한다. 예를 들어 〈모나리자Mona Lisa〉를 A4 용지만 한 캔버스에 그릴 때와 신용카드만 한 캔버스에 그릴 때의 차이를 생각해 보자. 캔버스의 크기가 줄어든 만큼 세부 묘사를 유지하기 위해서는 선을 긋고 면을 칠할 때 더 섬세해야 한다. 대신 성공만 한다면 같은 크기의 종이에서 더 많은 그림이 나올 것이다. 반도체도 똑같다. 그리고 이처럼 정밀한 작업이 가능한 파운드리는 TSMC와 삼성전자가 거의 유일하다. 이 둘은 누가 더 섬세한 화가인지를 놓고 경쟁한다. TSMC가 4나노미터 공정을 공식화하자 이에 질세라 삼성전자도 5나노미터 공정을 공식화했다. 이 둘의 다음 경쟁은 누가 먼저 3나노미터 반도체를 안정적으로 '양산'하는지 그리고 2나노미터 공정을 '도입'하는지다.

두 기업의 체급만 놓고 따져보면 삼성전자가 훨씬 거대하다. TSMC는 철저히 파운드리에 머물지만, 삼성전자는 종합 반도체 기업이기 때문이다. 게다가 메모리 반도체뿐 아니라 시스템 반도체까지 한다. 파운드리에만 국한한다면 TSMC가 시장을 압도하지만, 반대로 생각하면 그들은 절대 시장을 선도하지 못한다. 파운드리의 매출은 전적으로 팹리스에 달렸다. 물론 TSMC의 전망이 밝지 않다는 건 절대 아니다. 오히려 '슈퍼을'이다. 어떠한 반도체 설계를 맡겨도 능히 소화할 수 있는 최고의 대장간이기 때문이다.

그렇다면 TSMC와 삼성전자 중 누가 최후의 승자가 될까. 계속 하는 이야기지만, 아무도 모른다. TSMC가 파운드리 분야에서 압도적 1위 자리를 계속 유지할 수도 있고, 삼성전자가 막대한 자본력으로 정상을 탈환할 수도 있다. 아니면 아예 제3의 반도체 기업이 혜성처럼 등장할지도 모른다. 단 TSMC가 1위, 삼성전자가 2위인 형세는 당분간 유지될 것처럼 보인다. 삼성전자가 TSMC를 넘어서려면 초격차가 필요하다. 파운드리든 팹리스든, 메모리 반도체든 시스템 반도체든 시장을 뒤흔들 만한 무언가를 내놓아야 한다.

미세 전극 기술로 완성한 환상의 콜라보

세계적인 반도체 기업들은 어떤 긍정적 전망에 안도하기보다는, 그것을 현실에서 이루고자 끊임없이 노력한다. 지금부터 설명할 기술은 모두 우리나라 연구자들이 피와 땀을 흘린 결과다. 그러니 삼성전자나 SK하이닉스 같은 국내 반도체 기업에 우선 적용되어, 우리나라가 반도체 시장에서 우뚝 서는 데 큰 도움을 줄 것이다. 그 기술은, 다시 한번 말하지만, 미세한 그림을 그리는 것이다.

　우선 삼성전자는 패키징 공정의 하나로 FOPLP 방식을 연구 중이다. 원형의 웨이퍼 대신 우리가 흔히 보는 초록색의 사각형 PCB^{Printed Circuit Board}(인쇄 회로 기판)를 사용하는 것이다. 상식적으로 생각해 원형 웨이퍼에서 사각형 반도체를 만들면 버려지는 부분(dead space)이 생길 수밖에 없다. 반대로 사각형 PCB에서 만들면 당연히 낭비를 줄일 수 있다. 전체적으로 생산 비용을 크게 낮추는 것이다. 기존의 반도체 연구가 크기는 줄이고 성능은 높이는 데 집중했다면, 여기에 더해 비용까지 줄였으니, 초격차라 할 만하다. 참고로 TSMC는 FOWLP 방식을 연구하고 있는데, 기존보다 더욱 세밀한 작업은 가능하지만, 웨이퍼를 사용한다는 한계가 있다.

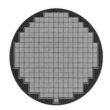

활용률 85퍼센트

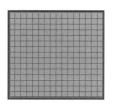

활용률 95퍼센트

웨이퍼(위)와 PCB(아래)의 활용률 차이 비교. PCB가 최대 10퍼센트까지 더 쓸 수 있다.

　그런데 이 초격차를 실현하려면 또 하나의 산을 넘어야 한다. 앞서 산화하프늄을 적용한 Fe램을 소개했는데, 그때와 마찬가지로 미세 전극 기술이 필요하다. 최근 그 해결책으로 제시된 것 중 하나가 권순용 유니스트 교수의 2차원 전극 합성 기술로 2020년 4월 《네이처 일렉트로닉스》에 발표되었다.[30] '모어 무어^{more Moore}', 즉 반도체 성능이 2년마다 두 배 좋아진다는 무어의 법칙을 넘어설 것으로 기대된다.

　도대체 어떤 기술이길래 이렇게 주목받

는 것일까. 반도체의 크기가 작아지며 발생한 문제들을 해결할 수 있기 때문이다. 앞서 설명했듯이 반도체의 성능을 높이려면 소자의 크기를 줄여야 한다. 10나노미터 공정, 7나노미터 공정, 5나노미터 공정 등 소자를 작게 만드는 건 비교적 수월했는데, 그 과정에서 이런저런 문제들이 터져 나왔다. 일단 전자가 샌다. 이상한 방향으로 흐르는 것이다. 이를 해결하고자 소재를 바꾸면 전자의 흐름 자체를 막는 일이 다반사였다. 쉽게 말해 전자가 넘기에는 벽이 너무 높아진다. 지금까지는 이온을 과하게 주입해 전자의 도약력을 높이는 방법을 썼는데, 반도체가 계속해서 작아지며 이도 어렵게 되었다. 그래서 나온 것이 바로 2차원 소재다. 앞서 말했듯이 원자 하나만 한 두께를 자랑하므로, 반도체의 크기가 줄어드는 것은 물론이고 전자가 새는 문제도 보완할 것으로 기대된다. 2차원 소재는 계면界面이 울퉁불퉁하지 않고 매끄럽다. 같은 크기의 원자들이 딱 한 층으로 펼쳐져 있기 때문이다. 그러니 전자가 부드럽게 흘러 팅겨 나가지 않는다.

그런데 2차원 소재에도 문제가 하나 있다. 물질마다 일함수work function, 즉 전자를 뜯어내는 데 필요한 에너지가 다르다. 대부분의 반도체는 도체인 금속 소재(전극)와 반도체 소재를 붙여서 만드는데, 일함수의 차이로 전자의 흐름을 막는 벽이 생긴다. 벽이 너무 높으면 전자가 이동하기 어렵다. 따라서 벽의 높이가 적절한 수준이 되도록 금속이나 반도체 소재를 합성해야 한다. 바꿔 말해 반도체 소재로 2차원 소재를 쓰더라도 금속을 제대로 합성하지 못해 벽이 너무 높으면 헛고생일 뿐이다.

이 문제를 해결하기 위해 필요한 것이 바로 미세 전극 기술인데, 권

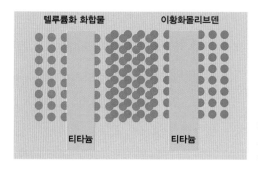

2차원 소재를 활용한 전극. 텔루륨화
화합물 위로 이황화몰리브덴이 올라
가 있다.

순용 교수와 연구팀은 무려 2차원 전극 합성 기술을 개발했다. 연구팀
은 전극을 원자 하나만 한 두께로 매우 얇게 웨이퍼 위에 성장盛裝시키
는 데 성공했다. 우선 니켈과 텔루륨이 결합된 금속을 증발해 얻은 텔루
륨화 화합물을 올린다. 그리고 이 위에 2차원 소재인 이황화몰리브덴을
역시 얇게 올리니 놀랍게도 두 물질 사이의 벽이 낮아졌다. 이온을 과하
게 주입하지 않아도 벽이 낮아져 전자가 자연스레 이동할 수 있게 된 것
이다. 도체와 반도체의 경계면에 생기는 벽을 낮추었으니, 그 가능성이
무궁무진한 연구라 할 만하다.

미래 반도체의 핵심, 2차원 소재

이처럼 반도체는 다양한 문제를 하나하나 해결하며 발전해 왔다. 더 작
아지고, 그러면서도 더 많은 데이터를 더 빠르게 처리하며, 무엇보다 더
저렴해지는 것을 목표로 말이다. 그런 반도체가 등장하면 우리 삶은 어

떻게 변할까.

현재 쓰는 스마트폰의 램이 보통 8기가바이트에서 16기가바이트 정도다. 그런데 집적도를 높이면 언젠가 램의 용량이 1만 6,000기가바이트까지 커지게 될 것이다. 연산 속도가 미친 듯 상승하니, AP의 성능도 상상을 초월할 테다. 그렇게만 되면 영화 〈레디 플레이어 원$^{Ready\ Player}$^{One}〉에서 묘사되는 수준의 가상현실$^{Virtual\ Reality}$도 구현할 수 있다. 현실과 구분할 수 없는 가상현실 말이다.

누군가는 너무 먼 미래의 일이라고 반문할지 모른다. 관련해서 흥미로운 이야기를 하나 들려주겠다. 1980년 HDD를 만드는 씨게이트 테크놀로지$^{Seagate\ Technology}$의 전신인 슈가트 테크놀로지$^{Shugart\ Technology}$는 5메가바이트 용량의 HDD를 1,500달러에 팔았다. 40여 년이 흘러 지금 내 컴퓨터의 용량은 그보다 100만 배 정도 크다. 그러니 당면한 몇몇 문제만 해결한다면 램 용량을 1,000배 키우는 것은 전혀 불가능한 일이 아니다. 메모리 반도체 분야의 절대 강자인 삼성전자가 이미 매진 중이다. 실제로 2차원 소재를 "미래 반도체, 꿈의 반도체의 핵심이자 반도체 소재 난제 해결의 열쇠"로 보았을 정도다.[31]

2020년 6월 삼성전자 종합기술원과 유니스트가 공동으로 연구한 2차원 소재가 《네이처》에 발표되었다.[32] 세상에서 가장 낮은 유전율을 가진 비정질 질화붕소가 그것이다. 유전율은 회로의 전기적 간섭을 나타내는 것인데, 낮을수록 좋다. 그만큼 전자의 이동이 방해받지 않는다는 뜻이니까. 일단 반도체 안에는 굉장히 많은 트랜지스터가 들어가 있다. 처음에는 트랜지스터를 많이 넣을수록 반도체 성능이 좋아졌는데, 너

무 많아지니까 오히려 성능이 떨어졌다. 트랜지스터에 들어 있는 절연체, 즉 전자가 새는 걸 막아주는 벽도 많아졌기 때문이다. 전자를 잡아당겨 모으는 절연체가 늘어나니 당연히 전자의 속도가 느려질 수밖에. 연구팀은 이 문제를 해결하기 위해, 즉 유전율을 낮추면서도 전자가 새지 못하게 막는 절연체를 개발하기 위해 비정질 질화붕소라는 소재를 합성했다. 이 소재의 유전율은 1.78로 기존의 절연체보다 30퍼센트 이상 낮은 수치다. 신현진 삼성전자 종합기술원 연구원은 "기술적 난제로 여겨지던 유전율 2.5 이하의 고강도 신소재를 발견했다"라고, 신혁석 유니스트 교수는 "반도체 초격차 전략을 이어가는 데 도움을 줄 것"이라고 평가했다.[33]

사실 삼성전자는 꾸준히 2차원 소재를 연구하고 있었다. 2012년 삼성전자 종합기술원 연구팀은 유명한 2차원 소재인 그래핀을 활용한 새로운 트랜지스터 구조인 배리스터barrister를 개발해《사이언스》에 발표했다.[34] 그래핀은 굉장히 얇고 전기가 매우 잘 통하며 물리적·화학적으로 매우 안정적이어서 신의 소재로 불린다. 다만 너무 비싸고 수율이 좋지 못하다. 단점을 보완하고 장점을 살리기 위해 연구한 결과가 배리스터다. 배리스터 구조를 아주 간단히 설명하면 실리콘 위에 그래핀이 올라가 있는 꼴이다. 서로 다른 소재들이 붙어 있으니 벽이 생길 텐데, 이 벽의 높이를 조절해 반도체로 기능하게 한 것이 기술의 핵심이다. 하지만 연구가 발표되고 10여 년이 지난 지금까지 상용화는 이루어지지 않았다. 비용 문제가 해결되지 못했고, 2차원 소재인 그래핀을 대면적大面積으로, 또 3차원 구조로 다시 합성하기가 매우 어렵기 때문이다.

"우리는 답을 찾을 것이다"

그런데 2020년 7월 삼성전자 종합기술원과 IBS^{Institute for Basic Science}(기초과학연구원) 연구팀이 그래핀을 대면적으로 합성하는 연구를《네이처 나노테크놀로지》에 발표했다.[35] 이처럼 기술은 꾸준히 진전하고 있다. 이보다 앞선 2017년에는 삼성전자 종합기술원과 성균관대학교 연구팀이 역시 그래핀을 대면적으로 합성하는 연구를《사이언스 어드밴시스^{Science Advances}》에 발표했다.[36] 2020년에 발표된 건 구조가 매우 규칙적인 단결정 그래핀이고, 2017년에 발표된 건 구조가 매우 불규칙적인 비정질 그래핀이라는 차이가 있다. 당연히 후자는 전기가 잘 통하지 않는다. 세계 최초로 부도체 그래핀을 만들어 낸 것이다. (사실 삼성전자 종합기술원과 성균관대학교 연구팀은 이미 2014년에 단결정 그래핀을 대면적으로 합성하는 데 성공했다.)

비정질 그래핀은 활용 방법이 무궁무진하다. 심지어 담수화 장치에도 사용할 수 있다. 물은 통과시키는데 이온은 통과시키지 않아 바닷물이 담수가 되는 것이다.* 물론 여전히 가격 문제는 해결되지 않았으므로 당장 실용화하기는 어렵다. 다만 2차원 소재의 범위를 넓힌 것만으로도 의미가 충분하다고 본다.

삼성전자는 10여 년 전부터 2차원 소재 연구를 꾸준히 해왔다. 초격차는 하루아침에 발생하는 것이 아니다. 지금 이 순간에도 수많은 연구

---

* 소금, 즉 염화나트륨을 염화 이온과 나트륨 이온으로 분리해 걸러낸다.

자가 더 좋은 성능의 소재와 반도체를 개발하기 위해 고군분투하고 있다. 그러다 보면 기존의 실리콘 기반 소재들을 완전히 대체할 신소재가 언젠가 반드시 등장할 것이다. 과연 누가 어떻게 문제를 해결할지 따져보는 것도 나름 재미있지 않을까. 파인먼은 이렇게 말했다.

"나는 질문할 수 없는 대답보다 대답할 수 없는 질문을 하겠다."

스위칭

그래핀, 항공사의 마음까지 훔치다

우리는 왜 신소재를 찾는가. 전혀 생각지 못한 방식으로 문제를 해결할 실마리를 주기 때문이다. 이는 곧 새로운 시장의 탄생으로 이어진다. 최근 신소재의 대명사 그래핀을 활용해 소음을 급격히 줄여주는 기술이 개발되었다. 105데시벨의 비행기 엔진 소리를 16데시벨의 헤어드라이어 소리 수준으로 줄여준다. 무게도 가벼워 활용도도 높다. 고속 이동에는 소음이 발생할 수밖에 없는데, 이번 연구가 해답을 줄 것으로 기대된다.

8

때로는 포장이 답이다

2019년 10월 삼성전자가 12층 TSV 개발을 발표했다. TSV는 기존 패키지가 가진 단점을 개선한 것으로, 여러 개의 소자를 수직으로 쌓을 때, 각 소자를 연결하는 기술이다. 별거 아닌 듯하지만, 설계와 생산, 접합 방식을 모두 혁신할 수 있다. 위로 쌓고 잘 연결하니 집적도가 높아지는 것은 물론이고, 넣어준(input) 전기의 양 대비 나오는(output) 전기의 양의 비율인 I/O가 높아진다. (그만큼 전자가 새거나 방해받는 일이 줄어든다.) 한마디로 전기적 성능이 좋아진다. 최근 주목받고 있는 기술인 HBM^{High Bandwidth Memory}(고대역폭 메모리)의 핵심도 바로 TSV다.

패키징 공정은 반도체 제작의 가장 마지막 단계인데, 그래서인지 과소평가된 경향이 있다. 하지만 패키지가 없다면 아무리 잘 만들어 놓은 반도체도 무용지물이다. 반도체에 전기를 공급하는 게 패키지이기 때문이다. 컴퓨터를 보면 파워 서플라이^{power supply}라는 장치가 있다. 전기를 받아들여 각 부품에 알맞게 분배한다. 패키지가 정확히 이런 일을 한다. 소자와 소자 사이, 반도체와 반도체 사이, 반도체와 기판 사이를 적절하게 연결하고 전기를 분배하는데, 반도체의 크기가 매우 작다 보니 절대 쉬운 일이 아니다. 이뿐 아니라 패키지는 데이터와 반도체를 외부 충격에서 보호한다. 이 또한 어려운 일이다.

반도체계의 부르즈 할리파

패키지는 단순한 상자 포장 같은 것이 아니다. 그 중요성은 아무리 강조해도 부족하다. 2016년 전북테크노파크가 발표한 연구를 보면, 전자 제품의 신호 지연 중 절반이 소자와 소자 사이, 반도체와 반도체 사이, 반도체와 기판 사이의 접합부에서 발생한다.[37] 즉 반도체의 성능이 좋아지려면 기본적으로 회로 설계와 제작을 잘해야겠지만, I/O도 향상해야 한다. 한마디로 잘 연결(접합)해야 한다. 가장 많이 사용되는 방식은 와이어로 연결하는 것이다. 와이어는 쉽게 말해 전깃줄로, 보통 금을 쓴다. 전선 지중화가 도입되지 않은 지역을 가보면 공중에 전깃줄이 치렁치렁 얽혀 있는데, 딱 이런 꼴이다. 제작하기 쉽고 직관적이라 가장 오래, 가장 널리 사용되었다.

　과거에는 와이어만 사용해도 충분했다. 주고받을 전기 신호가 그리 많지 않았기 때문이다. 하지만 반도체 성능이 점점 높아지면서 상황이 달라졌다. 전기 신호의 양은 점점 늘어나는데, 소자의 크기는 점점 작아지는 것이다. 그런데 와이어는 공간을 많이 차지하고 I/O도 낮다. 그러면 어떻게 해야 할까. 어떻게 해야 제한된 크기에서 최대치의 성능을 끌어낼 수 있을까. 답은 간단하다. 위로 쌓자!

소자를 위로 쌓자는 생각은 매우 타당하다. 하지만 와이어를 사용할 수 없게 된다. 몇 층이 되든 각 소자를 와이어로 일일이 연결한다면 작업이 너무 복잡해질 게 뻔하다. 그래서 나온 방식이 TSV다. 소자를 쌓고, 레이저를 이용해 수직으로 구멍을 뚫은 다음, 전기전도도가 좋은 구리 같은 소재를 채워 넣는 것이다.

말은 간단하지만, 생각보다 어려운 공정이다. 무엇보다 소자는 쌓으면 쌓을수록 온도 변화에 따른 휨^{warpage} 현상이 극심하게 발생한다. 일단 소자 자체가 워낙 얇기도 하고 소자별로 온도에 팽창하는 정도가 다르기 때문이다. 이를 감수하고라도 TSV를 사용하는 건 접합 길이^{interconnection}가 짧아지기 때문이다. 당연히 전기 신호가 더 빠르고 정확하게 전달될 수 있다. 연장선에서 전력도 적게 소모하고, 당연히 열도 적게 난다. 소자를 옆으로 퍼뜨리지 않고 위로 쌓기 때문에 집적도가 좋아지는 것은 말할 필요도 없다. 즉 여러모로 반도체 크기를 줄이고자 하는 오늘날의 요구에 가장 적합하다. 삼성전자가 12층을 쌓는 데 성공했으니, 앞으로 24층, 36층, 72층을 쌓으려는 시도가 계속될 것이다. 물론 가격과 생산성이 문제지만, 막대한 연구·개발비를 투자하는 만큼 언젠가 144층짜리 반도체가 상용화될 날이 올 테다.

앞서 말했듯이 패키지가 최근 주목받는 이유는 전前공정, 즉 회로를 설계하고 그리는 일이 물리적 한계에 부닥쳤기 때문이다. 반도체는 이제 3나노미터 시대를 눈앞에 두고 있다. 2나노미터 시대도 멀지 않았다.

그런데 회로의 폭이 너무 좁아지다 보니 여러 문제가 발생한다. 이 문제들에 정공법으로 대응하다가는 연구·개발비가 너무 높아지고 시간도 오래 걸리 게 뻔해 다른 우회로를 모색하는 과정에서 패키지가 눈에 띈 것이다. 물론 전공정과 후後공정의 경계가 점차 사라지고, 다양한 전공의 기술자들이 함께 연구하는 최근 경향도 한몫한 것으로 보인다. 반도체는 종합 예술이다.

PCB가 초록색인 이유

반도체라는 종합 예술이 펼쳐지는 무대가 흔히 '초록색 기판'으로 알려진 PCB다. (종종 다른 색으로 만들기도 한다.) 너무나 익숙한 부품이라 다들 그러려니 하지만, 나는 예전부터 왜 하필 초록색인지 궁금했다.

　결론부터 말하면 불량률을 줄이기 위해서다. 보통 PCB에 반도체를 접합할 때는 대량 생산에 적합한 SMT^{Surface Mount Technology}(표면 실장 기술)를 활용한다. 간단히 설명하면, PCB에 솔더 페이스트^{solder paste}라는 접합 소재를 인쇄하고, 그 위에 반도체를 올린 다음 열을 가해 붙이는 방식이다. 솔더 페이스트는 '주석-3.0은-0.5구리' 조성을 가장 많이 사용하는데, 경우에 따라 220도에 달하는 열을 5~10분 동안 가한다. 대부분의 PCB는 유리 섬유, 난연제 등이 결합되어 열에 강한 소재인 FR^{Flame Retardant}-4로 만들지만, 그래도 고온에 노출되는지라 불량이 발생할 수 있다.

반도체를 잘 만들었는데, PCB
에 붙이는 과정에서 모종의 이
유로 접합부에 결함이 발생했다
고 하자. 이를 미처 확인하지 못
하고 그대로 출고하면 어떻게
될까. 어떤 전자 제품에 들어가
든 전기 신호가 제대로 전달되
지 못하는 부분이 발생할 테다.
그 전자 제품이 자율주행자동차
라면? 누군가 죽을 수도 있는 문

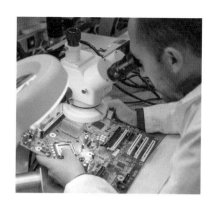

PCB를 검수하는 모습. 확대경이나 현미경을 통해 육안으로 살펴본다. 최근에는 컴퓨터가 검수하기도 한다.

제다. 이런 문제를 막고자 출고 전에 접합부를 꼭 확인해야 한다. 과거
에는 현미경 등을 사용해 일일이 육안으로 검수했다. 생각만 해도 눈이
아파진다. 만약 PCB가 빨간색이라면 쳐다볼 엄두도 내지 못할 것이다.
그나마 초록색은 눈이 편하다. PCB가 초록색인 이유다. (최근 여러 색의
PCB가 나오는 것은 검수를 컴퓨터에 맡기기 때문이다.)

그런데 최근 PCB를 사용하지 않는 패키징 공정이 개발되어 뜨거운
관심을 받고 있다. 앞서 짧게 언급한 FOWLP가 그것이다. PCB-less라
고도 불리는 이 기술은 두께가 수십 마이크로미터에 지나지 않는 RDL
Redistribution Layer(재배선층)을 사용한다. 수백 마이크로미터 두께의 PCB
를 쓰지 않아 전체적으로 얇아지고, 무엇보다 원가가 절감된다. 물론
PCB를 만드는 기업들은 생존을 걱정해야 할 문제일 수 있다. 오해하지
말아야 할 것이 메인보드나 D램의 초록색 PCB가 당장 사라지는 것은

아니다. 다만 패키징 공정에서 사용하는 PCB는 점차 설 자리를 잃어가고 있다.

반도체 미세화의 끝판왕, SoC와 SiP

계속해서 FOWLP를 살펴보기에 앞서, 반도체 미세화에 관한 이야기를 해보자. 삼성전자와 TSMC는 더 작은 반도체를 만들기 위해 천문학적인 연구·개발비를 쏟아붓고 있다. 2018년 참석한 한 학회에서 7나노미터에서 5나노미터로 공정 수준을 높이는 데 50조 원이 필요하다는 발표를 들은 기억이 있다. 참고로 우리나라의 1년간 연구·개발비가 86조 원이다.[38] 이렇게 엄청난 돈을 앞으로도 계속 투자해야 할 텐데, 상상이 가지 않는 규모다. 물론 삼성전자와 TSMC 모두 (정말 50조 원을 들였는지는 모르지만) 5나노미터 공정에 안착했다. 실제로 2020년 출시된 아이폰 12 시리즈에는 TSMC가 5나노미터 공정으로 만든 AP가 들어갔다. 참고로 삼성전자와 TSMC를 제외한 반도체 기업들은 사실상 반도체 미세화를 포기했다. 2021년 3월 인텔이 22조 원을 투자해 파운드리에 진출하겠다고 선언했지만, 그들이 실제로 반도체를 제작하는 일은 먼 훗날에나 가능할 것이다.

반도체 미세화의 끝에는 SoC와 SiP가 있다. SoC는 CPU부터 GPU와 램까지 모든 반도체를 하나의 반도체로 통합하는 기술이다. 예를 들어 AMD의 라이젠 9 5950X, 엔비디아의 지포스GeForce RTX 3090, 삼성의 64기가바이트 D램 등이 하나의 반도체 위에 올라가 있는 꼴이다. SiP는 반도체가 아니라 패키지가 단위다. 즉 모든 반도체를 하나의 패키지로 싸겠다는 것이다. 비유하면 SoC는 과자 한 조각에 세상의 모든 맛을 구현하겠다는 거고, SiP는 과자 한 봉지에 세상의 모든 맛을 넣겠다는 것이다.

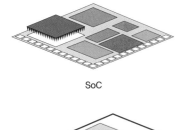

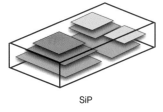

SoC와 SiP 비교. SoC는 하나의 큰 반도체 위에 각종 반도체를 올린 꼴이고, SiP는 각종 반도체를 하나의 패키지로 묶은 꼴이다.

중요한 점은 반도체 크기를 줄이는 것이 정말 효율적인지다. 과연 투자하는 돈과 시간 대비 괜찮은 수익을 얻을 수 있을까. 전공정에서 반도체를 작게 하는 일은 물리적 한계에 부닥쳤고, 이를 뛰어넘으려면 막대한 투자를 해야 한다. 그렇다면 차라리 후공정, 즉 패키징 공정에서 답을 찾는 게 낫지 않을까. 실제로 패키징 공정에서 TSV를 적용한 결과 같은 소자를 사용해 훨씬 좋은 성능을 끌어낼 수 있었다. 예를 들어 한정된 공간에 최대한 많은 사람을 수용하려면, 주택 100채를 짓는 것보다 100층짜리 아파트를 지은 다음 초고속 엘리베이터를 설치하는 게 훨씬 효율적이다. 이때 아파트의 각 층이 소자이고, 초고속 엘리베이터가 바로 TSV다. 게다가 이 방식은 돈도 적게 든다. 주택 100채를 지으려면 일단 땅값부터 많이 들지 않겠는가. 게다가 사람들의 다양한 취향을 일일이 반영하려면 건설 속도도 느려질 수밖에 없다. 하지만 100층짜리 아파트는 훨씬 빠르고 저렴하게 지을 수 있다. 엘리베이터만 충분히 빠르면 그리 불편하지도 않다. 이런 점에서 TSV부터 SiP까지 패키징 공정이 주목받는 것이다.

패키징 공정의 양대 산맥

그리고 가장 효율 좋은 패키징 공정으로 주목받고 있는 것이 바로 FOWLP다. FOWLP를 알려면 우선 WLP가 무엇인지 이해해야 한다. 옛날에는 웨이퍼에 그림을 그리고 자른 다음(전공정) 전선을 연결하고 각종 접합 소재를 달았다(후공정). 그런데 WLP는 이 순서가 반대다. 즉 먼저 패키징 공정을 수행하고 그다음에 소자를 자른다. 이렇게 하니 패키징 공정이 훨씬 수월해졌을 뿐 아니라 (패키지 자체를 최소화할 수 있어) 소자의 크기를 줄이는 데도 도움이 되었다.

그런데 치명적인 단점이 있으니 접합 소재를 많이 달지 못한다는 것이다. 접합 소재가 많아야 전기 신호도 더 많이 전달할 수 있다. 그런데 패키지가 작아져 접합 소재를 적게 달 수밖에 없어진 탓에 반도체의 성능이 저하되었다. 예를 들어 건물을 짓는데, 일단 외부를 먼저 완성하고 내부 공간을 1평짜리 방으로만 가득 구획했다고 하자(패키지). 사람(소자)은 많이 들어갈 수 있겠으나, 방이 워낙 작아 콘센트(접합 소재)를 하나만 설치해 무엇 하나 제대로 할 수가 없다. 이에 각 방에 0.1평짜리 테라스를 달고 거기에 추가 콘센트를 설치했으니, 이것이 바로 FOWLP다.

일반적인 WLP가 소자의 크기와 패키지의 크기가 같다면, FOWLP는 후자가 좀 더 크다. 즉 더 많은 접합 소재를 붙일 수 있다. 중요한 점은 FOWLP가 TSMC의 특허라는 사실이다. 우리나라에서는 삼성전자와 후

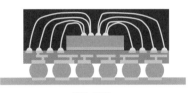

WB-BGA

FOWLP

와이어를 이용한 패키지와 FOWLP 비교. 기판과 와이어를 쓰지 않는 만큼 대폭 얇아진다.

공정 기업인 네패스^{NEPES}가 연구 중인데, 다만 삼성전자가 '대외적으로' 주력하고 있는 것은 FOWLP가 아니라 FOPLP다.

앞서 짧게 설명했듯이 FOPLP는 웨이퍼 대신 PCB를 사용한다. 그래서 얻는 장점은 무엇인가. 첫째, 일반적으로 사용되는 12인치 웨이퍼보다 더 넓은 면적을 패키징할 수 있다. 둘째, 면적 효율이 아주 좋다. 원형 웨이퍼에 사각형 소자를 만들면 당연히 버려야 하는 부분이 생긴다. 반면 PCB는 애초에 사각형이므로 그럴 걱정이 없다. 즉 FOPLP가 FOWLP보다 이론적으론 돈도 덜 들고, 효율도 12~15퍼센트 정도 좋다. 무엇보다 크기와 두께를 거의 0.7배 이상 줄일 수 있다.[39]

하지만 현재 스마트폰에 들어 있는 대부분의 반도체는 FOWLP로 패키징한 것이다. FOPLP는 잘 쓰지 않는다. 여러 이유가 있는데, 우선 열에 약하다. 즉 소자를 보호하고자 PCB에 몰드^{mold}를 바르는데, 고무와

비슷한 소재라서 열을 받으면 부피가 쉽게 변한다. PCB 자체는 변하지 않는데, 몰드만 늘어나는 것이다. 당연히 결함이 발생한다.

게임 체인저의 꿈

그래서 삼성전자도 FOWLP 개발에 열을 올리고 있다. 다행인 것은 삼성전자의 기술이 TSMC에 크게 뒤지지 않는다는 점이다. 그러면 이 패키징 전쟁에서 과연 누가 승리할 것인가. 몇몇 전문가는 TSMC의 우세를 점친다. 심지어 TSMC는 EUV를 활용한 노광 장비를 삼성전자보다 더 많이 갖고 있다. 하지만 나는 윈윈win-win에 걸려 한다. 치열한 경쟁 탓에 둘 다 기술 혁신이 굉장히 빠르고, 반도체 시장의 수혜를 받고 있기 때문이다. TSMC가 시가 총액이 높다고 해도, 파운드리이자 팹리스이고 메모리 반도체의 절대 강자인 삼성전자의 몸집을 무시할 수는 없다. 또한 TSMC는 팹리스의 눈치를 보아야 한다. 수주를 받지 못하면 당장 수익이 급락할 수밖에 없기 때문이다. 파운드리의 자리를 지킨다는 건 TSMC에 양날의 검이다.

사실 많은 연구자가 삼성전자의 FOPLP를 부정적으로 바라본다. 그렇다면 삼성전자는 왜 포기하지 않는 걸까. 분명 경쟁력도 떨어지고 상용화하기 어렵다는 걸 알면서도 왜? 조심스럽게 예측하기로는, FOPLP의 완성도를 높일 수만 있다면 패키징 공정의 새로운 표준을 제시할 수 있기 때문이다. 말로만 듣던 게임 체인저game changer가 되는 것이다.

삼성전자는 언제나 불가능에 도전해 왔다. 삼성전자의 시작은 미약했지만, 오늘날 세계 최고의 반도체 기업 중 하나가 되었다. 고인이 된 이건희 삼성 회장은 2012년 신년사에서 이렇게 말했다.

"삼성의 미래는 신사업, 신제품 그리고 신기술에 달려 있습니다. 기존의 틀을 모두 깨고 오직 새로운 것만을 생각해야 합니다. 도전하고 또 도전하기를 당부합니다."

스위칭

메모리 반도체의 미래, HBM-PIM

삼성전자가 단언컨대 지구 최강의 메모리 반도체를 만들었다. 바로 HBM-PIM(Processing In Memory)이다. HBM은 고대역폭 메모리로, 쉽게 말해 한 번에 더 많은 데이터를 저장할 수 있다. 세계 최초로 HBM을 상용화한 것은 SK하이닉스인데, 삼성전자는 이것을 PIM과 접목했다. PIM은 지능형 메모리로, 말 그대로 연산까지 할 수 있다. 정말 메모리 반도체의 끝판왕으로, 특히 AI 개발에 필수품이 될 전망이다. 삼성전자의 미래는 아직 밝아 보인다.

NEXT
SCENARIO

2장

바로 지금,
당신의 일상을
설계하는 반도체

1

'떡상'의 중심, 전장 반도체

우리나라 수출의 1등 공신이 삼성전자와 SK하이닉스의 메모리 반도체라는 사실을 반박할 사람이 있을까. 실제로 반도체 시장은 2020년 기준 전년 대비 52.1퍼센트 커졌고, 전체 수출에서 차지하는 비중은 19.4퍼센트에 달한다.[1] 그리고 최근 가장 주목받는 반도체는 단언컨대 차량용 반도체, 즉 전장 반도체다.

내가 유튜브 채널에서 전장 반도체를 소개한 2019년 9월만 해도 사람들의 반응은 뜨뜻미지근했다.[2] 사실 전장 반도체를 아는 사람도 그리 많지 않았다. 그래서 관심도 콘텐츠도 거의 없었다. 실제로 유튜브에서 '차량용 반도체', 또는 '전장 반도체'로 검색한 다음 조회수대로 나열하면 내 영상이 최상단에 있다. 당시 전장 반도체 시장과 긴밀하게 엮인 테슬라의 주가는 44~50달러 선이었다. 그런데 어느 순간 갑자기 '떡상' 하기 시작했다. 실제로 2020년 1월이 되자 테슬라의 주가는 두 배 가까이 뛰었고, 2021년 10월 기준 1,000달러 안팎을 유지 중이다.

연구자의 딜레마

내 전망이 맞아떨어지자 많은 사람이 굉장히 좋아했다. 전장 반도체 수요가 급증해 품귀 현상이 벌어진다는 보도가 처음 나온 게 2020년 하반기였으니, 무려 1년 전에 미래를 예측한 것이다. 솔직히 말하자면 이는 '운빨'이었다. 나는 2019년 12월까지 전기자동차에 사용되는 파워 모듈power module*의 소재를 연구했고, 당연히 관련 소재로 영상을 몇 개 만들었다가 대박이 터진 것이다. 영상들의 전체 조회수만 100만 회를 넘었으니 여러모로 운이 좋았다.

재미있는 점은 전장 반도체가 주목받을 것이라고 예측한 나는 정작 관련 주식을 사지 않았다는 사실이다. 많은 사람이 연구자들은 업계 동향에 빠삭하니 주식 등으로 재미를 보리라고 생각한다. 하지만 내 사례에서 보듯이 전혀 그렇지 않다. 박사학위를 받고 삼성전자에 입사한 어느 선배는 "연구자들이 주식을 잘하면 여의도(금융계)에 있는 사람들은 전부 다 공학박사겠네?"라고 되묻기도 했다. 정말 그렇다면 정부출연연구기관이나 주요 대학교 공과대학의 주차장은 포르셰나 람보르기니Lamborghini에서 만든 슈퍼카로 가득했을 것이다.

앞서 설명했듯이 대부분의 연구자는 자기 분야만 알 뿐 경제나 정치는 잘 모른다. 아이작 뉴턴Isaac Newton조차 주식 시장에 뛰어들었다가 현

---

* 파워 모듈은 전기를 변환해 공급하고 분배하는 등 말 그대로 '파워'에 관한 다양한 일을 수행하는 장치다. 모든 전자 제품에 들어 있다.

재 가치로 최소 20억 원을 잃고는 "천체의 궤도는 계산해도 인간의 광기는 계산하지 못하겠다"라며 혀를 찼으니까.[3] 그러니 시야를 넓혀주고 비판 능력을 키워주는 정도로만 이 책을 참고하길 바란다. 절대 투자 전망서가 아니다. 내가 유튜브 채널에 영상을 올릴 때마다 "그래서 관련주는 무엇인가요?"라고 묻는 사람들이 많은데, 답은 "나도 모른다"이다.

삼성전자의 미래 먹거리

본격적으로 전장 반도체가 무엇인지 알아보자. 우리나라는 반쪽짜리 반도체 강국이다. 메모리 반도체는 강하지만 시스템 반도체는 약하기 때문이다. 그런데 퀄컴 같은 굴지의 시스템 반도체 기업보다 높은 경쟁력을 보이는 분야가 있다. 나만의 생각이 아니다. 홍대식 연세대학교 공과대학장, 한태희 성균관대학교 교수, 김용석 성균관대학교 교수, 박진효 SK텔레콤 ICT기술센터장, 김동순 케이트[KEIT, Korea Evaluation Institute of Industrial Technology](한국산업기술평가관리원) 디렉터 등의 전문가가 모두 이 분야에 주목하고 있다. 바로 전장 반도체다.[4]

퀄컴은 시스템 반도체의 최강자 중 하나다. 만약 당신의 스마트폰이 안드로이드 기반이라면 퀄컴이 만든 AP가 들어 있을 가능성이 크다. 게다가 5G 통신 분야도 꽉 잡고 있다. 뒤에서 자세히 설명하겠지만, 삼성전자도 5G 통신 분야에서 두각을 드러내고 있다. 애플이 5G 통신 모뎀용 반도체를 개발하지 못해 삼성전자에 엑시노스 모뎀 5100의 공급을

의뢰했다가 굴욕적이게 퇴짜맞고 퀄컴과 대안을 모색했다는 소문이 돌았을 정도다. 하지만 시장 점유율을 보면 5G 통신 모뎀용 반도체는 대부분 퀄컴이 공급하고 있다. 현실이 그렇다.

그런데 전장 반도체만큼은 이야기가 다르다. '전장'은 차량에 들어가는 각종 '전자·전기 장비'를 의미한다. 삼성전자는 퀄컴보다 빨리 전장 시장에 뛰어들었다. 2017년 전장 기업 하만Harman을 9조 3,600억 원에 인수했고, 이후 전장 반도체 시장을 석권하기 위해 74조 원을 투자하기로 결정했다.[5]

삼성전자가 전장 반도체 개발에 대대적으로 뛰어든 이유는 간단하다. 자율주행자동차부터 전기자동차와 수소전기차까지, 앞으로 등장할 모든 자동차에 전장 반도체가 들어갈 것이다. 기기 조작과 관련된 부분뿐 아니라 5G 통신과 연계해 작동하는 부분에도 전장 반도체가 필요하다. 심지어 BMW를 필두로 '거울에 비친 상을 눈으로 본다'라는 직관적 메커니즘을 따르는 사이드미러를 없애고 대신 자동으로 최적의 화각을 찾아 주변 상황을 보여주는 카메라를 단 자동차들을 속속 내놓고 있다.

세계 최초로 디지털 사이드미러를 탑재한 렉서스(Lexus) ES.

즉 전장 반도체의 쓰임새는 무궁무진하다. 시장은 계속해서 커질 것이다. 소위 말하는 '미래 먹거리'다.

그런데 전장 반도체는 아무나 쉽게 만들지 못한다. 매우 높은 신뢰성을 담보해야 한다. 스마트폰의 AP가 망가진다고 누가 다치거나 죽지 않는다. 하지만 자동차의 전장 반도체가 망가지면 인명 사고로 이어질 수 있다. 따라서 완벽하게 신뢰할 수 있어야 한다. 게다가 잦은 충격, 널뛰는 온도, 극심한 먼지 등 사용되는 환경도 매우 가혹하다. 이런 이유로 전장 반도체에 쓰이는 소재는 사용 기준이 매우 높다. 예를 들어 열충격 실험의 경우 일반적인 반도체보다 두 배 이상의 안정도를 요구한다. 이처럼 높은 수익이 기대되면서도 제대로 만들기 어렵기 때문에 삼성전자가 총력을 기울이는 것이다.

잡스와 머스크, 이재용과 정의선

그렇다면 전장 반도체에는 어떤 소재가 쓰일까. 일단 고전압과 고열에 강해야 한다. 전장 반도체 중 전기를 변환하고 분배하고 처리하는 데 쓰이는 전력 반도체를 예로 들어보자. 상식적으로 생각해 작은 스마트폰을 켜는 것도 아니고 자동차를 움직일 정도인데, 전력 반도체에 얼마나 강한 전기가 흐르겠는가. 일반적인 반도체는 이렇게 강한 전기를 견디지 못한다. 전기적 성질이 바뀔 뿐 아니라 온도가 높아지기 때문이다. 실리콘의 경우 220도 정도가 한계다. 그래서 열에 강한 질화갈륨, 탄화규

소 등을 사용한다. 이러한 소재들은 에너지 밴드 갭이 크다. 일반적인 환경이라면 전자가 이동하기 어려울 텐데, 고온에서는 물질이 늘어나므로 에너지 밴드 갭이 적당한 수준까지 좁아진다. 그래서 고전압, 고열을 견뎌야 하는 전력 반도체에 알맞다.

쉽게 말해 전장 반도체는 고온이든 저온이든, 어떤 온도에서나 정상적으로 작동해야 하고 고장 나서는 안 된다. 이런 깐깐한 조건에 부합할 소재를 개발하기가 쉬울까. 당연히 엄청나게 어렵다. 기술 수준도 높아야 하고, 노하우도 많아야 하며, 수조 원대의 연구·개발비를 감당해야 한다. 바꿔 말해 전장 반도체 시장을 일단 석권하기만 하면 장기간 군림할 수 있다.

관련해서 재미있는 이야기를 하나 해보겠다. 나는 지금 기아의 K7을 몰고 있다. 만족하며 타는 중이다. 다만 3~5년 뒤에는 테슬라의 모델 S, 또는 포르셰의 파나메라Panamera나 타이칸Taycan으로 바꾸고 싶다. 이 이야기를 들으면 많은 사람이 응원해 주는 동시에 의아해한다. 테슬라가 포르셰랑 동급이냐는 것이다. 사실 테슬라 자동차의 충격적인 완성도, 예를 들어 손가락이 들어가는 단차와 가격 대비 너무 저렴한 마감재 등은 충분히 그런 의문을 품게 한다. 하지만 개인적으로 테슬라의 감성은 애플에 버금간다고 생각한다. 지극히 주관적인 저 감성이 테슬라의 주가 상승에 어느 정도 영향을 미치지 않았을까. 그렇다면 그 감성은 어디에서 비롯되는가. 스티븐 잡스Steven Jobs를 보는 듯한 머스크의 카리스마와 리더십, 현존 최고 성능의 전기자동차, 굉장히 우수한 자율주행시스템, 무엇보다 유행을 선도하는 모습 아닐까. 물론 테슬라 자체는 거품일

테슬라의 사이버트럭(Cybertruck)(왼쪽)과 현대자동차의 포터 II 일렉트릭(PORTER II Electric)(오른쪽).
감성은 사이버트럭이 압도적일지 몰라도, 세계 최초로 상용화된 전기트럭은 좀 더
생활 밀착형인 포터 II 일렉트릭이다

수 있다. 역사의 한 페이지를 화려하게 장식한 후 사라질 수 있다. 하지만 테슬라가 불을 붙인 자율주행자동차와 전기자동차 붐은 쉽게 꺼지지 않을 것이다.

우리나라 기업들도 테슬라를 따라잡고자 열심히 노력 중이다. 2020년 7월 이재용 삼성전자 부회장과 정의선 현대자동차 수석부회장(현재 회장)이 만났다. 국내 최고 기업들의 총수가 만나 자동차의 미래를 논의했다는 데서 자동차 시장의 전망이 밝다는 점을 알 수 있다. 실제로 삼성전자는 전장 반도체를 AI, 5G 통신, 생명과학과 함께 4대 미래 성장 동력으로 꼽고 있다. 현대자동차도 자율주행자동차와 수소전기차에 투자를 아끼지 않고 있다. 물론 자율주행자동차의 안전성에 대해, 또 전기자동차의 경제성에 대해 아직 여러 논란이 있지만, 그 둘이 시대의 핵심으로 부상했다는 점은 누구도 반박할 수 없다.

"요란하지 않지만 강하다"

꼭 자율주행자동차나 전기자동차가 아니더라도, 최근 출시되는 자동차를 보면 온갖 전장 반도체로 가득하다. 경로를 안내하는 기능부터 보행자를 인식하고 멈추는 기능, 차선을 침범하지 않게 해주는 기능과 차로의 중앙에 맞춰 달리게 해주는 기능까지, 다양한 센서와 카메라, 통신 장비에 전장 반도체가 들어간다. 전기자동차에 쓰이는 배터리도 전장 반도체로 관리한다. 배터리만 장착한다고 전기자동차가 굴러가지 않는다. 배터리에서 나오는 전기를 변환, 분배하며 통제할 시스템이 필요하다. 이쯤 되면 달리는 컴퓨터에 가깝다. 특히 테슬라의 자율주행자동차를 보면 대시보드 중간에 설치된 거대한 태블릿으로 대부분의 기능을 다룬다. 이러한 흐름을 따라 앞으로 더 많은 자동차에 더 많은 전장 반도체가 탑재될 것이다. 그것들을 기계식 레버나 스위치로 조종할 수 있을까. 절대 아니다. 전장 반도체가 해야 한다. 우리 앞에 엄청난 가능성을 품은 시장이 모습을 드러내고 있는 것이다.

인터넷에 전장 반도체의 시장 규모를 검색해 보라. 수많은 전문가가 장밋빛 미래를 그리고 있다. 그런데 정작 사람들은 전장 반도체의 가능성을 잘 모른다. 전문가들이 신뢰를 잃은 탓일까. 물론 전문가의 전망은 틀리기 일쑤다. 하지만 이번 경우에는 상황이 다르다. 전장 반도체는 사람들의 눈에 잘 띄지 않는다. 운전하며 자율주행시스템과 관련 센서에 도움받지만, 자동차 깊숙한 곳에 숨어 있는 전장 반도체를 직접 보기는 힘들다. 그렇지만 이 시장은 아주 견고하다. 한마디로 "요란하지 않지만 강하다."[6]

앞서 설명했듯이 전장 반도체 시장은 진입 장벽이 매우 높다. 기술력과 자본력을 모두 갖추어야 한다. 중국 기업들이 쉽게 도전하지 못하는 이유다. 실제로 2017년 시장 조사 기관 야노경제연구소Yano Research Institute가 발표한 보고서를 보면 전력 반도체 시장 점유율 1위는 독일 기업인 인피니언 테크놀로지스, 2위는 미국 기업인 온 세미컨덕터ON Semiconductor, 3위는 일본 기업인 미쓰비시Mitsubishi다. 전장 반도체 전체를 포괄한 스트레티지 애널리틱스의 보고서를 보면 인피니언 테크놀로지스가 1위, 네덜란드 기업인 NXP반도체가 2위다. 파워 모듈은 인피니언 테크놀로지스가 1위, 온 세미컨덕터가 2위다. 언급된 기업들의 국적을 살펴보자. 미국, 독일, 일본, 네덜란드 등 모두 기초 과학 강대국임을 알 수 있다. 이처럼 전장 반도체는 난이도가 높은 분야다.

절대 꺾이지 않을 시장

그런데도 포기할 수 없는 것은 시장 전망이 워낙 좋기 때문이다. 환경 문제를 중요하게 생각하는 조 바이든Joseph Biden 미국 대통령은 2021년 1월 첫 임기를 시작하며 앞으로 10년간 탄소 중립 목표를 달성하기 위해 1조 7,000억 달러를 투자하겠다고 밝혔다. 연장선에서 7조 8,000억 달러를 주무르는 세계 최대 규모의 자산 운용 회사 블랙록BlackRock은 ESG, 즉 환경Environment, 사회Social, 정치Governance에 신경 쓰지 않는 기업에는 투자하

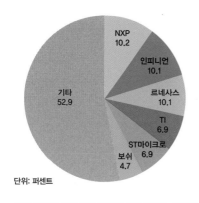

NXP
10.2

인피니언
10.1

르네사스
10.1

TI
6.9

ST마이크로
6.9

보쉬
4.7

기타
52.9

단위: 퍼센트

2021년 1분기 기준 전장 반도체 시장 점유율. 유럽의
반도체 기업들이 두각을 나타내고 있다.
자료: 한국자동차연구원

지 않겠다고 공언했다.[7] 환경을 보호해야 하고 에너지를 효율적으로 사용해야 한다는 것, 그래서 내연 기관 사용을 줄여야 한다는 것은 오늘날 상식이 되어가고 있다. 이에 가솔린이든 디젤이든 전기든 연비를 최대한으로 높일 파워 모듈과 전장 반도체의 중요성이 점점 커지는 중이다.

실제로 2020년 SK하이닉스에서 발표한 반도체별 매출 증감률을 보면 전장 반도체는 계속해서 증가하고 있다.[8] (SK하이닉스는 2016년부터 전장 반도체 시장에 뛰어들었다.) 시장 조사 기관 IHS는 2022년 전장 반도체 시장 규모가 500억 달러를 넘을 것으로 예측했다. 삼성전자의 2021년 3분기 매출이 73조 원이었는데, 조만간 이와 비슷한 수준까지 커진다는 것이다. 삼성전자의 몸집을 생각하면 엄청나게 큰 규모다. 메모리 반도체 다음은 전장 반도체라고 보는 의견도 있을 정도니까.[9]

관련해서 2020년 5월 눈여겨볼 만한 전망이 나왔다. 패키징 공정을 담당하는 반도체 기업인 앰코 테크놀로지Amkor Technology에서 전장 반도체 부문을 총괄하고 있는 프라사드 돈Prasad Dhond이 당분간 자동차 업계의 전망이 좋지 않을 것으로 내다본 것이다.[10] 실제로 자동차 생산량 자체가 감소하고 있다. 각종 자동차 부품을 생산하는 보쉬Bosch는 자동차 생산량이 20퍼센트 정도 줄 것으로 예측했다. 마침 인피니언 테크놀로지스와 NXP반도체의 2020년 1분기 매출도 다소 아쉬웠다. 하지만 돈의 결론은 확고했다. "미국 경제에서 자동차 산업이 차지하는 비중은 크고, 전장 반도체 시장의 성장은 견고할 것이다." 그는 현재 도로를 누비는 자동차들은 진정한 자율주행자동차나 전기자동차가 아니라는 데 주목했다. 즉 고성능의 전장 반도체가 적용될 자동차가 무수히 많은 것이다. 성장 가능성이 이토록 큰 시장이 또 있을까. 돈의 말대로 "전장 반도체 시장은 훨씬 더 커질 것이다. 미래는 매우 밝을 것이다."

스위칭

현대자동차도 반한 아날로그 반도체

반도체를 나누는 여러 기준 중 디지털과 아날로그가 있다. 디지털 반도체는 디지털 신호인 0과 1을 다루고, 아날로그 반도체는 아날로그 신호를 디지털 신호로 바꾼다. 디지털 카메라의 이미지 센서가 대표적인 아날로그 반도체로, 연속적인 흐름으로 존재하는 자연의 풍경을 단속적인 디지털 이미지로 포착한다. 최근 자율주행자동차의 개발로 아날로그 반도체의 수요가 폭발하고 있다. 자율주행자동차는 주행 내내 주변 상황을 살펴야 하므로 성능 좋은 아날로그 반도체가 필수다. 실제로 관련 반도체 기업들의 주가가 고공 행진 중이다.

3 게임 체인저의 운명, 전고체 배터리

전기자동차의 꽃은 배터리다. 많은 사람이 모르는 사실이지만, 전기자동차
는 이미 19세기에 개발되어 내연 기관 자동차보다 많이 판매되기까지 했다.
가격도 쌌고 조작도 간단했으며, 무엇보다 당시에는 장거리 운전, 고속 운전
이 크게 요구되지 않을 때라 요즘으로 치면 골프장에서 쓰는 전동 카트 정도
수준만 되어도 충분했기 때문이다. 하지만 20세기 들어 원유를 대량으로 추
출하게 되면서 내연 기관 자동차의 유지비가 급격히 떨어지며 전기자동차
는 역사의 뒤안길로 사라졌다. 그리고 시간이 흘러 에너지 패러다임의 전환
으로 다시 한번 전기자동차가 주목받고 있다.

그사이 배터리 기술은 날로 발전했다. 한 번 사용하면 끝인 1차 전지의 한
계를 넘어 충전해서 다시 사용할 수 있는 2차 전지가 개발되었고, 최근에는
연료의 화학 반응에서 곧바로 전기를 생산해 반영구적으로 사용하는 3차 전
지(연료 전지)가 한창 개발 중이다. 연장선에서 배터리 시장의 성장세가 심
상치 않다. 예를 들어 2019년 LG화학의 주가는 30만 원 안팎이었다. 그런데
2021년 1월 100만 원을 넘더니 이후 80만 원 선을 지키고 있다. 얼마나 장사
가 잘되는지 배터리 사업을 분리해 LG에너지솔루션을 만들 정도다.

어쩌면 배터리 시장은 반도체 시장에 버금갈 규모로 성장할지 모른다. 나

는 에너지 분야에 관심이 많아, 유튜브 채널에 관련 신기술을 자주 소개했다. 에너지는 곧 돈이다. 인류가 멸망하기 전까지 그럴 것이다. 특히 최근에는 친환경 에너지에 관심이 집중되고 있다. 테슬라가 뜨고, 그 덕분에 LG화학을 필두로 '춘추배터리시대'가 시작된 이유다. 물론 전망이 마냥 장밋빛이기만 한 것은 아니다. 여러 기술적 문제가 산적해 있다. 하지만 역사는 말한다. 이런 상황일수록 파격적 혁신을 보여준 기업이 시장을 지배하리라는 것을. 애플이 좋은 예다. 휴대전화 시장이 피처폰의 한계에 갇혀 있을 때 애플은 아이폰을 내놓으며 왕좌의 자리에 올랐다.

어차피 대세는 전고체 배터리

1991년 소니가 상용화한 이래 지금까지, 대부분의 전자 제품은 대표적인 2차 전지인 리튬이온 배터리를 사용하고 있다. 최근에는 전기자동차에도 들어가, 리튬이온 배터리 시장은 2025년까지 연평균 27퍼센트 이상 커질 것으로 보인다.[11] 하지만 새로 리튬이온 배터리 시장에 뛰어들기에는 세 가지 한계가 뚜렷하다. 첫째, 안전성 문제, 둘째, 굉장히 높은 해외 의존도, 셋째, 물리적 한계에 부닥친 용량이다. 이에 대안으로 등장한 것이 바로 전고체全固體, all-solid-state 배터리다. 이것의 원리를 쉽게 설명하면 이렇다. 어느 바다에 두 섬이 떠 있다. 섬들을 오가려면 배를 타야 하는데, 폭풍이 불거나 파도가 높게 일 때가 많아 위험하다. 그래서 바닷물을 모두 퍼내고, 드러난 땅에 고속 철도를 놓는다. 그러면 훨씬 빠르고 안전하게 섬 사이를 오갈 수 있을 것이다. 이처럼 배터리의 양극과 음극 사이를 액체 전해질 대신 고체 전해질로 채운 것이 바로 전고체 배터리다. 액체를 고체로 바꾸니 충격을 받아도 새지 않고, 밀도가 높아져 성능이 좋아진다. 무엇보다 반도체처럼 위로 쌓을 수 있어 용량의 물리적 한계에 어느 정도 대응할 수 있다. 물론 해결해야 할 문제도 많다. 고체는 액체보다 저항이 크다. 또한 상용화를 위한 연구가 부족하다. 실험실 문턱을 벗어나지 못하고 있는 것이다. 2018년 기준 전고체 배터리 특허 중 제조 공정과 관련된 것은 9퍼센트밖에 되지 않으니, 대량 생산은 아직 먼 이야기다. 리튬이온 배터리를 뛰어넘을 혁신이 전고체 배터리라는 데는 이견이 없다. 예전에 삼성전자 종합기술원에서 에너지 분야를 담당하는 연구원의 세미나를 들었는데, 삼성전자의 동향을 이렇게 귀띔해 주었다. 리튬이온 배터리는 안전성 문제가 커 다른 소재를 찾다가 나트륨이온 배터리를 연구했는데, 성능이 원하는 만큼 나오지 않아 포기했다는 것이다. 결국 전고체 배터리가 점점 대세로 자리 잡고 있는 것을 보면, 아마 다른 기업들도 상황이 비슷한 듯싶다. 스마트폰이 대세인데, 피처폰을 연구할 수는 없으니까.

그렇다면 어느 기업이 가장 먼저 제대로 된 전고체 배터리를 개발할까. 국내 기업 중에서는 LG화학이나 SK이노베이션, 현대자동차가 투자한 미국의 아이오닉 머티리얼스Ionic Materials나 SES, 이탈리아의 솔리드 파워Solid Power가 유력하다. 마침 SES가 2021년 10월 전고체 리튬메탈 배터리를 선보여 많은 관심을 받았다.[12] 전고체 리튬메탈 배터리는 리튬이온 배터리는 물론이고 전고체 리튬이온 배터리와 비교해도 주행 거리, 충전 속도, 배터리 수명 등이 월등히 개선되었다. 2025년부터 양산한다니, 추이를 지켜볼 만하다.

국외 기업으로는 많은 전문가가 거의 만장일치로 일본의 토요타TOYOTA를 꼽는다. 물론 토요타가 당장 전고체 배터리를 출시해도 언론이 말하는 것

세계 최초로 전고체 배터리를 장착한 토요타의 LQ. 시제품을 운행하며 성능을 개선하는 중이다. 토요타는 2030년까지 16조 원을 투자해 각종 전고체 배터리 전기자동차를 선보일 예정이다.

만큼 '꿈의 성능'을 보여주지는 못할 것이다. 하지만 일본은 정부 차원에서 차세대 배터리 기술 개발을 집중 지원하는 중이다. 실제로 토요타가 2012년부터 2014년까지 출원한 차세대 배터리 관련 특허 중 68퍼센트가 전고체 배터리 기술이다. 2020년 기준 토요타는 1,000개가 넘는 전고체 배터리 관련 특허를 보유하고 있는데, 2021년 9월 세계 최초로 전고체 배터리가 장착된 전기자동차 시제품을 선보였다. 정식 번호판을 받을 정도로 완성된 형태로, 2019년 공개한 콘셉트카와 똑같은 모습이다. 성능만 준수하다면 게임 체인저가 될 가능성이 크다.

생선을 잡는 자, 요리하는 자

LG화학이 놀고 있는 것은 아니다. 차세대 배터리 분야에서 분명 두각을 나타내고 있다. 문제는 차세대 배터리에 필요한 소재를 일본과 중국 기업들이 꽉 잡고 있다는 것이다. 실제로 2019년 기준 분리막은 일본의 아사히 카세이[Asahi Kasei]가, 전해질은 역시 일본의 미쓰비시화학[Mitsubishi Chemical]이, 양극물질은 벨기에의 유미코어[Umicore]가, 음극물질은 중국의 BTR이 해당 시장을 장악하고 있다.[13] 모두 차세대 배터리에 없어서는 안 될 소재다. 만에 하나 한일 무역 분쟁과 비슷한 상황이 차세대 배터리 분야에서도 발생하면 어떻게 될까. 물론 경제뿐 아니라, 정치, 사회 등 여러 분야의 이해관계가 복잡하게 얽혀 있기에 그런 일이 다시 발생할 가능성은 작지만, 마냥 안심할 수도 없는 노릇이다. 유비무환有備無患의 자세가 중요하다고 생각한다. 일본과 중국은 기초 과학이 탄탄하다. 만약 이들이 전고체 배터리를 제일 먼저 만든다면, 전략적으로 사용할 가능성을 배제할 수 없다. 실제로 주영섭 전 중소기업청장은 토요타가 본인들이 만든 전기자동차에만 전고체 배터리를 탑재해 시장 주도권을 거머쥘 수 있다고 경고했다. 정말로 그들이 10분 충전해 500킬로미터 이상 가는 전고체 배터리 전기자동차를 시장에 내놓는다면, 애플이 아이폰을 내놓았을 때처럼 저 멀리 날아갈 것이다. 그나마 다행인 점은 많은 전문가의 예상처럼 빠른 시일 내에 그 정도로 완성도 있는 전고체 배터리가 개발되기 어렵다는 사실이다. 하지만 2020년 3월 기준 일본 기업들이 보유한 전고체 배터리 관련 특허는 2,231개로 한국의 956개보다 두 배 이상 많다. 그들이 훨씬 유리한 고지를 선점했음은 부동의 사실임을 기억해야 한다.

이를 만회하고자 LG화학과 SK이노베이션도 열심히 노력 중이다. 다만 방향이 약간 다르다. 일본은 질 좋은 생선이 많은 나라이고, 우리나라는 실력 좋은 요리사가 많은 나라다. 물론 생선이 없으면 요리사는 할 일이 없기 때문에 우리나라도 양식장을 만들든 어업 기술을 키우든 무슨 수를 써서라도 생선을 구해야 한다. 아니면 아예 다른 수를 내야 한다. 전고체 배터리 외에 다른 차세대 배터리를 개발하거나, 아니면 전혀 새로운 차원의 전고체 배터리를 제시하는 것이다. 사실 전고체 배터리는 충전이 느리다는 단점이 있다. 고체 전해질은 액체 전해질보다 이온의 이동 속도를 나타내는 이온전도도의 값이 적게는 10분의 1, 많게는 100분의 1 정도 낮다.[14] 아직 어느 기업도 이 문제를 시원하게 해결하지 못하고 있다.

그런데 2020년 3월 키스트[KIST, Korea Institute of Science and Technology](한국과학기술연구원) 연구팀이 《나노 레터스[Nano Letters]》에 이온전도도가 액체 전해질 수준인 고체 전해질을 발표했다.[15] 연구팀은 나노결정핵 쾌속합성법이라는 방법을 사용해, 아지로다이트[argyrodite]라는 특별한 결정 구조를 띤 고체 전해질을 만들었다. 이 방법을 쓰면 전고체 배터리의 충전 시간뿐 아니라 만드는 시간까지 줄일 수 있다. 실제로 수 일 이상 걸리는 공정을 단 열 시간으로 단축했다고 한다. 대량 생산의 길이 열린 것이다. 물론 문제점도 존재한다. 나노결정핵 쾌속합성법으로 만들어진 고체 전해질은 다른 소재와 궁합이 좋지 못해 전체 배터리 성능은 오히려 떨어진다. 전설적인 농구 선수 카림 압둘자바[Kareem Abdul-Jabbar]가 말했듯이, 한 선수가 팀에서 절대적으로 중요한 요소일 수는 있지만 한 선수만으로는 팀을 꾸릴 수 없다.

아직 시간이 있다

다시 한번 말하지만 우리나라의 소재 만드는 실력은 일본보다 많이 떨어진다. 하지만 공정을 개발하고 효율성을 높이는 실력은 정말 뛰어나다. 2020년 9월 한국전기연구원[Korea Electrotechnology Research Institute] 연구팀이 고체 전해질을 지금보다 10분의 1 수준으로 저렴하게, 동시에 대량 생산할 수 있는 기술을 개발했다.[16] 그보다 몇 달 앞선 같은 해 3월 삼성전자 종합기술원과 삼

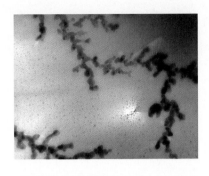

리튬이온 배터리에 발생한 덴드라이트. 배터리의 효율을 떨어뜨릴 뿐 아니라 화재 위험을 높이는 골칫덩이다.

성연구소(1997년 삼성이 일본 요코하마에 세운 연구소) 연구팀은 《네이처 에너지*Nature Energy*》에 크기를 절반 가까이 줄인 전고체 배터리를 선보였다.[17] 이 연구의 핵심은 덴드라이트dendrite를 억제한 것이다. 덴드라이트란 음극물질 표면에 쌓이는 나뭇가지 모양의 결정이다. 이온이 제대로 이동하지 못하게 해 배터리 성능을 떨어뜨린다. 이에 은과 탄소 나노 입자를 넣어 덴드라이트를 막고 이온이 오랫동안 안정적으로 이동하게끔 했다. 일반적인 패키징 공정에도 적용할 수 있는 매우 가치 있는 발견이다.

이처럼 우리나라는 적용하고 활용하는 능력이 뛰어나다. 그렇다고 재료 만드는 일을 등한시해서는 안 된다. 실력 좋은 요리사를 양성하는 동시에 싱싱한 생선을 만들 방법도 고민해야 한다. 권오현 삼성전자 고문은 이렇게 말했다. "우리는 지금까지 남의 작곡한 음악을 편곡해서 대성공을 거두었습니다. 이제 편곡은 그만하고 우리의 음악을 작곡해야 할 때가 왔습니다. 이제부터는 아무도 가르쳐주지 않는 길을 걸어가야 합니다."[18]

그나마 다행인 점은 아직 시간이 있다는 것이다. 전고체 배터리가 각광받고 있다고 해서 AA건전지를 안 쓰지 않는다. 아직 모든 것이 대체되기에는 시기상조라는 말이다. 지금 잘 준비하면 앞으로 더욱 커질 배터리 시장에서 경쟁력을 갖출 수 있다. 현대차증권의 보고서에 따르면 2021년 테슬라의 전기자동차 판매량은 전년 대비 두 배 이상 늘 것으로 보인다. 전체 전기자동차 시장은 54퍼센트의 성장이 예상된다. 당연히 LG화학 등 배터리 기업들의 이익도 눈에 띄게 증가할 것이다.[19]

또 다른 가능성

무엇보다 애플이 전기자동차를 만든다. 이름하여 애플카^{Apple Car}! 각종 소식을 종합하면 애플카는 2025년 전후로 모습을 드러낼 듯하다. 그런데 기술 발전 속도를 보면 그때까지 완전한 전고체 배터리가 나오기는 쉽지 않을 것이다. 즉 적어도 애플카 2나 애플카 3가 나올 때까지는 현재 사용하는 리튬이온 배터리가 여전히 대세일 것으로 보인다. 어떤 배터리를 장착하든 일단 애플카가 나오기만 한다면 불티나게 팔릴 것이다. 그리고 과거 아이폰이 처음 나왔을 때처럼 다른 기업들도 애플을 따라 전기자동차를 만들지 않을까. 삼성전자는 갤럭시카를, 샤오미^{Xiaomi}는 미카^{Mi Car}를!

이러한 전망을 내놓는 데는 나름의 이유가 있다. 이 기업들이 원하는 건 사용자의 시간이다. 예를 들어 아이폰으로 다른 사람들과 소통하고, 아이패드로 수업을 듣거나 창작 활동을 하고, 맥북이나 아이맥으로 업무를 보고, 애플카로 이곳저곳을 돌아다니게 하는 것이다. 자신들이 구축한 생태계에서 사용자가 시간을 쓰게 하는 것은 모든 기업의 꿈이다. 전기자동차, 또는 자율주행자동차가 꼭 필요한 이유다.

분명 애플카는 비싸겠지만, 그래도 사람들은 살 것이다. 애플의 감성은 독보적이고, 무엇보다 그 생태계 안에서 편리한 생활을 할 수 있으니까. 예를 들어 당신이 서울에서 부산까지 간다고 하자. 애플카의 자율주행시스템에 몸을 맡긴 채 아이폰으로 경제 기사를 읽는다. 그러면 목적지에 도착하기까지 걸리는 모든 시간을 온전히 누리게 되는 셈이다. 심지어 애플카가 비서처럼 부산에 관한 각종 정보를 정리해 아이폰으로 전송할 수도 있다. 당신은 그것을 참고해 부산 이곳저곳을 누비며 즐기기만 하면 된다. 애플의 최고경영자인 팀 쿡^{Tim Cook}은 이렇게 말했다.

"당신의 기쁨이 먼 목표가 아니라 당장의 여정 속에 있도록 하라."

4 특허를 알면 애플카가 보인다

나는 애플을 이미 있는 기술을 완벽에 가깝게 다듬는 기업이라고 생각한다. 사실 정말 혁신적인 기술 중 애플이 먼저 개발한 것은 별로 없다. 스마트폰도 애플이 처음 만들지 않았다. 완벽하고 깔끔하게, 무엇보다 '애플스럽게' 만들어져 전 세계 수천만 명의 지갑을 열 애플카도 세계 최초의 자율주행자동차나 전기자동차는 아니다. 그리고 지금부터 소개할 애플카의 특허들도 사실 누군가 이미 생각해 놓았던 것이다.

"여정을 채우는 기쁨"

첫째, 숨겨진 UI$^{User Interface}$(사용자 인터페이스)다.[20] 정확히 말해 애플카는 UI를 눈에 안 띄게 처리할 것으로 보인다. 의자나 문 등에 버튼 등을 설치한 다음 누르거나 만지면 숨겨진 터치스크린 등이 나타나는 방식이다. 제작과 디자인의 완성도를 높이기 위해서인 듯하다.

둘째, AR$^{Augmented Reality}$(증강현실) 디스플레이[21]와 몰입형 디스플레이[22]다. 움직이는 자동차에서 가상현실이나 증강현실을 실현하면 멀미가 심하게 날 것이다. 그래서 자동차나 탑승자의 움직임에 맞춰 실시간으로 조정되는 디스플레이를 개발 중이다. 이는 다른 식으로도 사용할 수 있는데, 예를 들어 도심 한가운데를 지나갈 때 나무가 빽빽한 숲길을 보여주는 것이다. 물론 안전 문제 및 각종 법과 규제 때문에 적용할 수 있을지 미지수다.

셋째, 다이내믹 프라이버시Dynamic Privacy다.[23] 애플카에 달린 센서가 각종 정보를 분석해 선팅 정도를 실시간으로 조절하는 기술이다. 우리나라는 유독 선팅을 짙게 하는데, 밤이 되면 위험한 경우가 종종 생긴다. 특히 비가 오거나 안개가 끼는 등 날씨까지 궂을 경우 더욱 그렇다. 하지만 애플카는 알아서 선팅 정도를 조절해 주니 걱정할 필요가 없다. 밤에는 밝게, 낮에는 어둡게. 그렇게 되면 사생활도 충분히 보호할 수 있을 테니, 여러모로 각광받을 듯하다.

넷째, 홀로그래픽 HUDHead Up Display(전방 상향 시현기)다.[24] 운전에 필요한 정보부터 기타 다양한 콘텐츠까지, 탑승자가 원하는 내용을 홀로그램으로 띄워주는 것이다. 예를 들어 직접 운전할 때는 속도계나 지도 등을 보여주고, 자율주행시스템에 맡길 때는 영화를 보여주는 식이다. 장거리 운전을 해본 사람이라면 얼마나 지루하고 지치는 일인지 잘 알 것이다. 그 시간에 좀 더 생산적인 일을 하거나 차라리 여가를 누릴 수 있다면 얼마나 좋을까.

《레츠고디지털LetsGoDigital》에서 만든 가상의 애플카. 애플카의 비공식 콘셉트카. 애플카는 2024년 모습을 드러낼 것으로 전망된다

이처럼 '여정 속에서 기쁨을 누리게 하는 것'이 애플카의 진정한 목표로 보인다. (물론 이를 현실화하려면 자율주행시스템이 완벽해야 한다.)

다섯째, 상황 인지 시스템이다.[25] 한마디로 주변 자동차들의 위치를 파악하고 대응하는 시스템인데, 사실 테슬라나 현대자동차의 자율주행시스템과 얼마나 다를지 모르겠다. 다만 애플이 자율주행시스템에 굉장히 신경 쓰고 있는 것만큼은 확실하다. 2021년 2월 블룸버그는 애플이 자율주행용 센서, 특히 레이저(빛)를 이용해 주변 상황을 파악하는 라이다[LiDAR, Light Detection And Ranging]를 만드는 기업들과 접촉 중이라고 밝혔다. 기사가 나가자 언급된 라이다 기업들인 루미나 테크놀로지스[Luminar Technologies]와 벨로다인 라이더[Velodyne Lidar]의 주가가 급등했다. 다만 블룸버그는 애플이 자율주행시스템을 잘 만들 수 있을지 의구심을 표했다. 애플카의 핵심 개발자 중 한 명인 벤저민 라이언[Benjamin Lyon]이 독립했기 때문이다.[26]

여섯째, 기후 조절 시스템이다.[27] 탑승자가 쾌적함을 느낄 수 있도록 온도와 습도 등을 조절한다. 사실 최근 나오는 웬만한 자동차들은 모두 이 기능을 갖추고 있다. 외부 온도에 맞춰 더우면 에어컨을 켜주고, 추우면 열선을 작동시킨다. 다만 애플카는 탑승자의 체온을 측정해 좀 더 세밀하게 조절한다는 것인데, 얼마나 경쟁력이 있을지는 모르겠다.

영광과 흑역사의 갈림길

지금까지 소개한 특허들은 빙산의 일각이다. 2018년 기준 애플은 2만 5,000개의 특허를 가지고 있다.[28] 2014년부터는 자율주행시스템, 배터리, 라이다, 차체 제어 등에 관한 특허만 200개 넘게 취득했다.[29] 즉 수백 개의 특허 중 어떤 것이 적용될지 알 수 없다는 뜻이다. 다만 특허들을 두루 살펴보면 정확하지는 않아도 대략적인 밑그림은 떠올릴 수 있다.

애플카가 자동차 시장에 성공적으로 진출해 아이폰의 영광을 재현할지, 아니면 애플의 실패 사례로 남을지는 나와봐야 안다. 혹자는 시가 총액 2,500조 원에 달하는 세계에서 가장 무거운 '엉덩이'가 또 한 번 들리기는 어려울 것이라며 비관적인 전망을 내놓는다. 그러나 나는 애플카가, 지금까지 애플이 선보인 여러 전자 제품처럼, 독보적인 감성과 완벽에 가까운 완성도로 사람들의 소비 욕구를 자극할 것으로 본다. 물론 소위 말하는 '옵션질', 즉 애플 특유의 터무니없는 액세서리 가격은 각오하길 바란다. 하지만 바로 그렇게 애플이 돈을 벌 것이라는 점은 반박할 수 없다.

수소전기차라는 경쟁자

이 꼭지를 탈고하고 있는 2021년 10월 기준 테슬라의 주가는 1,000달러 안팎이다. 1월에는 900달러 정도였는데, 몇 차례 조정을 거친 뒤 전고점을 뚫고 역대 최고가를 갱신해 '천슬라'가 되었다. 시가 총액으로 따지면 1조 달러 이상으로 자동차 기업 중 압도적 1위다. 토요타의 네 배 이상, 현대자동차의 스무 배 이상이다. 현대자동차가 테슬라처럼 될 수 있겠냐고 물었을 때 긍정적으로 답하는 사람은 많지 않을 것이다. 코나 일렉트릭^{KONA ELECTRIC}이라는 '흑역사' 때문에 기술력과 안전성에 불신이 커졌고,* 꼭 그뿐이 아니더라도 예전부터 사용자들에게 이런저런 쓴소리를 많이 들었으니까. 무엇보다 많은 사람이 현대자동차에는 테슬라 같은 혁신이 보이지 않는다고 생각한다. 물론 현대자동차는 충분히 좋은 차를 만드는 대단한 기업이다. 다만 테슬라는 시장의 판도를 바꾼 기업이니, 그 차이가 크다.

---

* 2018년 4월 현대자동차가 야심 차게 선보인 전기자동차 코나 일렉트릭이 잇따라 화재 사고를 일으켰다. 현대자동차는 화재의 원인을 배터리 불량으로 보았는데, 배터리를 납품한 LG에너지솔루션은 당연히 강력하게 반발했다. 하지만 리콜 과정에서 배터리 불량이 추가로 발견되었고, 결국 코나 일렉트릭은 '불나'라는 오명만 뒤집어쓴 채 2021년 4월 단종되었다.

현대자동차의 비기

그렇다면 현대자동차는 어떻게 해야 게임 체인저가 될 수 있을까. 그 답은 수소전기차에 있을지 모른다. 물론 지금 시중에 나온 현대자동차의 전기자동차가 나쁘다는 말은 아니다. 오히려 굉장히 좋다. 아이오닉IONIQ 5를 타본 적 있는데, 디자인도 예쁘고 내·외부 마감도 좋으며 주행 성능도 준수했다. 아쉬운 점이 아예 없는 건 아니지만, 나름 선방했다고 본다. 한마디로 잘 만든 전기자동차다. 그런데 아이오닉 5와 테슬라의 모델 3를 놓고 선택하라고 하면 대부분의 사람이 후자를 고를 것이다. 전기자동차, 또는 자율주행자동차 시장에서 테슬라가 지닌 브랜드 파워는 그만큼 막강하다. 그렇다고 고급화 전략을 취하자니 현대자동차가 독일 자동차 기업들을 뛰어넘을 가능성은 크지 않다. 게다가 해외 시장에서 중저가 전기자동차는 토요타의 몫이 될 가능성이 크다.

결국 수소전기차를 상용화하고 잘 홍보하는 것이 현대자동차의 유일한 방법이다. 기술력의 측면에서도 다른 자동차 기업들보다 월등하다. 게다가 최근 들어 흥미로운 관련 연구들이 약속이나 한 듯 쏟아지고 있다. 또한 정부의 지원도 든든하다. 마지막으로 환경 보호 기조에 부합한다. 자동차에 저

현대자동차의 대표적인 수소전기차 넥쏘(NEXO). 2018년 출시되었으며, 2021년까지 전 세계적으로 2만 대 이상 팔릴 것으로 보인다.

장된 수소와 대기(산소)가 만나 전기와 물을 만드는 구조로, 화학 물질 자체인 배터리를 사용하는 전기자동차보다 훨씬 친환경적이다. 2013년 세계 최초로 수소전기차 양산에 성공한 현대자동차는 "자동차의 역사를 바꾼다"라는 각오로 수소전기차에 크게 투자하고 있다.[30]

수소전기차는 수소를 태워 에너지를 만들지 않는다. 수소와 대기 중의 산소가 만나면 화학 반응이 일어나는데, 이때 모터를 돌릴 전기가 만들어진다. 이 과정, 즉 화학 에너지를 전기 에너지로 변환하는 데 도움을 주는 게 연료 전지다. 참고로 수소전기차에 사용되는 수소는 수소폭탄에 사용되는 수소와 완전히 다른 녀석이다. 수소전기차는 대중의 인식보다 훨씬 안전하다. 이 말을 하기 위해 수많은 문헌을 참고했고, 정연식 카이스트 교수에게 자문도 구했다.

수소전기차에 관한 좋은 이야기만 하면 정부에서 지원받아 홍보해 주는 것이냐고 의심하는 사람들이 꼭 있다. 그러니 수소전기차의 한계도 다뤄보겠다. 가장 큰 문제는 가격이다. 수소전기차 가격은 연료 전지 가격에 좌우된다. 연료 전지를 대량 생산해 값을 낮추고 싶어도 핵심 촉매제이자 원가에서 가장 큰 비중을 차지하는 백금의 가격이 계속 오르고 있어 쉽지 않다. 그렇다면 다른 촉매제나, 백금을 조금만 넣어도 성능을 유지하는 기술을 개발해야 하는데, 시간이 오래 걸릴 것이다. 다만 최근 낭보가 전해졌으니, 2020년 10월 《네이처 커뮤니케이션스 *Nature Communications*》에 정연식 교수와 연구팀이 백금보다 스무 배 이상 효율이 좋은 촉매제를 발표했다.[31] 연구팀은 이리듐을 사용하고 3차원 촉매 구조를 만들어 효율을 높였다.

가격 문제가 해결되면 수소전기차 세상이 펼쳐질까. 선뜻 그렇다고 답하지 못하는 이유는 수소충전소 때문이다. 쉽게 말해 수소충전소를 많이 지어야 한다. 인프라가 필요하다는 말이다. 분위기는 좋아 보인다. 정부가 꾸린 수소경제위원회는 2040년까지 수소전기차 620만 대를 보급하고, 수소충전소 1,200개를 설치한다는 목표를 세웠다. 관련해 정의선 현대자동차 회장은 "수소사회 구현에서 다른 국가보다 한국이 앞서갈 수 있을 것이다"라고 공언했다.[32] 민관이 끈끈하게 협력하는 모양새인데, 부족한 점은 없는지 좀 더 자세히 따져보자. 2020년 2월 기준 전국 주유소가 1만 1,481개이니, 1,200개면 10분의 1 수준이다. 모든 사람이 갑자기 수소전기차만 타지는 않을 것이므로, 숫자만 보면 나쁘지 않다. 문제는 신뢰성과 접근성이다. 2020년 8월 나온 기사를 보면 현재 설치된 수소충전소의 절반이 먹통이라고 한다. 충청북도 청주나 충주 쪽 수소충전소가 고장 나면 고속도로를 타고 경기도 여주나 안성까지 가야 한다.[33] 수소전기차에 대한 경험이 나빠지면, 소비자는 수소충전소 1,200개가 설치될 때까지 기다리지 않을 것이다.

수소사회를 꿈꾸는 이유

그런데도 '수소사회'를 준비해야 할 이유는 무엇일까. 일단 현대자동차가 가진 기술적 우위를 포기할 수 없다. 현대자동차가 누구보다 빠르게 수소전기차를 상용화하고 있는 것은 누구도 반박할 수 없다. 정연식 교수에 따르면 수많은 자동차 기업이 물밑에서 수소전기차를 개발 중이라고 한다. 즉 관련 시장이 임계점을 넘는 순간 경쟁이 치열해질 것이다. 그렇다면 현재 시장을 선점하고 있는 현대자동차가 기술적 우위만 지켜낸다면 게임 체인저가 될지 모른다. 물론 현대자동차의 수소자동차 기술이 완벽하다는 것은 아니다.

하지만 어떤 기술이든 새로 개발, 보급되는 과정에서 성숙도 문제를 겪을 수밖에 없다. 삼성전자가 갤럭시 노트7 발화 문제를 잘 대처했듯이, 현대자동차에 코나 일렉트릭 화재 문제는 전화위복의 계기가 될 수 있다.

또한 수소전기차는 친환경적이다. 물론 이 또한 완벽한 수준은 아니다. 수소전기차가 쓰는 수소는 자연에서 곧바로 채굴하는 것이 아니라 화석연료를 태워 만든다. 그러니 수소전기차가 겉으로만 친환경적이라는 비판은 현재로서는 맞는 말이다. 수소는 생산 방식에 따라 화석연료에 촉매제인 메탄을 넣고 고온을 가해 만드는 추출수소, 각종 공업 공정의 부산물인 부생수소, 태양광이나 물분해로 만드는 그린수소가 있는데, 정말 환경을 보호하려면 그린수소의 비중을 높여야 한다. 하지만 아직 전체 수소 생산량의 5퍼센트에 불과하다. 다만 EU^{European Union}(유럽연합)에서 그린수소 생산을 적극적으로 추진하고 있어, 2030년까지 5기가와트급, 2035년까지 10기가와트급 수소 생산 시설이 건설될 계획이다.[34] 수소전기차를 도입할 명분에 도움될 일이다.

관련해서 2020년 6월 《ACS 응용재료와 인터페이스^{ACS Applied Materials & Interfaces}》에 재미있는 연구가 발표되었다.[35] 러시아 연구팀이 오염된 물과 소

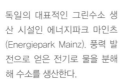
독일의 대표적인 그린수소 생산 시설인 에너지파크 마인츠(Energiepark Mainz). 풍력 발전으로 얻은 전기로 물을 분해해 수소를 생산한다.

금에서 수소를 만들어 내는 새로운 2차원 소재를 개발한 것이다. 1제곱미터 미터 크기의 소재가 시간당 0.5리터의 수소를 만든다고 한다. 비싼 백금이 들어가고 추출되는 수소의 양이 적지만, 아직 연구 초기 단계일 테니 이해하자. 실제로 같은 해 10월에는 《네이처 에너지》에 금속과 물속 산소가 얼마나 결합하는지에 따라 얻어낼 수 있는 수소의 양이 결정적으로 달라진다는 연구가 발표되었다.[36] 이는 수소전기차의 효율을 높일 실마리가 될 수 있다. 이처럼 수소 생산 능력을 높일 연구 결과가 속속 등장하고 있다. 그만큼 수소전기차 대중화의 시간도 앞당겨지고 있다.

2006년의 테슬라를 기억하다

정연식 교수에게 자문을 구하며 실례를 무릅쓰고 이런 질문을 던졌다. "교수님 가족이 수소전기차 관련 주식을 산다고 하면, 투자를 권유하시겠습니까?" 정연식 교수는 "성장성을 보고 투자한다면 충분히 매력적이죠"라고 답했다. 바꿔 말해 지금 당장 성과가 나오기는 어렵다는 것이다. 충분히 이해한다. 이 책에서 소개하는 것들은 1, 2년 뒤가 아니라 10, 20년 뒤를 바라보는 기술이다. 사실 바로 오늘 주목받는 대부분의 기술도 그렇다. 2006년 테슬라가 첫 번째 양산형 전기자동차를 내놓자 미국 언론들은 현대 산업계의 최대 실패작이라고 비아냥거렸다. 오늘날 수소전기차가 수모를 당하는 것도 어쩌면 비슷한 일일지 모른다. 당장 뚜렷한 성과가 없으니 여론은 부정적일 수 있다. 그러나 가능성을 열어두자. 머스크의 오른팔이자 테슬라의 최고기술책임자였던 J.B. 스트라우벨J.B. Straubel은 이렇게 말했다.

"전기자동차를 만들려는 욕구는 갑자기 생겨나지 않았습니다. 사람들은 본인들이 전기자동차가 지구에서 가장 형편없는 사업이라 생각했다는 사실을 쉽게 잊었지요."

2

LG의 선구안과 열전 소자

2018년 기준 애플과 구글보다 돈을 더 많이 번 기업이 있다. 당시 구글의 모기업인 알파벳^{Alphabet}은 307억 달러의 순이익을 올려 세계 4위를 기록했다. 삼성전자는 351억 달러로 3위, 애플은 594억 달러로 2위였다. 그런데 1위 기업의 순이익은 삼성전자와 애플을 합친 것보다 더 많은 1,111억 달러였다.[37] 2020년 기준으로도 순이익이 여전히 세계 1위다.[38] 충전선 하나를 몇만 원에 파는 애플보다 순이익이 높은 기업이라니! 바로 사우디아라비아의 석유·천연가스 기업인 사우디 아람코^{Saudi} ^{Aramco}다. 세상에서 가장 머리 좋은 사람들이 모여 있다는 구글, 애플, 삼성전자도 에너지를 쥔 기업 앞에서는 꼼짝할 수 없는 것이다. 이것이 바로 에너지의 힘이다. 반도체 이야기는 안 하고 왜 갑자기 에너지냐고? 반도체와 떼려야 뗄 수 없는 것이 바로 에너지니까.

146

냉장고에 건 기대

사우디 아람코의 주요 상품인 석유는 사실 에너지 효율이 너무 안 좋다. 자동차에 가솔린을 가득 채워도 실제 주행에 쓰이는 에너지는 20~30퍼센트가 안 된다. 나머지는 열 에너지로 사라져 버린다. 전기는 어떨까. 가솔린보다 효율이 두세 배 좋다고 하지만, 여전히 막대한 에너지가 손실된다. 이에 연구자들이 모여 재미있는 아이디어를 생각해 냈다. "쓰지 못하고 날라가는 에너지를 모아 다시 사용할 수 없을까?" 예를 들어 사람이 움직일 때 옷끼리 스치는 마찰로 전기를 만들 수 있다면? 대기 중의 수분을 모아 전기를 만들 수 있다면? 자동차 등에서 날라가는 열을 모아 전기를 만들 수 있다면? 한마디로 에너지를 다시 수확할 수 있다면? 에너지 절감이라는 시대적 요구에도 부합하고, 그것 자체로 엄청난 시장이 만들어지지 않을까. 이것이 바로 1954년 벨연구소가 처음 제시한 에너지 하베스팅^{energy harvesting} 개념이다. (에너지 하베스팅은 3장에서 자세히 다룰 것이다.)

시간은 흘러 21세기 한국의 한 기업이 구체적인 성과를 내놓았다. 열 에너지를 전기 에너지로, 또 전기 에너지를 열 에너지로 바꾸는 열전熱電 소자를 개발한 것이다. 바로 LG이노텍 이야기다. 2018년 6월 LG이노텍은 열전 소자 개발 성공과 신사업 개시를 공식화했다.[39] LG이노텍이 만든 열전 소자는 냉각용이다. 즉 전기를 가하면 한쪽은 뜨거워지고 다른 한쪽은 차가워진다. 이를 펠티에 효과^{Peltier effect}라고 한다. 일상에서 이를 바로 적용할 수 있는 게 바로 냉장고인데, 크기도 작아지고 소

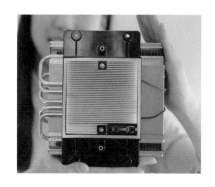

LG이노텍이 개발한 열전 모듈. 열전 소자, 방열판, 방열팬으로 구성되며 냉장고의 컴프레서(compressor)를 대체할 수 있다.

음도 줄어들어 1인 가구 시대에 적합하다. 실제로 LG이노텍의 열전 소자 기술이 적용된 프리미엄 가전 제품 브랜드인 LG 오브제가 거의 동시에 론칭되었다.[40] 당시만 해도 5년 후 매출 2,000~3,000억 원을 예상했으니, 열전 소자에 거는 기대가 얼마나 컸는지 짐작할 만하다.

그런데 2020년 1월 LG이노텍이 냉장고 부품 사업을 접는다는 기사가 떴다.[41] 심지어 해당 사업을 '옥에 티'라고까지 표현했다. 시장이 예상만큼 커지질 않자 불과 2년 만에 철수한 것이다. 기술은 좋은데, 가전 제품에 적용하기에는 너무 비싼 게 문제였다. 그렇다고 열전 소자 자체의 시장성이 부정당한 것은 아니다. 시장 조사 기관 마키츠앤드마키츠 MarketsAndMarkets는 열전 소자 시장이 2026년 8억 7,200만 달러 규모에 달할 것으로 내다보았다.[42] 엄청 큰 규모는 아니지만, 그렇다고 무시할 만한 규모도 아니다. 실제로 열전 소자 관련 연구 결과가 최근 들어 부쩍 늘어나고 있는 추세다. 2020년 6월 유니스트 연구팀은 구기고 찢어도 스스로 회복하는 열전 소재를 개발해《에너지 및 환경 과학 *Energy & Environmental Science*》에 발표했고,[43] 같은 해 11월에는 카이스트 연구팀이《나노 에너지 *Nano Energy*》에 열전 소재의 성능을 높인 연구를 발표했다.[44]

전 세계가 열광하는 공짜 에너지

열 에너지를 전기 에너지로, 또 전기 에너지를 열 에너지로 바꾼다는 콘셉트는 여전히 유효하다. 에너지 하베스팅 용도로 쓰든, LG이노텍처럼 냉각 용도로 쓰든 말이다. 실제로 시장 조사 기관 아이디테크엑스^{IDTechEx}는 마키츠앤드마키츠보다 더욱 과감한 전망치를 제시했는데, 2024년까지 52억 달러의 열전 소자 시장이 만들어질 것으로 보았다.[45]

얼마가 되었든 시장은 점점 커질 것이다. 에너지 효율을 높이려는 시도는 계속될 테니까. 실제로 미국만 해도 나사^{NASA, National Aeronautics and Space Administration}(미국항공우주국)를 필두로 하버드대학교, 버클리대학교, MIT^{Massachusetts Institute of Technology}(매사추세츠공과대학교) 등 교육 기관에서 열전 소자 연구가 한창이다. 자동차 기업인 포드^{Ford}와 제너럴 모터스^{General Motors}는 열 에너지를 전기 에너지로 바꿔 엔진을 돌릴 기술을 연구 중이다. 유럽은 독일의 프라운호퍼연구협회^{Fraunhofer-Gesellschaft}와 메르세데스-벤츠, BMW, 폭스바겐^{Volkswagen} 등의 자동차 기업을 중심으로 관련 연구가 진행 중이다. 일본은 일본과학기술진흥기구^{Japan Science and Technology Agency}와 무라타제작소^{Murata Manufacturing}, 고마쓰^{Komatsu}, 야마하^{YAMAHA}, 파나소닉^{Panasonic} 등에서 관련 연구를 진행 중이다.[46] 이처럼 전 세계가 열전 소자 개발에 매달리고 있다. 이유는 간단하다. 일단 날라가 버리는 열 에너지를 다시 쓰는 건 공짜다. 이 과정에서 발열 문제도 해결되어, 웬만한 전자 제품은 냉각 성능이 굉장히 좋아질 것이다. 에너지 하베스팅이라는, 완전히 새로운 분야도 개척할 수 있다.

페이팔부터 스페이스X까지

지금 열전 소자를 연구하는 기업들은 얼핏 무모해 보인다. 하지만 도전해야 성취가 있다. 실패는 끝이 아니다. 그저 여러 경로 중 하나다. 20년 전만 해도 사람들은 머스크를 몽상가로 치부했다. 페이팔^{PayPal}로 번 돈을 쓸데없는 데 쏟아붓는 이상한 사람이었다. 하지만 지금은 어떠한가. 전기자동차와 자율주행자동차 시장을 선점하고, 이제는 우주 산업 진출을 준비 중이다. 그는 전기자동차라는 에너지 혁신을 발판 삼아 지금의 자리에 올랐다. 나는 다음 번의 에너지 혁신은 열전 소자와 그것에 기반한 에너지 하베스팅이라고 생각한다. 머스크는 이렇게 말했다.

> "무엇인가가 충분히 중요하다면, 당장의 가능성이 마음에 들지 않더라도 실행하라."

스위칭

LG의 또 다른 기대주?

열전 소자를 냉장고에 접목한 건 LG전자의 흑역사로 남을 테다. 그렇다고 열전 소자 노하우가 사라지진 않는다. 롤러블(rollable) 디스플레이도 마찬가지다. LG전자는 스마트폰 사업을 접었지만, 롤러블 디스플레이 기술만큼은 다양한 곳에 적용할 것이다. LG전자는 명예를 회복할 수 있을 것인가.

3

물리 법칙을 뛰어넘는
40만 코어의 괴물

2021년 출시된 아이폰 13 시리즈는 5나노미터 공정으로 설계된 AP인 A15 바이오닉을 장착하고 있다. 이 작은 반도체 하나에 트랜지스터 150억 개가 들어가 있으니, 그 성능이야 말할 것도 없다. 2020년 출시된 아이폰 12 시리즈의 AP인 A14 바이오닉에는 트랜지스터가 118억 개 들어가 있다. 불과 1년 만에 트랜지스터의 개수가 32억 개나 늘어난 것이다. 수치만 보면 A15 바이오닉의 성능은 현존하는 모든 AP를 압살한다. 미워도 다시 한번 지갑을 열게 하는 무시무시한 성능이다.

우리가 만약 통 속에 든 뇌라면?

반도체의 성능은 얼마나 많은 트랜지스터를 넣는지에 좌우된다. 현재 세계에서 가장 강력한 슈퍼컴퓨터인 일본의 후가쿠富岳는 1초에 44경

2,000조 회의 연산을 수행한다. 만약 후가쿠의 크기를 지구만 하게 키우면 어떻게 될까. 그러면 적게 잡아도 1초에 10^{33}회의 연산을 수행할 것이다. 인간은 평생 10^{24}회의 연산을 수행한다. 즉 슈퍼컴퓨터의 1초가 인간의 일생보다 좀 더 긴 셈이다. 이 계산대로라면 지금까지 지구에 발을 딛고 살았던 모든 인간의 연산은 10^{35}회 분량으로, 슈퍼컴퓨터가 100초면 수행할 수 있다.[47]

물론 이는 극단적인 예이나, 집적도를 높이는 일과 비슷한 구석이 있다. CPU나 AP에 트랜지스터를 많이 장착할수록 인간의 생각 정도는 모두 계산할 수 있기 때문이다. 이것이 바로 시뮬레이션 우주론의 기초적인 아이디어다. 즉 고도로 문명이 발달한 외계 생명체가 막강한 성능의 슈퍼컴퓨터를 개발했고, 우리는 그 슈퍼컴퓨터가 수행하는 시뮬레이션의 일부라는 것이다.

정말로 이 세계가 시뮬레이션이라고 하자. 그러면 창조주, 즉 시뮬레이션을 설계하고 작동시킨 존재가 있을 것이다. 그런데 70억 명이 넘는 가상인물을 일일이 관리하기는 어려울 테니, 대부분 AI가 관리하도

오늘날 가장 강력한 슈퍼컴퓨터인 후가쿠. 개발비만 1조 원 넘게 들어갔다. 기침 시 코로나19 바이러스가 어떻게 퍼지는지 연산한 것으로 유명하다.

록 하지 않을까. 이 정도 작업을 수행하려면 연산 장치가 거대해야 한다. 트랜지스터를 최대한 많이 넣어야 하기 때문이다. 우리가 쓰는 슈퍼컴퓨터는 복잡한 연산에 특화된 GPU를 여러 대 연결해 이 문제를 해결한다. 그런데 이렇게 되면 데이터가 GPU에서 GPU로 넘어갈 때 시간이 걸린다. 병목 현상이 발생해 속도가 느려질 수밖에 없는 것이다. 그렇다면 하나의 거대한 GPU를 만드는 게 낫지 않을까. 하지만 말이 쉽지 여간 어려운 일이 아니다. 오늘날 반도체 제작에는 지름 12인치(300밀리미터) 크기의 웨이퍼가 주로 쓰인다. 너비가 71제곱밀리미터인 셈인데, 여기에 먼지 한 톨만 떨어져도 불량이 발생한다. 쉽게 말해 먼지 한 톨만 나와도 다시 만들어야 하는 피자가 있는데, 크기마저 키운다면 실패할 확률이 얼마나 높아지겠는가.

우주의 비밀을 넘보다

그런데 미국의 신생 반도체 기업인 세레브라스^{Cerebras}가 이 문제를 해결해 버렸다. 앞서 애플의 최신 AP인 A15 바이오닉에 트랜지스터 150억 개가 들어간다고 했다. 그런데 세레브라스가 만든 반도체 WSE$^{Wafer Scale}$ ^{Engine}-2에는 2조 6,000억 개가 들어간다. 반도체 크기가 거의 태블릿만 하다. 그런데 이것을 반도체라고 할 수 있을까. 보통 반도체 하면 매우 작은 크기를 떠올린다. 여러모로 기존 반도체의 한계를 뛰어넘은 듯하다. 이 괴물 같은 반도체는 가장 큰 GPU보다 56배 크고 코어는 123

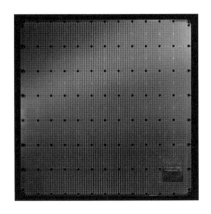

세레브라스의 WSE-2. 이름처럼 하나의 웨이퍼로 하나의 반도체를 만든다. 신용카드 3분의 1 정도 크기인 엔비디아의 GPU A100(오른쪽 하단)과 비교하면 얼마나 큰지 가늠할 수 있다.

배 많으며, 캐시 메모리는 1,024배 많고 대역폭은 1만 2,800배에 달한다.[48] 한마디로 지금까지 출현한 어떤 반도체보다도 크고 막강하다. 이미 이전 작인 WSE를 활용해 우주의 비밀을 알아내려는 시뮬레이션이 가동 중인데,[49] 이 정도 성능의 반도체가 상용화된다면 여러 난제를 풀 수 있을지 모른다.

물론 상용화는 거의 불가능할 것이다. 과연 수율이 얼마나 나올까. 어쩌다 한 번 거대한 피자를 만들었다고 해서, 매번 완벽하게 만들어지는 일반적인 크기의 피자를 대체할 수 있는 것은 아니다. 게다가 이 거대한 피자를 만들려면 요리 과정에 필요한 모든 도구를 새로 사야 한다. 만드는 방법도 까다로울 테다. 특히 패키징 공정의 난이도가 엄청날 것으로 보인다. 전기가 통하게 배선을 두르고 외부 충격에 망가지지 않도록 이런저런 장치를 설치해야 하는데, 쉽지 않을 것이다. 열도 문제다. 가정용이나 사무용 컴퓨터에 장착된 CPU가 보통 70도 안팎까지 올라가는데, 거대한 WSE-2는 과장을 살짝 보태 고기를 구울 정도이지 않을까. 냉각 장치는 어떻게 설치할지 짐작도 되지 않는다. 이 모든 사항을 고려하면 가격은 천문학적인 수준으로 올라갈 것이 분명하다.

미래를 계산하는 괴물

그런데도 WSE-2에 눈길이 가는 건, 우리가 지금껏 풀지 못한 각종 난제를 풀어버릴 가능성이 크기 때문이다. 내가 좋아하는 만화 중에《원피스》가 있는데, 등장인물 중 하나가 '견문색見聞色의 패기'를 사용한다. 상대방의 기척을 읽는 기술로 잘 단련하면 몇 초 뒤의 미래까지 볼 수 있다. WSE-2 같은 괴물 반도체를 더 개발하면, 시뮬레이션 기능을 극한까지 밀어붙여 몇 초 뒤의 미래를 높은 확률로 예측할지 모른다. 최소한 공을 머리 위로 던졌을 때 어디로 떨어질지 정확히 맞추는 수준은 될 것이다. 그것 또한 미래다. 세레브라스는 WSE-2를 이렇게 소개한다.

> "우리 반도체는 물리 법칙이 만들어 내는 결과보다 더 빨리 미래에 무슨
> 일이 일어날지 말해줄 수 있다."

스위칭

난제 전문 1타 강사 AI

AI는 말 그대로 인공적인 지능이다. 단순히 많은 정보를 기억하고 빨리 계산한다고 지능이라고 할 수 없다. 경험하고 학습한 것을 여러 상황에 적용하며, 인과를 추론 및 분석할 수 있어야 한다. 그 중심에 머신 러닝(machine learning)과 딥 러닝(deep learning)이 있다. 머신 러닝이 알고리즘을 따라 AI가 학습하는 데 머문다면, 딥 러닝은 그 학습의 결과까지 AI가 판단하고 조정한다. 막강한 정보 처리 능력에 이처럼 수준 높은 학습 능력까지 더해져 오늘날 AI는 인간이 풀지 못한 난제를 하나씩 정복해 가고 있다.

4

편재하는 센서의 세계

1959년부터 2008년까지 발행된 1센트 주화 뒷면에는 링컨기념관^{Lincoln} ^{Memorial}이 새겨져 있다. 아주 자세히 보면 기둥 사이 정중앙에 에이브러햄 링컨^{Abraham Lincoln}의 좌상이 있음을 알 수 있다. 그런데 사진을 보면 그 위에 무언가를 올려놓았다. 얼핏 보면 USB 같기도 한 이 장치의 길이는 100마이크로미터보다 약간 큰 정도다. 머리카락 두께와 비슷한 수준이다. 놀랍게도 이 장치는 빛도 내고 모스펫도 들어가 있다. 도대체 무엇일까. 이를 개발한 코넬대학교 연구팀의 표현을 빌리자면 "실리콘 기반의 전자 기기 및 LED와 결합할 수 있는 100마이크로미터 크기의 패키지"다. 한마디로 소자라는 말이다. 인간이 맨눈으로 볼 수 있는 한계치가 100마이크로미터다. 머리카락보다 얇으면 보지 못한다. 그런데 딱 그만 한 크기의 소자를 개발하고, 심지어 대량 생산까지 해낸 것이다. 이토록 작은 소자라면 반도체 위에 매우 많이 올릴 수 있을 테다. 실제로 연구팀은 가로세로 1센티미터 정도 크기의 반도체 위에 소자 수천 개를

코넬대학교 연구팀이 개발한 초소형 소자. 정식 명칭은 OWIC(Optical Wireless Integrated Circuits), 즉 광학 무선 IC다. 이름처럼 빛으로 작동하며 무선으로 통신을 주고받을 수 있다.

올리는 데 성공했다. 인간이 만든 가장 정밀한 미술관이라 부를 만하다. 이 성과는 2020년 3월 《미국국립과학원회보*Proceedings of the National Academy of Sciences*》에 발표되었다.[50]

작은 크기, 무한한 가능성

이 작은 소자는 온갖 곳에 다 쓰일 수 있다. 태양 전지부터 반도체와 LED까지. 무엇보다 멋진 사실은 대량 생산이 가능하다는 것이다. 이는 연구 초기부터 확실한 목표였다. "엄청나게 많은 사람이 손으로 직접 와이어를 연결하며 작은 기계를 만들려고 한다. 이렇게 하면 절대 수백만 개 이상 만들지 못한다. 우리는 100만 개 이상을 만들 수 없다면 무가치하다고 생각했다." 크기도 크기지만 대량 생산이 이 소자의 핵심인 셈이다. 앞서 말했듯이 반도체 산업에서 중요한 것은 비용이다. 실험실에서는 아흔아홉 번 실패하고 한 번 성공해도 된다. 하지만 공장에서는 그럴 수 없다. 이런 의미에서 100나노미터 소자 개발은 매우 가치 있는 연구라고 생각한다.

물론 쉬운 과정은 아니었다. 연구팀은 이 소자를 LED에 넣는 데 특히 고생했다고 한다. LED는 단일 소재로 구성되지 않고 갈륨아세나이드 등의 소재가 두 개 이상 들어간다. 이번 연구에서는 서른 개 이상의 소재가 쓰였다고 한다. 이 소재들이 제대로 상호 작용하도록 잘 배치하려면 공정이 복잡해질 수밖에 없다. 실제로 연구팀은 감광액으로 회로를 그리는 사진 공정만 열다섯 번 이상 반복했고, 전체 공정은 100번 이상이었다고 한다. 쉽게 말해 한 폭의 그림을 열다섯 겹으로 나누고, 층마다 물감, 색연필 등 서른 개 이상의 미술 도구를 사용해, 전체적으로 100번 넘게 그렸다는 것이다. 상상을 뛰어넘는 난이도였음이 분명하다.

그렇다면 이 작은 소자가 무엇을 할 수 있을까. 그럴듯하게 표현하자면 주위 환경을 탐색해 거시 세계에 정보를 전달한다. 즉 센서의 역할을 한다. 다만 크기가 매우 작은 센서이다 보니 신경과학부터 나노 기술과 화학 탐지chemical sensing 등 다양한 분야에서 쓰일 수 있다. 재미있는 점은 피펫pipette(주사기처럼 생긴 스포이드)을 이용해 이동시킬 수 있어, 온갖 실험을 아주 쉽게 할 수 있다는 것이다. 무엇보다 성능이 좋다. 이 소자는 빛을 전기로 바꿔주는 소자인 포토볼테익스photovoltaics, 스위칭 역할을 하는 모스펫, 빛을 내는 LED로 구성된다. 그래서 전기전도도를 아주 정확하게 측정한다. 오차가 거의 없다. 100나노미터라는 작은 크기를 고려하면 놀라운 수준이다. 연구팀은 이 소자를 십분 활용하고 큰돈을 벌기 위해 회사를 차렸다. 그만큼 소자의 성능을 자신한다는 뜻일 테다. 정말 제대로 돈을 버는지는 두고 보아야 알겠지만, 최소한 기술은 확실한 듯하다.

IoT 시대의 주인공, 센서

좀 더 근본적인 질문을 던져보자. 도대체 센서가 뭐라고 이렇게 열을 내며 설명할까. 센서는 IoT의 핵심이다. 테슬라의 자율주행자동차가 좋은 예다. 아직 수준은 낮지만, 이미 시장을 선점하고 있다. 기술력이나 사용자 만족도 등에서 다른 자동차 기업이 만든 자율주행자동차가 따라가지 못할 정도다. 애플의 아이폰만 한 혁신이라고 본다.

테슬라의 경쟁력은 자율주행자동차에 타사 대비 많은 양의 센서를 넣는 데 있다. 물론 요즘 개발되는 대부분의 자동차에는 센서가 들어간다. 케이트에서 발표한 〈스마트 나노센서 산업동향〉 보고서를 보면, 2020년 기준 자동차 한 대당 평균 300개의 센서가 들어간다.[51] 압력, 온도, 습도, 가속도 같은 물리량을 전기 신호나 데이터로 변환하는 센서의 수요가 폭발하는 이유다. 자동차뿐이 아니다. 일상에서 많이 쓰는 개인 비서 애플리케이션인 시리^{Siri}나 구글 어시스턴트$^{Google\ Assistant}$도 소리를 포착하는 센서가 핵심이다. 누구나 한 번쯤 무심결에 낸 소리에 시리나 구글 어시스턴트가 작동하는 경험을 해보았을 것이다. 이를 always-listening 기능이라고 하는데, 최근 출시되는 스마트폰에는 필수다. 애플은

자동차용 각종 센서와 전장

후방 물체 인식 카메라

측면 차양 센서

후방 카메라

사각 탐지기

측방 접근 경고기

중앙 컴퓨터

후방 모니터

바퀴 속도 센서

타이어 입력 센서

충돌 센서

측면 에어백 센서

순항 제어기

조향각 센서

자동 제동 엑추에이터

바퀴 속도 센서

차선 이탈 경고 시스템

나이트 비전

전방 물체 인식 카메라

전면 에어백 센서

자동 속도 조절 장치

야간 보행자 경고기

졸음운전 경고 센서

전방 물체 인식 레이더

야간 보행자 인식 적외선 센서

자동 주차 시스템

타이어 입력 센서

한발 더 나아가 몇몇 제품에 자율주행자동차에나 들어가는 라이다를 넣고 있는데, 이 또한 센서다. 주변 공간을 인식하기 때문에 가상으로 가구 등을 배치할 수 있다.

더 작게, 더 많게

이처럼 센서는 바로 우리 곁에 있다. 2018년 우리나라 최고의 정부출연연구기관 중 하나인 에트리^{ETRI, Electronics and Telecommunications Research Institute}(한국전자통신연구원)에서 발표한 〈지능형 센서 기술 동향〉 보고서에 따르면, 전 세계 인구를 72억 명이라고 했을 때 한 사람당 평균 140개의 센서에 둘러싸여 있다.[52] 10년 내 전 세계적인 센서 수요가 1조 개를 넘을 것이라는 전망도 있다.[53]

이렇게 편재하는 데도 우리가 눈치 채지 못하는 것은 센서의 크기가 작기 때문이다. 최근 센서 산업은 반도체 산업의 큰 흐름을 따라 크기를 줄이는 데 집중하고 있다. 지금은 정말 나노미터 단위에서 경쟁이 벌어지는데, 이렇게 작은 소자나 반도체를 통틀어 멤스^{MEMS, Micro Electro Mechanical Systems}(미세 전자 기계 시스템)라고 한다. 멤스 시장의 연평균 성장률은 무려 9.8퍼센트에 달하니, 센서 산업의 미래는 밝다고 할 만하다. 멤스 시장에서 가장 주목받는 반도체 기업은 미국의 놀스^{Knoewles}로 전 세계 시장의 42퍼센트를 점유 중이다.[54]

아쉽게도 우리나라는 센서 약소국이다. 전 세계 생산량의 32퍼센트는 미국이, 19퍼센트는 일본이, 12퍼센트는 독일이 차지하고 있다. 우리나라는 고작 2퍼센트 수준인데, 2016년 기준 센서 기업 299개 중 75퍼센트가 중소기업이고, 매출 1,000억 원 이하 기업은 88.6퍼센트로 아주 영세하다. 그 대부분도 기술력이 부족해 수입한 소자를 패키징하는 정도다. 그러니 우리나라도 센서 산업에 더욱 적극적으로 투자해야 한다. 대기업과 중소기업의 상생도 중요하다.

스위칭

꿈이라는 새로운 광고 시장

최근 기업들은 우리의 꿈을 노린다. 잠재 고객이 잠든 순간 무의식에 광고를 새기려 한다. MIT부터 마이크로소프트(Microsoft)까지 수많은 연구 기관과 기업이 이에 도전 중이고 구체적인 성과를 거두고 있다. 게다가 광고를 전달할 매체는 우리 주위에 이미 가득하다. 각종 센서로 무장한 스마트스피커가 대표적이다. 미국만 해도 전체 가구의 절반 이상이 스마트스피커를 사용 중이다. 이는 새로운 시장의 창출일까, 아니면 '침대 상권'에 대한 위협일까.

5

당신이 아는 5G는 5G가 아니다

1973년 뉴욕의 한 거리에서 역사상 최초로 인간의 음성이 전파를 타고 퍼져나갔다.

> "조엘, 나일세. 난 지금 손으로 들고 다닐 수 있는 휴대전화^cell phone로 자네와 통화 중이야."

휴대전화의 첫 사용자로 역사에 기록될 음성의 주인공은 당시 모토로라^Motorola에 연구원으로 재직 중이던 마틴 쿠퍼^Martin Cooper다. 그는 SF 드라마 〈스타 트렉^Star Trek〉에서 외계인들이 휴대용 통신 기기로 소통하는 모습을 보고는 휴대전화 개발에 착수했다. 결국 무게 1킬로그램, 길이 25센티미터에 달하는 최초의 휴대전화 다이나택^DynaTAC 8000X를 세상에 내놓게 된다. 1854년 안토니오 메우치^Antonio Meucci가 최초로 전화기를 개발한 지 120여 년이 지나 쿠퍼가 통신의 역사를 새로 쓴 것이다.

다이나택 8000X을 들어 보이는 쿠퍼.

이후 20년 정도 지나면 문자와 이메일을 주고받을 수 있는 2G 통신이 개발되고, 다시 10년 정도 지나면 우리나라에서 3G 통신이 보급되기 시작한다. 기술이 발전하는 속도는 점점 빨라져 4년이 지나자 세상을 송두리째 뒤흔든 일대 혁신, 아이폰이 등장한다.

통신혁명의 속도

아이폰이 출시되고 1년 정도 지난 2008년 6월, 어느 인터넷 커뮤니티에 상당히 재미있는 글이 올라온다.[55] 〈휴대폰은 적어도 이렇게 바뀌어야 한다〉라는 제목 아래 글쓴이가 바라는 사양이 길게 적혀 있다. 2,000만 화소 카메라와 4인치 LCD 액정 탑재, MP3 플레이어부터 PMP^Portable Multimedia Player와 전자사전까지, 지도부터 철도 노선과 비행기 노선까지 각종 편의 기능 제공, 길거리에서 끊김 없이 영상 시청 가능 등. 당시 기준으로는 모두 꿈만 같은 이야기였다. 특히 아무 곳에서나 영상을 본다는 것은 단말기의 성능뿐 아니라 통신망 때문에라도 불가능에 가까웠다. 그래서인지 글에 달린 댓글들을 보면 온통 조롱 일색이다. 노트북을 들고 다니라는 둥, 액정이 4인치를 넘는데 휴대전화라 할 수 있냐는 둥,

영화 좀 그만 보라는 둥 말이다.

그런데 이 글이 올라오고 얼마 지나지 않아 3G 통신의 느린 속도와 낮은 데이터 전송량을 개선한 4G 통신이 상용화되었다. 이제 어디에 있든 유튜브 영상 정도는 부드럽게 볼 수 있고, 화상 통화를 할 때도 전혀 끊김이 없다. 애플리케이션을 다운받는 것도 문제없다. 혁명적인 변화다. 지금 내가 쓰는 스마트폰의 액정은 7.6인치인데, 120헤르츠로 영상을 볼 수 있다. 지도 애플리케이션을 켜면 전 세계 대부분의 지역을 바로바로 둘러볼 수 있다. 그런데 눈앞에 현실보다 더 현실 같은 가상현실이 펼쳐지길 바라는 나에게는 이것도 너무 느리다.

2019년 우리나라는 세계 최초로 5G 통신을 상용화하며 새로운 시대의 서막을 열었다. 하지만 반쪽짜리 5G 통신에 불과하다는 비판도 많다. 4G 통신보다 훨씬 빠르다는 게 체감되지 않기 때문이다. 이론적으로 5G 통신은 4G 통신보다 스무 배 빠르고, 열 배 많은 기기를 동시에 연결할 수 있다. 하지만 일상에서 이 정도 성능을 경험하는 사용자는 거의 없을 것이다. 그렇다면 가상현실이나 홀로그램을 가능케 할 방대한 양의 데이터 전송은 여전히 시기상조인 것일까.

5G 밀리미터파의 세계

2020년 2월 퀄컴은 5G 통신 모뎀용 반도체인 스냅드래곤 X50 모뎀-RF를 새로 선보였다. 이로써 기존 5G 통신보다 속도와 데이터 전

2020년 슈퍼볼(Superbowl) 경기가 열린 하드 록 스타디움(Hard Rock Stadium). 수용 인원 6만 4,767명인 공간에 5G 밀리미터파 통신망을 구축하는 데 필요한 안테나는 고작 여덟 개다.

송량을 모두 대폭 개선했는데, 주파수 대역^{band}이 높은 5G 밀리미터파 ^{mmWave}를 지원한 덕분이다. 그 결과 주파수 대역폭^{bandwidth}이 800메가헤르츠까지 확대되어 1초당 3.2기가바이트의 데이터를 전송할 수 있게 되었다. 우리나라의 5G 통신보다 무려 여섯 배 빠른 속도다.

실험실의 제한된 환경에서 측정한, 또는 이론적으로 산출한 속도 아니냐고 물을 수 있겠지만, 아니다. 세계 최고의 인터넷 속도 평가 기업인 우클라^{Ookla}가 실제 사용자들에게 데이터를 얻어 분석한 결과 다양한 환경에서 1초당 3.2기가바이트의 최고 속도를 기록했다. 4G 통신보다 스무 배나 빠른 속도다. 한마디로 진정한 5G 통신을 구현하는 데 성공한 것이다.

그렇다면 진정한 5G 통신, 즉 5G 밀리미터파 통신은 우리 삶을 어떻게 변화시킬까. 우선 유튜브 영상을 끊김 없이 보는 수준을 넘어, 클라우드상에서 영상을 편집하거나 고성능 게임을 즐길 수 있다. 4K 영상을 매끄럽게 재생하는 것은 물론이고, 수준 높은 가상현실과 증강현실을 눈앞에 구현한다. 무엇보다 이 모든 것을 훨씬 저렴하게 이용할 수 있다. 실제로 6만 5,000여 명을 수용할 수 있는 대형 경기장에 5G 밀리미터파 통신망을 구축하려면 단지 여덟 개의 안테나만 설치하면 된다. 4G 통신망이라면 100개 이상의 안테나를 설치해야 하니, 통신망 구축에 그만큼 비용이 덜 드는 것이다. 현재 미국의 대형 경기장 마흔 곳에 이미 5G 밀리미터파 통신망이 설치되어 있고, 앞으로 계속 늘려갈 계획이라고 한다.

세상을 연결하는 퀄컴의 힘

퀄컴을 계속해서 언급하는 것은, 앞서 설명했듯이 그들이 5G 통신 모뎀용 반도체 시장의 압도적 1인자이기 때문이다. (5G 밀리미터파 통신을 소개하는 영상을 만들며 이런저런 정보를 제공받은 덕분에 남들보다 좀 더 알기 때문이기도 하고.) 5G 통신 시대를 맞아 퀄컴 및 관련 기업의 주식이 뜨고 있는 것도 사실이고, 천하의 애플조차 퀄컴에 백기를 든 것도 사실이다. 천하의 삼성전자도 통신 분야에서는 도전자에 지나지 않는다.

　퀄컴은 2020년 10월 5G 회담5G Summit을 개최하며 이런 전망을 내놓았다. 즉 2021년에는 5G 통신으로 연결되는 전자 제품이 10억 개를 넘을 것으로, 2022년에는 5G 통신을 지원하는 스마트폰이 7억 5,000만 대가 넘을 것으로, 2025년에는 5G 통신으로 연결되는 전자 제품이 30억 개를 넘을 것으로 보았다. 5G 밀리미터파 통신 개발은 이 엄청난 규모의 시장을 절대 포기하지 않겠다는 의지의 천명이다. 실제로 크리스티아노 아몬Cristiano Amon 퀄컴 사장(현재 최고경영자)은 5G 밀리미터파 통신을 직접 소개하며, 비대면 활동이 크게 늘어난 코로나19 시대에 매우 중요한 역할을 하리라고 전망했다. 평범한 화상 회의보다는 홀로그램을 이용한 회의가 아무래도 더 진짜 같을 테니까.

우리나라도 최근 5G 밀리미터파 통신 상용화를 위해 속도를 내고 있다. 2020년 12월 LG유플러스가 금오공과대학교와 협업해 교내에 28기가헤르츠급 5G 밀리미터파 통신망을 구축했다. 아직 기술 실증 정도에 불과하지만 여하튼 한발을 내디딘 것이다. 지난 역사를 보면 알 수 있듯이 인간 삶의 질은 오가는 정보의 양에 따라 변해왔다. 그리고 단언컨대 가장 가까운 시기의 변화는 5G 밀리미터파 통신에 달려 있다.

스위칭

영하 100도에서 열리는 광통신의 신기원

우리가 무선 통신만 사용하는 것은 아니다. 사실 일상에서 경험하는 무선 통신은 모두 유선 통신의 확장에 가깝다. 그래서 유선 통신의 성능을 높이는 것도 매우 중요하다. 최근 사용하는 유선 통신은 대부분 광통신으로 빛의 특성상 신호를 중간중간 증폭하지 않아도 더 빠르게 더 많은 정보를 전송할 수 있다. 그런데 최근 두께 5나노미터 정도의 얼음 섬유가 개발되었다. 아주 얇은 덕분에 결함이 없어 기존 광섬유보다 성능이 훨씬 뛰어나다. 심지어 휘기까지 한다. 때로 기술 발전은 전혀 상상도 못 한 방식으로 이루어진다.

6

400조 시장을 좌우할 퀀텀닷

나는 '단언컨대'라는 표현을 자주 사용하는 편이다. 물론 세상에 100퍼센트 확실한 일은 없다. 내 말대로 이루어진다는 보장은 없다. 다만 단언컨대 지금부터 소개하는 내용은 아마 처음 들어보았을 것이다. 혹시 명칭은 들었는지 모르겠다. 그렇더라도 개념은 매우 생소할 것이다. 우리나라에서 널리 연구되는 분야가 아니기 때문이다. 그런데 역설적이게도 전 세계적으로 가장 두각을 나타내고 있는 기업이 삼성전자다. 애플조차 2018년 처음으로 인력을 모집하고 연구를 막 시작한 단계다. 삼성전자는 최대한 빨리 이 기술을 갤럭시에 적용하고자 할 것이다. 후발 주자인 애플은 완성도를 높여 아이폰에 적용할 테고. 그렇다면 도대체 어떤 기술인가. 바로, 이름부터 미래 지향적인, 퀀텀닷^{quantum dot}(양자점量子點)이다.

유튜브 채널에 퀀텀닷을 소개하는 영상을 만들어 올리려고 준비하는 중에, 운 좋게도 한국인 연구자들이 쓴 최신 논문을 찾아 읽게 되었다. 바로 노정균 부산대학교 교수와 윤형진 로스앨러모스국립연구소^{Los} Alamos National Laboratory 연구원이 그들이다. 영상을 만들고 이 꼭지를 쓰는 데 퀀텀닷 분야를 오랫동안 연구한 두 사람에게 직접 자문을 구할 수 있었다.

웨어러블 기기의 마지막 퍼즐

퀀텀닷은 최신 반도체 소재로, 일종의 나노 입자다. 삼성디스플레이는 크기에 따라 다른 빛을 내뿜는 퀀텀닷의 성질을 이용해 디스플레이를 만들었다. 누구나 한 번은 들어보았을 QLED^{Quantum dot LED}(퀀텀닷 발광 다이오드)가 바로 그것이다. 그런데 사실 지금 QLED라고 이름 붙여 나오는 디스플레이는 여전히 LCD에 가깝다. 퀀텀닷에 빛을 비춰 크기별로 특정한 주파수의 빛을 내뿜게 하기 때문이다. 스스로 빛을 내지 못하는 현재의 QLED는 시장 선점과 판매 증진을 노린 마케팅 수단이다.

퀀텀닷의 진정한 쓸모는 실리콘을 대체하는 데 있다. 이 아이디어 자체는 사실 오래된 것이다. 세계 최초의 연구는 2005년《사이언스》에 실린 크리스토퍼 머리^{Christopher Murray} 펜실베이니아대학교 교수와 드미트리 탈라핀^{Dmitri Talapin} 시카고대학교 교수의 논문이다.[56] 실제로 오늘날 우리나라에서 퀀텀닷을 연구하는 대부분의 연구자는 저 두 교수의 동료이거나 제자다.

그렇다면 퀀텀닷을 어디에 쓸 수 있을까. 4차 산업혁명의 주인공 중

하나로 평가받는 웨어러블^{wearable} 기기에 사용할 수 있다. 예를 들어 현재 판매 중인 QLED에서 각종 필름과 트랜지스터, 기판 등이 포함된 LCD 장치를 제거하고, 퀀텀닷이 전기 신호에 따라 자체 발광하게 할 수 있다면 어떨까. 그러면 디스플레이의 두께를 획기적으로 줄일 수 있을 것이다. 게다가 딱딱한 부품을 모두 제거했으므로 휘거나 구기는 일도 가능할 테다. 관련 연구가 2017년 8월 재료과학 분야 세계 최고 학술지인《어드밴스드 머터리얼스$^{Advanced\ Materials}$》에 발표되었는데, IBS 연구팀의 성과다.[57]

현재 상용화된 대표적인 웨어러블 기기가 애플 워치$^{Apple\ Watch}$나 갤럭시 워치$^{Galaxy\ Watch}$ 같은 스마트워치다. 시장 조사 기관 리서치 앤드 마키츠$^{Research\ and\ Markets}$에 따르면 그 시장 규모만 2020년 55조 원에서 2021년 66조 원까지 늘어날 전망이다.[58] '고작' 시계 형태 하나만으로 이토록 큰 규모의 시장을 형성했으니, 웨어러블 기기의 가능성은 무궁무진할 것으로 보인다.

다만 웨어러블 기기가 더욱 보편화되려면 신소재 개발이 필수다. 실리콘은 유리처럼 잘 깨지기 때문에 비틀거나 구부릴 수 없다. 즉 어떤 기기를 '입을' 수 있으려면 옷감처럼 잘 구겨지는 반도체가 필요하다. 물론 그런 특성의 반도체에 적합한

IBS 연구팀이 개발한 퀀텀닷 디스플레이. 두께가 5.5마이크로미터에 불과해 웨어러블 기기로 충분히 사용할 수 있다.

소재가 이미 개발되어 있기는 하다. 유기물로 만든 소재, 즉 유기 소재인데, 아쉽게도 성능이 썩 좋지 않다.

"훗날을 위해 잘 간직할 기술"

퀀텀닷을 자세히 살펴보기에 앞서 유기 소재를 좀 더 알아보자. 나는 갤럭시 워치3를 늘 차고 다닌다. 어릴 적 미래에는 컴퓨터를 시계처럼 차고 다닐지 모른다는 이야기를 들은 기억이 나는데, 어느새 현실이 되었으니 신기할 따름이다. 그리고 웨어러블 기기는 차는 것에서 입는 것으로 진화 중이다. 그러려면 부드러워져야 한다. 스마트워치를 분해하면 딱딱한 PCB 위에 실리콘으로 만든 역시 딱딱한 반도체들이 올라간 모습을 볼 수 있다. 이 모든 것이 다 휘어져야 한다. 하지만 앞서 말했듯이 실리콘은 유리 같다. 그래서 개발한 신소재가 유기 소재다. (이하 내용은 정확한 정보를 전달하기 위해 해당 분야의 전 세계적 권위자인 백종범 유니스트 교수에게 자문을 구해 쓴 것이다.)

유기 소재는 가벼움, 유연함, 투명함, 제조 공정의 단순함 등 많은 장점이 있다. 아직 성능이 실리콘 같은 무기 소재에 미치지 못하지만, 미래 가치가 크기에 충분히 도전할 만하고 실제로 많은 연구가 진행 중이다. 실제로 유기 박막 트랜지스터나 유기 메모리 반도체 같은 유기 반도체뿐 아니라 최근 주목받는 플렉시블flexible 디스플레이, 스트레처블stretchable 디스플레이, 투명 디스플레이는 모두 유기 소재로 만든다. 한화솔루션이 열심히 투자, 연구하고 있는 태양 전지도 유기 소재가 핵심이다.

웨어러블 기기에서 유기 소재가 쓰일 곳은 무엇보다 배터리다. 지금 흔히 쓰이는 리튬 같은 금속은 휘기도 어렵고, 자칫 잘못하면 폭발할 위험이 있다. 하지만 유기 소재라면 이런 문제를 모두 극복할 것으로 기대된다. LG경제연구원은 유기 소재를 기화가거奇貨可居라고 표현했다. 당장 쓸 수는 없지만, 훗날을 위해 잘 간직하는 것이 옳다는 뜻이다.[59] 그렇다면 시장 규모는 어느 정도일까. 백종범 교수는 2030년께 3,500억 달러 규모의 시장이 만들어질 것으로 내다보았다. 물론 이보다 작을 수 있다. 하지만 가치 있는 시장임은 분명하다.

프린터로 출력하는 반도체

너무나 좋지만 유기 소재에는 치명적 약점이 있다. 한마디로 실리콘을 대체할 만큼 성능이 좋지 못하다. 실리콘의 전기전도도가 100이라면, 금속 소재인 저마늄은 300이고, 일반적인 유기 소재는 0.1밖에 되지 않는다. 턱없이 낮은 수치다.

희망적인 것은 백종범 교수와 연구팀이 전기전도도를 높인 2차원 유기 소재를 개발했다는 것이다. 이 연구는 2021년 1월 《어드밴스드 머터리얼스》에 실렸다.[60] 연구팀은 화학 물질인 헥사아미노벤젠과 파이렌에 트라케톤을 반응시켜 C5N이라는 유기 소재를 만들어 냈다. C5N의 전기전도도는 실리콘의 90퍼센트 수준이다. 다른 유기 소재에 비하면 천지차이다. C5N의 원리를 쉽게 설명하면 이렇다. 전자가 네 개인 탄소에 전자가 다섯 개인 질소를 도핑하는 것이다. 그러면 전자끼리 결합하는데, 탄소 쪽 전자가 하나 남게 된다. 이 전자는 자유롭게 돌아다닐 수 있어 전기전도도가 높아지는 것이다.

앞으로는 전기전도도가 더욱 높은 새로운 유기 소재를 합성하는 일뿐 아니라 반도체에 접목할 기술을 개발하는 일이 병행되어야 한다. 유기 소재는 열에 약하다. 이를 해결해야 반도체에 사용할 수 있다.

유기 소재의 장점은 앞서 설명했다. 웨어러블 기기에 적합하다는 것이다. 그리고 또 하나의 장점이 있다. 바로 저렴한 가격이다. 반도체 산업에서 가격이 얼마나 중요한지는 이제 충분히 알 것이다. 백종범 교수도 이 부분에 주목했는데, 실리콘 같은 무기 소재와 달리 유기 소재는 용액에 녹일 수 있다. 이것을 잉크처럼 사용한다면? 최근 나노 디멘전Nano Dimension 등 몇몇 기업이 3D 프린터를 이용해 PCB를 만들고 있는데, 기술이 좀 더 성숙하면 반도체 자체도 인쇄할 수 있을 것이다. 그러면 반도체 공정이 매우 단순해져 제작 비용을 아낄 수 있다.

그렇다고 유기 소재가 무기 소재를 완전히 대체할 수 있다는 말은 아니다. 먼 미래에도 고성능을 요구하는 기기에는 무기 소재가 쓰일 것이라는 전망이 압도적이다. 다만 유기 소재는 일상에서 간단하게 쓸 만한 기기들, 예를 들어 각종 건강 정보를 분석, 표시하는 센서, 각종 화학 물질을 검출하는 센서 등에 널리 사용될 것으로 보인다. 유기 소재 연구는 정말 어려운 분야다. 고무로 반도체를 만드는 수준이다. 그러니 많은 연구자가 도전했다가 포기하기 일쑤다. 하지만 언젠가 분명 빛을 발할 것이다. 백종범 교수는 "저는 잡초처럼 자랐기 때문에 포기는 없습니다. 일단 시작했으니 끝까지 갑니다"라고 다짐했다.[61]

몸에 좋은 퀀텀닷?

유기 소재를 길게 설명한 이유는, 퀀텀닷이 유·무기 하이브리드 소재이기 때문이다. 쉽게 말해 분자 단위에서 유기물과 무기물을 합성한 것으로, 이로써 유기 소재와 무기 소재의 장점만을 취한다. 즉 퀀텀닷은 부드럽게 휘어지는 동시에 전기전도도도 높고 열에도 강하다. 심지어 어떤 유기물을 합성하나에 따라 n형에서 p형으로, 또 그 반대로 변신할 수도 있다. 앞서 설명했듯이 다이오드부터 모스펫까지 각종 소자는 n형과 p형의 조합으로 만들어진다. 그런데 이 둘을 자유자재로 오갈 수 있는 소재가 있다면 소자의 구성이 훨씬 간단해질 것이다. 2014년 오승주 고려대학교 교수가 박사과정을 밟으며 《나노 레터스》에 발표한 논문을 보면 자세한 내용이 실려 있다.[62] 퀀텀닷의 이러한 특징은 아직 자세히 연구되지 않았기에, 어떤 가능성이 더 숨어 있을지 아무도 모른다.

그런데 문제가 있다. 지금까지 퀀텀닷은 카드뮴이나 납 같은 중금속으로 만들었다. 중금속이 인체에 안 좋은 영향을 미치는 건 상식이다. 따라서 중금속 없는 퀀텀닷을 만들어야 한다. 쉽지 않은 일인데, 2020년 11월 윤형진 연구원이 관련 연구를 《네이처 커뮤니케이션스》에 발표했다. 그와 연구팀은 친환경 소재인 구리-인듐-셀레늄(유기물)을 사용해

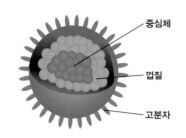

중심체

껍질

고분자

퀀텀닷의 구조. 중심체(core)와 껍질(shell)을 친환경 소재로 구성하고 유기 고분자(ligand)로 코팅해, 인체에 무해한 퀀텀닷을 만든다.

복잡한 회로를 간단히 만드는 데 성공했다.[63] 열 시간 정도면 어떤 회로라도 오류 없이 그릴 수 있다고 한다. 세계 최초의 친환경 퀀텀닷 회로다. 만드는 방법도 간단하다. PCB 위에 금으로 배선을 깐다. 그 위에 인듐을 올려 n형을 만든 다음, 구리를 올리고 셀레늄을 떨어뜨리며 펴 바른다. 마지막으로 ALD$^{Atomic Layer Deposition}$(원자층 증착) 기술로 공기층을 차단하고, 180도의 열을 가해주면 끝난다. 연구팀은 이렇게 만들어진 퀀텀닷 회로가 무려 30일간 안정적으로 기능했다고 밝혔다.

중금속 문제만 해결되면 퀀텀닷은 일상에 한 걸음 더 가까워질 것이다. 앞서 삼성디스플레이의 QLED는 엄밀히 말해 퀀텀닷이 아니고 LCD라고 했다. LG디스플레이의 OLED는 유기물이 전기를 받아 빛을 내는 방식인데, 유기물이라 휘기도 하고 화질도 LCD보다 좋다. 하지만 번인$^{burn-in}$ 현상이 있다. 그렇다면 유·무기 하이브리드 소재라는 퀀텀닷의 진정한 특성을 살린 디스플레이가 나오면 OLED의 장점만을 그대로 흡수할 수 있지 않을까. 윤형진 연구원의 표현대로, "정말 그렇게 된다면 '저세상' 기술이 될 것이다."

천천히, 하지만 꾸준히

나는 홀로그램에 관심이 많다. 미래의 일상은 홀로그램이 지배할 것이라고 믿어 의심치 않는다. 그런데 지금의 평면 디스플레이가 어느 날 갑자기 홀로그램 디스플레이로 바뀔까. 절대 그렇지 않다. 그 과도기를 진정한 의미의 QLED가 채울지 모른다. 실제로 연구가 굉장히 활발하다. 이미 몇 년 전부터 아이폰과 갤럭시에 QLED를 탑재한다는 소문이 무성하다.

퀀텀닷은 본격적으로 연구된 지 고작 10년 남짓인데도 활용 가능성이 무궁무진하다. 건강 관리부터 태양 전지와 각종 센서까지 일상의 다양한 영역에서 쓰일 수 있고, OLED처럼 휘어질 수 있으며, 복잡한 회로를 단순화해 반도체를 더욱 작게 만들 수 있다. 웨어러블 기기에 적격인 셈이다. 그리고 무엇보다 소자를 인쇄하는 기술의 근거가 된다. (다시 말하지만 퀀텀닷은 유·무기 하이브리드 소재로, 유기 소재의 장점을 그대로 살릴 수 있다.) 실제로 윤형진 연구원의 논문 제목에는 Solution-processable, 우리말로 옮기면 '가능한 용액 공정'이라는 표현이 들어가 있다. 소자를 인쇄할 수 있다면, 설비 투자에 큰돈을 들이지 않아도 매우 빠르게 대량 생산할 수 있다.

물론 하루아침에 그리되지는 않을 것이다. 2018년 애플은 관련 연구자들을 모집하며 "다른 부서보다 여유롭다. 당장 내일까지 QLED를 만들 것으로 기대하지 않기 때문이다"라고 명시했다. 그렇다고 실패하지도 않을 것이다. 최종 목표는 어디까지나 퀀텀닷 너머의 홀로그램이니까. 래리 페이지^{Larry Page} 구글 최고경영자는 이렇게 말했다.

"만약 당신이 목표를 높게 잡는다면 완전히 실패하는 것은 정말로 어려
운 일이다."

6 VR과 AR를 넘어선 투명 망토

또 하나의 정말 '눈으로 볼 수 있는' 혁신을 알아보자. 이번만큼은 당신의 주식 통장을 배부르게 할 정보도 있다고 자신 있게 말하겠다. 《해리 포터와 죽음의 성물*Harry Potter and the Deathly Hallows*》을 보면 투명 망토가 나온다. 누구나 상상할 수 있듯 착용자의 몸을 가려주는데, 마법 세계에서도 최첨단 기술인지 아주 희귀한 물건이다. 흥미로운 점은 투명 망토를 개발 중인 '머글*muggle*'들이 있다는 점이다. 그 완성도가 꽤 놀라운데, 백문이 불여일견, 다음 사진들을 살펴보자.

유리 같은 반투명 물질 너머로 풀이 보인다. 반투명 물질을 감싼 틀 위로는 금붕어 머리가 보인다. 그런데 금붕어 몸통은 어디 있는가. 풀이 보인다

투명 망토로 몸 일부가 가려진
금붕어와 고양이.

면 금붕어 몸통도 당연히 함께 보여야 하는데, 어떻게 된 일일까. 고양이를 찍은 사진도 신기하다. 고양이의 상체만 보이고 하체는 반투명 물질에 가려 보이지 않는다. 그런데 역시 반투명 물질 너머에 있는 꽃과 풀은 잘 보인다. 도대체 무슨 일이 벌어진 걸까.

빛을 갖고 노는 메타 물질

이 사진들은 합성된 것이 아니다. 2013년《네이처 커뮤니케이션스》에 발표된 것으로 저장대학교 연구팀이 개발한 일명 투명 망토 기술이다.[66] 사실 투명 망토 기술 자체가 완전히 새로운 것은 아니다. 다만 예전에는 카메라가 촬영 중인 배경을 실시간으로 투영해 보여주는 방식이 쓰였다면, 이 투명 망토는 메타 물질metamaterial로 만들어져 다른 장치가 필요 없는 '찐'이다. 메타 물질은 인공적으로 만들어진, 특이하고 이상한 것이다. 즉 자연계에 존재하지 않고, 성능이 매우 뛰어나거나 이상하며, 기존에 전혀 보지 못한 물질이다. 투명 망토에는 빛의 굴절률과 관련된 메타 물질이 쓰였다. 이 메타 물질로 채운 공간은 빛의 굴절률이 자연계보다 수십 배 높다. 빛의 굴절률이 높으면 놀랍게도 빛이 느리게 가는 듯한 효과마저, 즉 시간이 느리게 흐르는 듯한 효과마저 낸다. 내가 지어낸 이야기가 아니다. 나는 이 꼭지를 쓰기 위해 우리나라에서 관련 분야 연구를 이끌고 있는 노준석 포스텍POSTECH, POhang university of Science and TECHnology(포항공과대학교) 교수에게 직접 자문을 구하고 자료를 제공받았다.

좀 더 자세히 알아보자. 빛이 느리게 간다는 게 무슨 말일까. 누구나 알다시피 빛의 속도는 초속 30만 킬로미터로 일정하다. 그런데 여기에는 전제

조건이 하나 붙는다. 바로 진공 상태여야 한다는 것이다. 바꿔 말해 진공이 아니라면 이런저런 이유로 빛은 느려지거나 지연되거나 심지어 저장되기도 한다. 이 또한 내 '뇌피셜'이 아니고 이종민 지스트^{GIST, Gwangju Institute of Science} ^{and Technology}(광주과학기술원) 석좌교수의 설명이다.[65]

빛의 속도를 늦추는 게 가능하다는 사실도 신선하지만, 실제로 그렇게 했다는 점에서 투명 망토에 쓰인 메타 물질은 정말 '기존에 없던 것'임이 분명하다. 상상만 해도 어디선가 돈냄새가 풍기는 듯하다. 완전히 새로운 것인데, 성능마저 확실하다니! 관련 기업에 투자한다면 꽤 큰 수익을 거둘 수 있지 않을까.

내 의견을 묻는다면 생각은 좋았다고 하겠다. 노준석 교수는 2017년 6월 진행한 인터뷰에서 "15년 뒤면 투명 망토가 상용화될 것"이라고 전망했다.[66] 투명 망토를 구현하기 위해서는 빛을 자유자재로 굴절시켜야 한다. 즉 메타 물질을 이용해 굴절률이 높거나 낮은 부분을 알맞게 배치, 배열함으로써 빛의 경로를 조절해야 한다. 기술도 있고 원리도 간단하다. 그런데 상용화하기에는 너무 비싸다. 손톱만 한 크기의 메타 물질을 만드는 데 5,000만 원에서 1억 원이 든다. 대량 생산은 꿈도 못 꿀 비용이다. 따라서 새로운 소재, 새로운 공정을 개발하는 게 우선이다. 그러지 못하면 실험실의 문턱을 넘기 쉽지 않을 것이다.

이 문제를 해결하고자 현재 노준석 교수와 연구팀은 합성, 인쇄, 리소그래피^{lithography}(레이저를 활용해 회로 등을 그리는 기술) 등의 다양한 방법을 시도 중이다. 실제로 2018년 4월 포스텍과 서울대학교 연구팀이 빛에 반응하는 나노 입자를 새롭게 합성해《네이처》의 표지 논문으로 실렸고,[67] 같은 시기 포스텍 연구팀은 투명 망토를 더욱 간단히 만들 수 있는 기술을《NPG 아시아 머터리얼스*NPG Asia Materials*》에 발표했다.[68]

새로운 차원의 광학 기기

이쯤에서 근본적인 질문을 하나 던져보자. 우리는 어떻게 볼까. 보통 어떤 물체에 튕긴 빛이 눈에 들어오면 전기 신호로 변환되고, 이를 뇌가 해석해 그 물체를 인식한다. 그런데 해당 물체 주변에 메타 물질로 만든 벽을 세워서 빛의 경로를 바꾸면 어떻게 될까. 즉 굴절률을 바꿔가며 빛을 다른 곳으로 보낸다면? 간단하다. 물체를 볼 수 없게 된다. 신기루 현상과 비슷하달까. 이것이 투명 망토 기술의 가장 기본적인 원리로, 상용화만 된다면 군사 분야에서 엄청나게 환영받을 것이다. 떠올려 보아라. 보이지 않는 적에게 공격당하는 공포를.

　민간 분야에서는 어떻게 쓰일까. 투명 망토는 범죄에 악용될 가능성이 크기 때문에 아마 상용화되기는 어려울 것이다. 대신 같은 종류의 메타 물질을 렌즈에 적용할 수 있지 않을까. 나 혼자 호들갑 떠는 게 아니라, 실제로 2019년 10월 열린 세계경제포럼^{Davos Forum}에서 '세상을 바꿀 10대 기술' 중 하나로 선정되었다. 메타 물질을 활용하면 렌즈를 굉장히 얇게 만들 수 있다. 안경 렌즈를 예로 들어보자. 눈이 나쁜 사람일수록 안경 렌즈가 두껍다. 빛을 더 많이 굴절시켜야 하므로 다양한 두께의 유리 여러 장을 붙이기 때문이다. 그런데 투명 망토에 쓰인 메타 물질은 굴절률이 매우 높다고 했다. 즉 유리보다 빛을 많이 굴절시키므로, 굳이 두껍지 않아도 되는 것이다. 1만 분의 1 두께까지 얇아질 수 있다고 하니, 안경이 아니라 투명한 종이를 쓰는 느낌일 듯하다.

카메라 렌즈도 혁신을 겪을 것이다. 요즘 고성능 스마트폰을 보면 '카툭튀'가 점점 심해진다. 사용자의 요구에 맞춰 카메라 성능을 높이다 보니, 렌즈도 커지고 광학 소자도 많이 들어가기 때문이다. 그런데 렌즈가 얇아지면 크기 문제는 자연스레 해결된다. 게다가 굴절률을 조절해 이미지 센서에 더 또렷한 상을 맺게 한다면 화

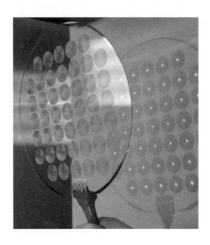

메타 물질로 만든 렌즈. 단 한 층만으로도 초점이 정확히 맞는다. 표면에 마이크로미터 단위의 수많은 돌기가 있어 빛을 정확히 굴절시킨다.

질도 좋아질 수 있다. 이는 스마트폰뿐 아니라 기존 카메라에도 똑같이 적용되므로, 완전히 새로운 차원의 광학 기기가 등장할지 모른다.

연장선에서 생체 인식 기술 수준도 높일 수 있다. 몇 년 전만 해도 얼굴이나 홍채를 인식해 신원을 확인하는 일은 SF 영화에서나 볼 수 있었다. 하지만 최근에는 스마트폰의 발달로 일상적인 경험이 되었다. 관련 부품에 메타 물질을 적용하면 더 정확하게 사용자를 인식할 수 있을뿐더러, 그 크기를 1,000분의 1까지 줄일 수 있다.

메타 물질의 가능성은 여기서 끝이 아니다. VR과 AR 기기도 개선할 수 있다. 오늘날 가장 고성능의 VR 기기인 오큘러스 퀘스트Oculus Quest 2의 무게는 무려 503그램에 달한다. 스마트폰 카메라처럼 렌즈와 온갖 광학 소자로 가득 차 있기 때문인데, 머리에 오래 쓰고 있으면 목이 아플 정도다. 그러

고 보니 막 보급되기 시작했을 때의 휴대전화가 떠오른다. 당시 휴대전화는 말 그대로 벽돌만 했다. 지금의 스마트폰은 과거의 휴대전화보다 훨씬 작지만, 성능은 비교하는 게 미안할 정도로 좋다. VR과 AR 기기도 같은 길을 걸어갈 것이다.

단언컨대 의미 있을 기다림

이처럼 빛의 굴절률에 관여하는 메타 물질은 무한한 가능성을 품고 있다. 그런데 여기에 전적으로 투자하고 연구하는 기업이 거의 없다. 연구자들이 꾸린 소수의 스타트업을 제외하면 미국의 키메타^{Kymeta}와 메타렌즈^{Metalens} 정도가 유일하다. 그 수준도 대학교 연구소와 협업해 메타 물질 상용화가 가능한지 살펴보는 정도다.

그러면 도대체 언제 상용화될까. 마음이 급한 이들은 노준석 교수의 설명을 들어보자. "과학이 기술이 되는 데는 50년이 걸린다고 합니다. 메타 물질이 본격적으로 개발된 지 20년 정도 되었으니, 앞으로 30년 정도 지나야 다양하게 활용될 것 같습니다. 짧게는 5~10년 정도 지나면 특정 분야에서 의미 있는 응용품들이 나오지 않을까 합니다."

30년이나 더 기다려야 한다니! 상용화까지 그렇게 오래 걸린다면 도대체 무슨 의미가 있는지 묻고 싶을 것이다. 단언컨대 의미 있다. 최소한 지금 이 책을 읽는 여러분의 머릿속에 '메타 물질'이 들어갔다. 아는 것과 모르는 것은 천지차이다. 예를 들어 5년 뒤 'ㅇㅇ기업이 세계 최초로 메타 물질 대량 생산에 성공했다'라는 내용의 기사가 짧게 보도되었다고 하자. 메타 물질의 '미친' 활용성을 알고 있던 여러분은 집중해서 관련 내용을 살펴볼 것이다.

그중 몇몇은 주식 투자 등으로 큰돈을 벌지 모른다. 그 사람이 우선 나이기를, 다음으로 당신이기를 바란다.

NEXT
SCENARIO

3장

미래를 책임질
반도체 시너지 기술

1

그리고 미래의 기술들

미래는 언제나 생각보다 빨리 찾아온다. 그래서 예측하기가 더욱 힘들다. 시간을 5년 전으로 되돌려 보자. 테슬라의 '떡상'을 예측한 사람이 과연 몇 명이나 있을까. 그렇다고 오늘만을 보고 살 필요는 없다. 미래는 언제나 실마리를 남긴다. 바로 기술이다. 이번 장에서는 앞으로 10년 안에 크게 주목받을 기술들을 감히 소개해 보고자 한다.

물론 믿고 안 믿고는 여러분 자유다. 권위를 인정받는 전문가들조차 틀리기 일쑤인데, 내 말이 진리일 수 없다. 의심하고, 또 비판하며 읽기를 바란다. 미래에 주목받을 기술이 한두 개도 아닐뿐더러 고도로 전문화·분업화되었기에, 그 누구도 모든 것을 완벽히 이해할 수 없다. 심지어 자기 분야에 투자해 돈 번 전문가조차 극히 드물다. 21세기 들어 반도체 기업들이 큰 수익을 낸다고 해서, 비슷한 시기 관련 연구를 수행한 교수나 연구자들이 그만큼 돈을 벌었는가. 전혀 그렇지 않다. 그러니 내 말을 절대 맹신하지 마라. 열심히 관련 자료를 찾고 공부해 스스로 판단해야 한다. 나는 유튜브 채널에 영상을 올릴 때도 절대 관련 종목을 사라고 하지 않는다. 단지 전도유망한 기술과 현재 두각을 드러내는 기업을 소개할 뿐이다. 누누이 말하지만 기술이 실험실을 벗어나 제대로 꽃피려면 최소 10년 이상이 필요하다. 이 책은 그때를 위해 씨를 뿌릴 뿐이다. 가끔 유튜브 채널에 내가 추천한 종목을 샀다가 손해를 입었다며 입에 담기도 어려운 욕설을 남기는 사람들이 있다. (그게 내 잘못이면, 수익이 나면 나에게 나눠줄 것인가.) 그들을 위해 오랜 금언을 하나 소개하겠다. "모든 투자의 책임은 투자자 본인에게 있습니다."

기술은 시간을 먹고 자란다

시간은 돈이다. 2014년 행동심리학자이자 미시건대학교 교수인 첸얀陳岩은 흥미로운 실험을 진행했다. 피실험자들에게 어떤 문제를 낸 뒤 절반은 도서관을 뒤져 답을 찾게 하고, 나머지 절반은 인터넷을 검색해 답을 찾게 한 것이다. 결과를 보면 답을 얻기까지 평균적으로 도서관을 뒤진 사람들은 22분, 인터넷을 검색한 사람들은 7분이 걸렸다. 즉 통신 기술의 발달로 15분을 절약하게 된 것이다. 하루 35억 건의 검색 결과를 제공한다는 구글로만 제한해도, 인류는 매일 무려 525억 분의 시간을 아끼는 셈이다.

이 사실은 정말 중요하다. 우리는 그 어느 때보다 더 많은 시간을 혁신을 준비하는 데 쓸 수 있다. 지난 수만 년간 매우 느리게 발전한 데는 남는 시간이 부족한 탓이 컸다. 이제부터는 발전하는 만큼 더 많은 시간이 생기고, 또 그만큼 더 빨리 발전하는 선순환이 만들어지지 않을까 생각한다.

통신과 센서의 발달이 좋은 예다. 앞서 설명했듯이 점점 더 많은 전자제품이 통신망과 결합되고 있다. 오늘날 개인은 평균 140개의 센서에 둘러싸여 있다. 당장 스마트폰만 보아도 라이다부터 이미지 센서까지 수많은 센서로 가득하다. 10년 내 전 세계적으로 1조 개의 센서가 필요해질 것으로 전망되는데, 이것들이 5G 통신, 6G 통신 등 초고속 통신망과 연결되며 IoT 시대를 활짝 열 것이다. 그럴수록 더 빨리, 더 많은 데이터가 측정, 공유, 처리될 테고, 그만큼 우리가 다른 일에 쓸 수 있는 시간이 늘어날 것이다.

교통과 운송의 발달도 시간을 벌어준다. 로스앤젤레스는 세계에서 교통 정체가 가장 심한 도시인데, 그곳의 운전자들은 1년에 평균 2.5주를 도로에서 보낸다. 2018년 5월 차량 공유 서비스를 제공하는 우버^{Uber}는 교통 정체로 상실한 소득과 생산 가치가 매년 350조 원에 달한다고 분석했다. 그러면서 비행택시를 대안으로 제시했는데, 사실 (어떤 형태로든) 하늘을 나는 자동차는 이미 한참 전에 개발되었다. 다만 너무 비싸 상용화하지 못했을 뿐이다. 우버는 공유라는 방식으로 이 문제를 뛰어넘고자 했는데, 현대자동차와 긴밀히 협업하며 비행택시를 개발하는 중에 항공우주 기업 조비 애비에이션^{Joby Aviation}에 사업을 매각했다. 비행택시 자체는 곧 양산에 들어갈 정도로 완성되었고, 이런저런 점을 보완해 2024년 미국 내에서 서비스를 시작할 계획이다. 우버가 공중이라

최초의 비행택시가 될지 모르는 조비 S-4(왼쪽)와 시승 실험까지 마친 버진 하이퍼루프 원
(Virgin Hyperloop One)의 XP-2(오른쪽).

면 머스크는 지하다. 그가 고안한 하이퍼루프hyperloop는 땅 속에 설치한 저압 튜브를 따라 시속 1,200킬로미터의 엄청난 속도로 달리는 일종의 고속 철도다. 서울에서 부산까지 단 10분이면 도착한다. 오픈 소스open source를 지향하기에 누구나 기술을 공유, 사용할 수 있어, 여러 기업이 앞다투어 하이퍼루프 개발에 뛰어들고 있다.

우버의 비행자동차든, 머스크의 하이퍼루프든 모두 엄청난 속도를 자랑하는데, 단 몇 분이라도 시간이 걸리기는 한다. 그 시간을 완전히 없앨 수는 없을까. 예를 들어 서울에서 방콕까지 가는 데 단 1초도 걸리지 않는다면? 너무 황당한가. 전혀 그렇지 않다. 여러분도 이미 답을 알고 있다. 바로 아바타avatar다. 로봇을 이용하든, 홀로그램을 이용하든 내가 그곳에 있는 것 같은 효과를 내기만 하면 된다. 시야를 공유하는 VR 헤드셋을 쓰고, 행동(또는 촉각)을 전달하는 특수한 의상을 입으면 될 것이다. 물론 아직 갈 길이 멀다. 로봇이든 홀로그램이든 이제 막 걸음마 단계이고, VR 헤드셋의 해상도와 연산 속도도 개선할 부분이 많다. 촉각을 느끼게 해주는 의상은 개발되었고, 심지어 (돈만 많으면) 일반인도 살 수 있지만, 느낌이 생생하지 않다. 여러모로 현실 세계를 구현하는 데 한계가 있는 것이다. 물론 수많은 기업이 각 분야에서 한계를 깨고자 노력 중이다. 일례로 2018년 일본 항공사인 ANA^{All Nippon Airways}가 아바타용 로봇 개발에 뛰어들어 화제가 되었다.

아바타가 너무 먼 미래의 일 같다면, 좀 더 현실적인 이야기를 해보자. 근시일 내 운송 혁명을 이끌 녀석은 바퀴 달린 무언가가 아니라 3D 프린터일 것이다. 지구에서 국제우주정거장까지 1킬로그램도 안 되는 물건을 전달하는 데 2만 달러 이상이 든다.[1] 그런데 국제우주정거장에 3D 프린터를 설치하면 비용을 아낄 수 있고, 심지어 기다릴 필요도 없다. 실제로 2010년 설립된 스타트업 메이드 인 스페이스^{Made In Space}가 우주에서 사용할 수 있는 3D 프린터를 만들고 있다. 운송과 관련된 것은 아니지만, 3D 프린터로 PCB를 만드는 나노 디멘전이라는 기업도 있다. 기술이 좀 더 성숙하면 반도체 자체도 3D 프린터로 인쇄할지 모른다.

비트를 넘어 큐비트로

간단하게 설명했지만, 모두 미래를 앞당길 기술로 손색이 없어 보인다. 그런데 이 기술들이 제대로 구현되려면 굉장히 성능 좋은 컴퓨터가 필요하다. 엄청난 양의 데이터를 매우 빠른 속도로, 또 정확하게 연산해야 할 테니 말이다. 양자 컴퓨터가 주목받는 이유다. 우리가 쓰는 컴퓨터의 데이터 단위는 비트[bit]로, 1, 또는 0의 값을 가진다. 반면 양자 컴퓨터의 큐비트[qubit]는 그 값이 1인 동시에 0이다. 이 때문에 더 적은 연산 과정을 거쳐 더 빨리 결과를 도출한다. 자연스레 더 많은 데이터를 처리할 수 있기에, 이론상 80큐비트 성능의 양자 컴퓨터는 우주를 구성하는 모든 원자보다 많은 정보를 저장할 수 있다. 데이터의 양 자체가 급증하는 오늘날, 양자 컴퓨터를 성공적으로 개발하는 기업이 미래를 차지하리라는 것은 자명하다. 2019년 10월 구글은 큐비트 프로세서인 시카모어[Sycamore]를 발표하며 세상을 놀라게 했다.[2] 캐나다의 디웨이브 시스템[D-Wave Systems]은 본인들이 개발한 양자 컴퓨터가 기존의 슈퍼컴퓨터보다 1억 배 빠르다는 실험 결과를 발표했다.[3] 전통의 강호 IBM[International Business Machines Corporation]도 양자 컴퓨터 개발에 박차를 가하고 있다.[4]

양자 컴퓨터가 상용화되면 상상을 넘어선 일들이 가능해질 것이다. 예를 들어보자. 토머스 에디슨[Thomas Edison]은 백열전구를 개발하기 위해 14개월간 1,600개의 소재를 실험했다. 똑같은 일을 고성능 컴퓨터의 시뮬레이션으로 진행하면 몇 시간밖에 걸리지 않는다. 만약 에디슨이 이걸 직접 본다면 '현타'에 빠질 것이다. 14개월이 몇 시간으로 줄어든 꼴이니까. 그 시간에 다른 일을 했다면 또 다른 업적을 남겼을 테니까.

놀라기에는 아직 이르다. 슈퍼컴퓨터로 3년이 걸릴 계산을 양자 컴퓨터는 1초 만에 끝낸다. 기다려야 하는 시간이 9,460만 8,000분의 1로 줄어든 꼴이다. 물론 이는 기술의 측면에서만 따진 것이고, 현실은 정치와 법, 윤리 등 다양한 요소가 얽히고설키기에 발전은 훨씬 천천히 진행될 것이다.

가상현실, 또는 늙지 않는 현실

그러나 너무 실망할 필요는 없다. 최소한 그 과정은 즐거울 테니까. 컴퓨터 성능의 놀라운 발전에 힘입어 페이스북부터 구글과 애플, 마이크로소프트까지 수많은 기업이 메타버스^{metaverse}를 제대로 구현하기 위해 노력 중이다. 심지어 2021년 10월 페이스북은 사명을 메타^{Meta}로 바꾼다고 공표하며, 각종 차세대 VR 기기를 선보였다.[5] 그만큼 메타버스에 진심인 것이다.

메타버스의 경제적 가능성을 생각해 보자. 현실 같은 가상현실인 만큼 무언가를 사고팔 수 있을 것이다. 당연히 화폐가 필요할 텐데, 블록체인 기술을 활용한 암호화폐가 쓰일 것으로 본다. 물론 현재로서는 유동성이 너무 크다는 문제가 있지만, 언젠가 관련 법과 제도가 안착해 안정적으로 통화 기능을 수행하게 된다면, 적어도 메타버스 안에서 사용하는 데는 큰 문제가 없을 것이다.

아직 끝이 아니다. 메타버스가 현실과 가상의 경계를 흐릿하게 한다면, 아예 통합하는 기술도 한창 연구되고 있다. 바로 뇌와 컴퓨터를 물리적·기계적으로 연결하는 BCI^{Brain-Computer Interface}(뇌-컴퓨터 인터페이스)다. 사지 마비 환자가 생각만으로

메타버스 요소가 녹아 있는 펄어비스(Pearl Abyss) 〈도깨비(DokeV)〉. 출시 일정조차 정해지지 않았지만 굉장한 관심을 받고 있다.

컴퓨터를 조작한다거나, 역시 생각만으로 말하지 않고도 소통한다거나, 뇌에 저장 장치를 달아 어떤 기억이든 생생하게 재생한다거나 하는 일들이 가능해질 것이다. 해당 분야에서 두각을 드러내는 기업으로는 뉴럴링크^{Neuralink}, 커널^{Kernel}, 페이스북이 있다.

인간의 노화도 혁신 대상이다. 생명과학 기업인 라이프 바이오사이언스^{Life Biosciences}는 《네이처》에도 발표된 데이비드 싱클레어^{David Sinclair} 하버드대학교 교수의 노화 방지 연구[6]를 사들여 화제를 모았다. 그 외에 연골을 재생하고 인대를 치료하며, 주름을 없애고 암과 싸우는 기술을 연구 중인 생명과학 기업 새뭄드^{Samumed}도 주목받고 있다.

새로운 기회가 온다

리처드 포스터^{Richard Foster} 예일대학교 교수는 경제지 《포춘^{Fortune}》이 선정한 500대 기업 중 절반이 향후 10년 내에 전혀 새로운 기업들에 자리를 내줄 것으로 전망했다.[7] 잘 상상되지 않는다. 사실 인간은 미래를 내다보기 어렵게 진화했다. 실제로 2010년 벨기에 리에주대학교 연구팀이 미래를 생각하면 뇌의 일부 기능이 정지한다는 사실을 《소셜 뉴로사이언스^{Social Neuroscience}》에 발표했다.[8] 인간은 신경생물학적으로 곧 닥칠 일을 예측하는 데 어려움을 겪는다는 것이다. 그러니 이 꼭지를 읽으며 "이런 말도 안 되는 일이 생길 리 없어"라고 생각했다면, 지극히 정상이다. 우리는 원래 그렇게 태어났다.

이런 한계에 갇힌 사람은 매번 '뒷북'만 치겠지만, 어떻게든 뛰어넘는 사람은 더 많은 기회를 누릴 테다. 그리고 단언컨대 미래에는 여러분이 지금까지 놓친 것 이상의 기회가 펼쳐질 것이다. 특이점^{singularity} 개념으로 유명한 미래학자 레이 커즈와일$^{Ray\ Kurzweil}$은 이렇게 말했다.

"인류는 향후 100년 동안 2만 년에 걸쳐 발생할 기술적 변화를 경험하게 될 것이다."

스위칭

운송 시장의 판도를 바꿀 4D 프린팅

3D 프린팅은 활용도와 별개로 매우 빠르게 유명해진 기술이다. 3차원의 입체 구조를 인쇄한다는 게 직관적이고 신기하기 때문이다. 그런데 여기에 시간의 차원을 더한 4D 프린팅 개발이 한창이다. 즉 시간의 흐름에 따라 평면에 인쇄된 구조가 입체로 변신하는 것이다. 이는 운송혁명을 이끌 기술로 주목받고 있는데, 물건이 아닌 데이터만 전송하면 되기 때문에 막대한 비용과 시간을 아낄 수 있다.

탈모를 치료하다

나는 미래의 기술 중 에너지 하베스팅에 특히 관심을 두고 있다. 앞서 열전 소자를 소개하며 간단히 살펴보았는데, 이처럼 반도체와 시너지를 일으켜 향후 10년 내 큰 변화를 불러올 것으로 보기 때문이다. 하여 이번 장에서는 에너지 하베스팅을 본격적으로 소개하려 한다.

에너지의 중요성이야 두말하면 잔소리고, 무엇보다 친환경으로 패러다임이 변하고 있다. 이런 전환기에 기회가 온다. 그렇다면 친환경 에너지 관련해 어떤 산업에 주목해야 할까. 전기자동차? 태양광 발전? 사람마다 답은 다르겠지만, 나는 에너지 하베스팅이라고 생각한다. 1, 2년을 보는 게 아니라 최소한 10년을 보아 그렇다는 것이다. 솔직히 말해 당장의 경제적 전망은 매우 낮다. 뛰어든 대기업도 없다. 10년 사이에 시장성이 없는 것으로 판명 나 사장될 수도 있다. 그렇다고 무시할 수는 없다. 게이츠는 이렇게 말했다.

"우리는 언제나 2년 후에 일어날 변화는 과대평가하고, 10년 후에 일어날 변화는 과소평가한다. 이런 잘못된 판단 속에서 아무 행동도 못 하는 상황에 빠져서는 안된다."[9]

두피라는 거대한 에너지 농장

그렇다면 에너지 하베스팅이란 무엇일까. 예를 들어보자. 여름에 폭염이 시작되면 에어컨, 선풍기 등을 켜 에너지를 쓰기 바쁘다. 그런데 우리를 괴롭힌다고만 생각하는 뜨거운 열을 모아 에너지로 사용한다면 어떨까. 새로운 자원이 생기는 것이니, 여러모로 이득이다. 이처럼 쓸모없다고 생각해 버려둔 에너지를 모아 활용하는 것이 에너지 하베스팅이다. 말 그대로 "버려진 에너지를 수확"하는 셈인데,[10] 1954년 벨연구소가 태양 전지를 연구하며 처음 소개했다.

에너지를 재활용한다는 점에서 중요한 기술임에는 분명해 보인다. 그런데 큰 공장에서 에너지를 추가로 얻거나 자동차의 에너지 효율을 높이는 것 외에, 일상에서 그 이점을 어떻게 누릴 수 있을까. 뜬금없을 수 있지

1954년 태양 전지를 연구 중인 벨연구소 연구원. 에너지 하베스팅 개념이 탄생하는 순간이다.

만, 무려 탈모 치료에 이용할 수 있다. 정확히 말해 에너지를 모아 탈모를 치료하는 건 아니고, 에너지를 모으는 방식이 탈모 치료에 큰 도움을 준다.

헤어스타일의 중요성을 모르는 사람은 없다. 나는 탈모는 아니지만 꾸준히 파마를 해주지 않으면 정말 이상해 보인다. 그러면 자신감도 사라진다. 하물며 머리카락이 아예 안 나거나 뭉텅 빠지는 고통은 상상도 할 수 없다. 비꼬는 게 아니라 진심이다. 문제는 그런 고통을 겪는 사람이 꽤 많다는 것이다. 우리나라 남성을 대상으로 한 설문 조사에서 100명 중 47명이 탈모를 앓는다고 답했다.[11] 표본이 801명밖에 되지 않아 설마 그 정도로 많을까 싶기는 하지만, 꽤 많은 사람이 탈모로 고통받고 있음은 분명하다.

안타깝게도 탈모 치료제는 여전히 개발 중이기만 하다. 2020년 5월 부산대학교와 생명공학 기업 티스템[T-Stem]이 함께 줄기세포를 활용한 탈모 치료제를 연구해 《스템 셀스 중개의학[STEM CELLS Translational Medicine]》에 발표했다.[12] 관련 내용을 영상으로 만들어 유튜브 채널에 올리고 이 꼭지를 쓰기 위해 교신 저자인 이상엽 교수에게 자문을 구하며 왜 탈모 치료제가 없는지 물었다. 엄밀히 말해 약이 없는 건 아니라고 한다. 다만 부작용이 너무 심해서 문제지. 실제로 현재 미국 FDA[Food and Drug Administration](식품의약국)가 승인한 약은 성욕 감퇴, 발기 부전, 발진 등의 부작용이 있다. 자신감을 얻으려다가 오히려 잃는 불상사가 생길 수 있는 것이다. 그래서 약이 아닌 대체 치료제를 개발하려는 노력이 한동안 계속되었는데, 대부분 별 효과가 없었다고 한다. 즉 화학 물질인 약 대신 우리

몸이 스스로 머리카락을 만들도록 보조해 주는 방법을 찾되, 그 효과를 높이는 게 관건이다.

약장수가 아닙니다

2019년 8월 위스콘신대학교 연구팀이 에너지 하베스팅을 활용한 탈모 치료 방법을 개발,《ACS 나노$^{ACS\ nano}$》에 발표했다.[13] 연구팀의 말을 빌리자면, "(혁신적일 정도로) 모발 재생에 매우 실용적"이고, "어떠한 부작용도 나타나지 않"으며, "지금까지 개발된 어떠한 방법도 이만한 효과를 내지 못했다"라고 한다.

꼭 약장수가 한 말 같은데,《ACS 나노》는 IF$^{Impact\ Factor}$(피인용 지수) 13.9에 달하는 SCI$^{Science\ Citation\ Index}$급 학술지다. SCI는 까다로운 기준으로 선별된 권위 있는 학술지 목록이다. 즉 여기에 든다는 것은 그만큼 권위를 인정받는 셈이다. 실제로《ACS 나노》는 150여 년의 역사를 자랑하는 미국화학협회$^{American\ Chemical\ Society}$가 발간하고 있다.

그렇다면 에너지 하베스팅은 어떻게 탈모 치료에 도움을 주는가. 연구팀은 생리학적으로 교류가 세포 조직을 활성화하는 데 매우 효과적이라는 사실에 착안해, 펄스^{pulse}라는 매우 약한 전기를 두피에 흘려보냈다. 이로써 잠자는 모낭을 자극해 깨우고, 모발의 성장 인자$^{growth\ factor}$를 촉진하며, 모발을 감싸는 케라틴^{keratin}을 강화한다.

이 과정의 핵심은 결국 전기다. 사용자가 불쾌감을 느끼지 않고, 뇌와

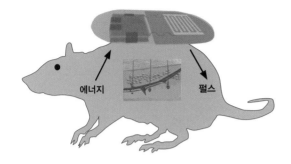

에너지

펄스

웨어러블 펄스 발전기를 붙인 쥐. 몸의 움직임에서 모은 에너지로 피부에 펄스를 흘린다. 쥐를 대상으로 한 실험에서는 1, 2주 만에 놀라운 속도로 털이 자랐다.

두피 등 신체 기관이 손상 입지 않을 정도의 전기 자극을 가해야 한다. 또 자극의 강도를 균일하게 유지해야 한다. 이렇게 전기를 통제하는 게 쉽지 않다. 배터리는 충전하거나 갈아줘야 하고 무겁기까지 하다. 폭발과 화재의 위험은 덤이다. 그래서 연구팀은 배터리 대신 에너지 하베스팅 기술을 접목한 웨어러블 펄스 발전기$^{wearable\ pulse\ generator}$를 이용해 전기를 공급했다. 즉 신체의 미세한 움직임에서 발생한 에너지를 야금야금 모아 전기를 생산한 것이다.

이렇게 만들어진 전기는 믿을 수 없을 정도로 약해서 두피의 바깥쪽에만 영향을 미쳐 어떠한 부작용도 발생하지 않는다. (그만큼 전기를 세밀하게 조절할 수 있다는 것이다.) 탈모에 걸린 쥐를 대상으로 한 실험에서, 9일간 발모 로션을 바른 쥐는 새 털이 0.9밀리미터 자랐고, 웨어러블 펄스 발전기를 붙인 쥐는 1.81밀리미터 자랐다. 두 배나 길게 자란 것인데, 밀도는 세 배나 높았다. 쥐 스스로 모발 성장을 촉진하는 물질을 더 많이 만들기도 했다. 머리카락이 자연스레 나오도록 보조한다는 목표를 잘 달성한 것이다.

또 쥐만? 사람은 언제?

유튜브 채널에서 이 실험을 소개했더니, '탈모 연구 특징: 항상 쥐만 치료됨'이라는 댓글이 달렸다. 어느 정도 동의하는 바이나, 다만 희망을 품고 기다려 보자. 연구팀을 이끈 왕쉬둥王旭東 교수는 과학 잡지《뉴 사이언티스트New Scientist》에서 머리숱이 적은 자기 아버지에게 간단히 실험해 보았는데 효과를 보았다고 밝힌 바 있다.[14] 연구팀은 이렇게 단언했다. "이 방법은 전 세계에서 탈모로 고생하는 수십억 명의 사람에게 빠르고 실용적인 방법이 될 것이다."

스위칭

자라나라 머리 머리

자동차가 (제한적이나마) 혼자 움직이는 세상인데, 어째서 탈모약은 여전히 개발되지 못하고 있을까. 사실 탈모약 자체를 만들기 어려워서라기보다는 부작용 때문이다. 그래서 대체 치료제 개발이 활발하다. 최근 줄기세포를 이용한 대체 치료제 실험이 좋은 결과를 얻어 주목받고 있는데, 흥미로운 점은 우연히 플라세보 효과(placebo effect)의 가능성까지 확인했다는 것이다. 정말 "자라나라 머리 머리"라는 주문은 효과가 있는 것일까.

3

배터리 교체가 뭐죠?

2019년 노벨화학상은 리튬이온 배터리 개발에 크게 이바지한 미국, 영국, 일본의 연구자 3인방, 즉 존 구디너프[John Goodenough] 텍사스대학교 교수, 스탠리 휘팅엄[M. Stanley Whittingham] 빙엄턴대학교 교수, 아키라 요시노[吉野彰] 미에조대학교 교수에게 돌아갔다. 리튬이온 배터리는 인류의 에너지 사용에 큰 영향을 미쳤다. 에너지를 안정적으로 적절하게 공급해 주고, 무엇보다 여러 번 충전할 수 있기 때문이다.

늘리느냐 마느냐, 그것이 문제로다

리튬이온 배터리가 상용화된 지 30년이 지났다. 그간 큰 문제 없이 사용했지만, 미래를 준비하기 위해 에너지 효율을 개선할 필요가 있다. 스마트폰 배터리를 예로 들어보자. 앞서 삼성전자의 3진법 반도체가 상용화되면 스마트폰을 단 한 번 충전해 1,000일간 사용하는 일이 가능해진다고 이야기했다. 3진법 반도체가 에너지 사용을 빈틈없이 관리해 효율을 높이기 때문이다. 특히 에너지를 많이 사용하는 OLED의 효율이 높아져 사용 시간이 대폭 늘어날 것이다.

물론 이보다 쉬운 방법도 있다. 배터리 크기를 키우면 된다. 그러면 에너지를 낭비해도 오래 쓸 수 있다. 하지만 당연히 이 길을 택할 스마트폰 기업은 없다. 벽돌만 한 스마트폰을 살 사람은 아무도 없을 테니까. 그렇다고 배터리 크기는 유지한 채 용량만 늘릴 수도 없다. 기술은 충분하다. 리튬이온 배터리는 원리가 매우 간단한데, 화학 에너지를 전기 에너지로 바꾸고(방전), 전기 에너지를 화학 에너지로 바꾸는 게(충전) 끝이다. 기술적으로 그리 어렵지 않기 때문에 용량을 늘리는 것도 수월하다. 하지만 그럴 경우 치명적인 문제가 생기니, 바로 폭발이나 화재의 위험이다. 실제로 2016년 갤럭시 노트7이 연달아 폭발했다. 삼성전자는 유례없는 규모로 리콜을 실시했고, 2017년 배터리 문제에 따른 발화로 결론지었다. 배터리가 터지면 스마트폰 기업은 큰 타격을 입는다. 삼성전자 정도 되니까 대규모 리콜을 실시해도 버틴 것이지, 다른 곳이었다면 정말 상황이 달랐을지 모른다.

이런 이유로 대부분의 스마트폰은 몇 년째 배터리 크기를 유지하고 있다. 2020년 출시된 갤럭시 노트20의 배터리 용량은 4,300밀리암페어시다. 2018년 출시된 갤럭시 노트9의 배터리 용량 4,000밀리암페어시에서 크게 늘지 않았다. 무려 2년이나 지났는데도 배터리 용량이 크게 늘지 않은 것이다.

우리 몸이 만들어 내는 전기

그렇다면 대안은 없는가. 아예 새로운 종류의 배터리를 개발하는 것이 가장 현실적인 방법일 테다. 다만 좀 더 멀리 본다면 에너지 하베스팅이 구원 투수 역할을 하게 될지 모른다.

지금 소개할 에너지 하베스팅은 마찰 전기를 이용해 전기를 생산하는 방식이다. 누구나 어렸을 때 한 번쯤 풍선을 옷에 비빈 다음 머리카락에 갖다 대는 장난을 쳐보았을 것이다. 그러면 머리카락이 풍선에 들러붙는다. 이처럼 무언가를 마구 비빌 때 전기가 발생한다는 것을 모르는 사람은 없다. 일종의 경험칙이다. 그렇다면 이 자잘한 에너지를 모아서 쓸 수 없을까. 마찰이 발생하지 않는 순간은 없다. 스마트폰을 가볍게 쥐고 산책한다고 해보자. 손안에서 스마트폰은 미세하게나마 계속해서 움직인다. 이 움직임으로 마찰이 발생하고, 이를 전기에너지로 변환할 수 있다면, 스마트폰 배터리 잔량을 더는 신경 쓰지 않아도 될 것이다. 사용과 동시에 충전할 수 있으니, 이것이야말로 혁신이다.

그리고 2019년 8월 성균관대학교 연구팀이 마찰 전기 충전 기술을 개발해 《사이언스》에 발표했다.[15] 교신 저자인 김상우 교수는 배터리를 교체할 필요 없는 체내 삽입형 의료 기기 구현이 목표라고 밝혔다. 심장 박동기나 인슐린 펌프 같은 신체에 넣는 의료 기기도 전기를 공급받아야 한다. 그런데 여전히 상당한 어려움을 겪고 있다. 배터리를 달자니, 교체할 때마다 대수술을 감행해야 한다. 무선으로 충전하거나 배터리를 밖으로 빼 전선으로 연결하기에는 신체에 가하는 부담이 너무 크다.

사람을 살리는 에너지 하베스팅

결국 에너지 하베스팅이 답이다. 예를 들어 심장이 뛸 때 생기는 운동 에너지(진동, 마찰 등)를 전기 에너지로 변환해 모으는 것이다. 그런데 문제가 있다. 애초에 운동 에너지가 너무 작아 전기 에너지로 변환조차 힘들다는 것이다. 연구팀이 내놓은 해결책은 초음파다. 신체에 비교적 무해한 초음파를 외부에서 내부로 쏜다. 그러면 심장 박동기에 부착된 소자가 미세하게 변형된다. 이 과정에서 마찰 전기가 발생하는데, 단순히 심장 박동을 이용할 때보다 출력이 1,000배나 세다고 한다. 순수하게 신체가 만드는 운동 에너지를 이용하지는 않지만, 그래도 수술 없이 몸 속의 배터리를 충전할 수 있으니 굉장한 성과다.

연구팀이 만든 마찰 전기 생성기 VI-TEG은 가로세로 4센티미터 크기로 그리 크지 않다. 돼지를 이용한 실험에서 피부 아래 1센티미터 깊이까지 삽입해도 심장 박동기나 신경 자극기를 구동할 만큼의 출력을 보여주었다. 게다가 VI-TEG에는 온도 센서, 비상시를 대비한 리튬이온 배터리와 축전기가 모두 들어 있어 완성도가 높다.

정리하면 연구팀은 신체에 삽입된 배터리를 에너지 하베스팅

VI-TEG의 작동 방식. 피부 바깥에서 초음파를 쏴 충전한다.

기술을 응용해 충전하는 데 성공했고, 출력도 충분하다는 것을 입증했다. 어떠한가. 이 정도면 에너지 하베스팅의 가능성이 구체적으로 보이지 않는가.

4

소매만 스쳐도 에너지가 만들어진다

2020년 1월 성균관대학교와 한국세라믹기술원$^{Korea Ceramic Engineering and}$ ^{Technology} 연구팀이 마찰 전기를 이용한 에너지 하베스팅 기술을《어드밴스드 머티리얼스》에 발표, 표지 논문으로 선정되었다.[16] 이 연구의 장점은 웨어러블 기기에 적용할 수 있다는 것이다. 연구팀의 말을 빌리자면, "계속해서 충전하거나 배터리를 바꾸는 (일반적인) 방식은 유지 비용과 시간이 너무 많이 들어 웨어러블 기기에 적합하지 않다." 앞서 살펴보았듯이 웨어러블 기기에 들어가는 부품들은 모두 작고 가벼우며 잘 휘어져야 한다. 당연히 일반적으로 사용하는 딱딱하고 큰 배터리는 어울리지 않는다. 이에 연구팀은 움직일 때 발생하는 운동 에너지에 주목했다. 이것을 전기 에너지로 바꿔 사용하는 것이다. 사실 마찰을 이용해 전기를 얻는 일 자체는 어렵지 않다. 문제는 충분한 양을 얻을 수 있냐는 점이다. 지금까지 다룬 에너지 하베스팅 기술들도 혁신적인 방법으로 전기를 만들어 냈으나, 그 양이 너무 적은 게 문제였다.

융털을 닮은 소자

연구팀은 이 난관을 어떻게 돌파했을까. 우선 에너지 하베스팅에 쓰이는 기존 소자들을 살펴보았다. 곧 한 방향에서만 에너지를 모은다는 공통점을 찾아냈다. 예를 들어 사람의 움직임에서 에너지를 모으도록 고안된 대부분의 소자는 x축(수평 방향)을 기준으로 삼는다. 즉 팔을 앞뒤로 흔들거나, 다리를 앞뒤로 뻗는 데 초점을 맞춘 것이다. 그런데 만약 x축뿐 아니라 y축(수직 방향)으로도 에너지를 모을 수 있다면 어떨까. 분명 모으는 에너지의 양이 훨씬 늘어날 것이다. 예를 들어 바람에 펄럭이는 옷은 x축뿐 아니라 y축으로도 움직이며 에너지를 발생시킨다. 연구팀은 이처럼 세밀한 부분에 초점을 맞추었다. 사실 생각 자체는 꽤 단순하고 직관적이다. 엄청 새로워 보이지도 않는다. 하지만 이를 현실에 구현하는 게 바로 과학자의 능력이다.

여하튼 두 방향의 에너지를 모두 수확하기 위해 연구팀은 융털 같은 특이한 구조의 소자를 개발했다. 융털의 높이는 대략 100마이크로미터인데, 연구팀이 만든 소자는 180마이크로미터로 비슷한 수준이다.

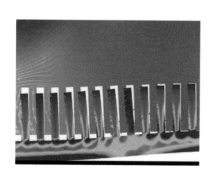

융털을 닮은 마찰 전기 발생기. 융털처럼 생긴 부분이 바람이나 옷, 피부에 닿아 압력을 받으면 마찰 전기가 발생한다.

융털은 소장의 표면적을 최대한 넓혀 더 많은 영양분을 흡수하게 한다. 이 소자의 기능도 똑같다. 마찰이 생기면, 즉 눌리면 눌린 부분과 눌리지 않은 부분에 전압의 높낮이 차이가 발생해 전기가 흐른다. 이때 위로 길고 옆으로 늘어선 소자의 특성상 x축과 y축에서 모두 흐름이 발생한다. 즉 두 방향으로 전기를 수확할 수 있는 것이다. 당연히 효율이 훨씬 좋다. 무엇보다 이 소자는 매우 예민하다. 접힌 지폐를 펼칠 때 드는 힘의 5분의 1 수준에도 반응한다. 에어건으로 쏜, 공기보다 가벼운 질소에도 반응한다. 아주 약한 움직임이나 바람으로도 전기를 만들 수 있다는 뜻이다. 물론 직접 물리적으로 마찰을 가할 때보다는 효율이 떨어지겠지만.

"왜 말을 안 타고 자동차를 타나요?"

실제로 연구팀이 이 소자를 옷에 붙이고 걷기만 했는데도 전기가 생성되었다. "옷깃만 스쳐도 전기를 잡는다."[17] 미래에는 이 기술이 스마트폰을 충전하거나 웨어러블 기기를 작동시키는 데 큰 도움을 줄지 모른다. 물론 아직 충분한 전기를 만드는 수준은 아니다. 하지만 계속해서 연구하다 보면 스마트워치처럼 작은 기기에서 시작해, 스마트폰에, 각종 웨어러블 기기에, 더 나아가 전기자동차에 적용될 날이 올 것이다. 분명 몇몇 전문가는 에너지 하베스팅에 부정적이다. 하지만 그들이라고 언제나 맞는 것은 아니다. 모두의 비웃음 속에서 테슬라를 성장시킨 머스크는 이렇게 말했다.

"헨리 포드^{Henry Ford}가 저렴하고 튼튼한 자동차를 만들었을 때 사람들은 왜 말을 안 타고 그딴 걸 만드는지 물었죠. 그러나 포드는 도전했고 성공했습니다."[18]

전기세 0원의 제로 에너지 빌딩

일상에서 발생하는 마찰은 대부분 너무 약한 수준이라 전기를 많이 만들지 못한다. 그런데 설폰기라는 소재를 활용해 마찰 전기를 두 배 이상 증폭하는 소자가 개발되었다. 게다가 이 소자는 마찰 없이, 즉 접촉 없이 전기를 만든다. 마찰 없는 마찰 전기인 셈인데, 활용도가 극대화된 셈이다. 연구팀은 빠르면 2030년, 늦어도 2050년까지 전기를 자체 공급하는 빌딩을 만들 계획이다. 건축의 패러다임이 바뀌는 것이다.

5

와이파이의 또 다른 쓰임

미국 드라마 〈빅뱅 이론The Big Bang Theory〉에 이런 장면이 나온다. 하워드 월로위츠Howard Wolowitz가 칵테일에 꽂혀 있는 우산 모형을 유심히 보더니, 크게 만들어 팔면 돈이 되지 않겠냐고 말한다. 친구들이 헛소리하지 말라고 면박을 주자, 그는 이렇게 대꾸한다. "애플도 크기만 바꾸는데 사람들이 사잖아."

월로위츠의 말처럼 애플이 크기만 바꾸는 것은 아닐 테지만, 확실히 많은 사람이 거의 맹목적일 정도로 아이폰을 선호한다. 실제로 아이폰은 갤럭시와 더불어 스마트폰 시장에서 압도적 우위를 자랑한다. 밀리고 밀린 LG전자는 2021년 7월 스마트폰 시장에서 철수했다. 이런 상황이다 보니 AP와 카메라 정도만 성능을 올려 아주 비싸게 팔아도 사용자로서는 대안이 많지 않다. 그래서 더 디자인에 목숨 거는 것 아닐까. 실제로 2021년 1월 갤럭시 S21이 출시되었을 때 성능은 '옆그레이드'라고 비판받았지만, 디자인이 굉장히 호평받으며 초기 판매량이 우리나라에서는 30퍼센트, 미국에서는 무려 세 배 늘었다. (물론 성능이 뒷받침하지 못한 탓인지, 출시 후 반년간 판매량이 1,350만 대에 그쳤는데, 2020년 동기간의 갤럭시 S20 판매량보다 20퍼센트 적은 수치다.)

공학을 전공한 사람으로서 진정한 혁신은 기술력에서 나온다고 생각한다. 실제로 플렉시블 디스플레이를 장착해 일명 폴더블폰^{foldable phone}의 대중화를 이끈 갤럭시 Z 폴드2는 어찌나 인기가 좋은지 품귀 현상마저 벌어지고 있다. 이처럼 사람들은 새로운 기술에 열광한다. 따라서 삼성전자가 애플을 제치고 스마트폰 시장의 왕좌를 차지하기 위해서는 가상현실과 증강현실, 홀로그램 등을 아우르는 완전히 새로운 형태의 디스플레이, 미러리스^{mirrorless} 카메라 뺨치는 성능의 카메라 등을 선보여야 한다. 그런데 디스플레이 혁명은 홀로그램을 제외하고는 이미 실현중이다. (홀로그램이 구현되려면 최소 10년은 더 걸릴 것이다.) 카메라 혁명도 미러리스 카메라 정도는 아니지만, 전문적인 작업을 소화할 정도로 성숙했다. 그렇다면 무엇으로 차별성을 갖추어야 할까.

와이파이로 충전하다

나는 배터리에 답이 있다고 생각한다. 역설적으로 배터리를 없애는 게 다음 번 혁신의 주인공이 되지 않을까 싶다. 앞서 설명했듯이 배터리 크기를 무식하게 키우거나, 배터리 크기는 유지하되(또는 줄이되) 용량만 늘리는 것은 대안이 될 수 없다. 전자는 사용자의 선택을 받지 못하고, 후자는 위험하다. 2019년 배터리 기업 에너자이저^{Energizer}에서 배터리 용량이 1만 8,000밀리암페어시에 달하는 스마트폰을 선보인 적 있다. 한 번 충전하면 일주일간 사용할 수 있다고 한다. 문제점은 그 크기에 있다. 두께가 거의 2센티미터에 달한다. 에너자이저는 후원금을 모아 실제로 출시하려 했지만, 실패하고 말았다. 저런 스마트폰을 쓰고 싶은 사람이 몇 명이나 있겠는가. 그렇다고 크기는 지금 수준으로 유지하되 용량만 늘리기도 어렵다. 기술이 없어서는 아니다. 화재와 폭발의 위험 때문이다. 안전한 소재를 개발하는 건 시간이 오래 걸린다.

그렇다면 발상을 전환해, 아예 배터리를 없애는 게 답이 되지 않을까. 나는 그런 관점에서 에너지 하베스팅을 소개했고, 이 꼭지에서는 지천으로 널린 와이파이로 충전하는 기술을 소개해 보려 한다. 2020년 3월 MIT 연구팀이 《사이언스 어드밴시스》에 흥미로운 연구를 발표했다.[19] 우선 연구팀은 1초에 1조 번 진동하는 테라헤르츠파에 주목했다. 오늘날 와이파이 대역은 기가헤르츠파를 활용하는데, 테라헤르츠파보다 주파수 크기가 1,000배 낮다. 주파수 크기가 클수록 더 빠르게 더 많은 데이터를 전송할 수 있다. 따라서 많은 연구자가 미래에는 테라헤르츠파로 무선 통신이 이루어질 것으로 전망한다.

전자기파 파장 스펙트럼. 우리가 현재 쓰는 와이파이 대역은 2.4기가헤르츠, 또는 5기가헤르츠로 마이크로파에 해당한다.

테라헤르츠파라는 계륵

그렇다면 테라헤르츠파는 어째서 지금까지 제대로 사용되지 못해 '남는 에너지'가 되었을까. 바로 반응 속도 때문이다. 주파수가 크면 반응이 늦다. 일단 반응만 하면 좋은 성능을 보여준다지만, 단점이 너무 치명적이다. 아무리 빨리 달릴 수 있어도 애초에 시동이 잘 안 걸리는 자동차를 탈 사람은 없는 것과 마찬가지다. 이런 이유로 테라헤르츠파는 무선 통신의 계륵처럼 취급되었다.

그런데 와이파이 사용량이 급증하고 IoT, 자율주행자동차 등의 신기술이 도입됨에 따라 테라헤르츠파를 사용할 수밖에 없으리라는 전망이 대두되고 있다.[20] (다만 이때에도 반응 속도 문제는 해결해야 한다.) 정말 테라헤르츠파 와이파이가 등장한다면 에너지 하베스팅의 한계 또한 뛰어넘을 수 있다. 낭비되는 에너지를 모아줄 소자가 작동하려면 처음에 최소 전압을 가해줘야 한다. 그런데 와이파이를 수확하는 경우 이 문제가 자연스레 해결된다. 최소 전압을 대체할 와이파이가 이미 공간을 가득 채우고 있으니까.

이러한 가능성에 주목한 연구팀은 테라헤르츠파를 우리가 사용하는 직류로 바꿀 방법을 모색했다. 대부분의 소자는 전기의 크기와 방향이 계속해서 바뀌는 교류를 그 크기와 방향이 일정한 직류로 바꾸는 정류기rectifier가 필요하다. 이 정류기 없이 교류를 직류로 바꾸기만 한다면, 와이파이만으로 전자 제품을 충전할 수 있다. 새로운 에너지가 생기는 셈이다. 연구팀은 그래핀을 이용했는데, "양자역학적 수준에서 물질이 테라헤르츠파를 맞았을 때, 자신의 전자를 한 방향(직류)으로 흐르도록 유도"하기 때문이다.

연구팀은 질화붕소 위에 쌓은 그래핀이 테라헤르츠파를 맞자 그 전자가 특정한 방향으로 움직인다는 것을 발견했다. 한마디로 직류가 만들어진 것이다. 이때 중요한 것은 그래핀의 순도다. 불순물이 있으면 첫째, 양자역학적으로 전자구름이 생겨 전자의 흐름이 엉클어진다. 전자구름이란 전자가 원자 내부에서 어떤 위치에든 있을 수 있는 상태를 말한다. 즉 전자가 확률적으로 존재하게 되므로 일정한 방향을 띠기 어렵다. 둘째, 재료공학적으로 저항이 높아진다. 불순물이 산란 중심체 역할을 하기 때문인데, 쉽게 말해 전자의 흐름이 불순물에 막힌다는 뜻이다. 웨이퍼에 먼지 한 톨만 올라가도 수율이 떨어져 엄청난 손실을 입는 것처럼, 불순물은 뭐든 없는 게 좋다. 그렇게 깨끗이 처리하는 데 돈이 많이 들어서 문제이지.

여하튼 연구팀은 질화붕소와 그래핀을 이용해 테라헤르츠파를 직류로 바꾸는 데 성공했다. 이 원리를 적용한 스마트폰은 배터리 없이도 와이파이가 터지는

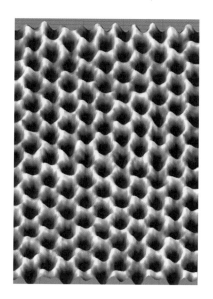

원자현미경으로 촬영한 그래핀. 벌집 구조가 선명하다. 매우 얇은 2차원 소재이고, 굉장히 튼튼해 신소재로 주목받고 있다.

곳이라면 작동할 것이다. 그러나 아직 해결해야 할 문제가 많다. 첫째, 이번 연구는 이론적인 수준에서 와이파이를 전기 에너지로 바꿀 수 있음을 발견한 수준에 지나지 않는다. 실제로 소자를 만들었을 때 생각대로 작동하는지는 또 다른 문제다. 일단 MIT에서 후속 연구를 진행 중이라니, 좀 더 기다릴 필요가 있다. 둘째, 불순물 없는 그래핀의 가격이다. 상용화할 수 있을 정도의 가격 경쟁력을 갖출 수 있을지 의문이다. 인체에 무해한지도 따져보아야 한다.

번뜩이는 생각, 끊임없는 노력

하지만 MIT가 어떤 곳인가. 전 세계의 인재들이 모인 곳 아닌가. 참고로 MIT는 2004년에 벌써 테라헤르츠파를 미래를 바꿀 10대 기술로 선정한 바 있다. 그때부터 차근차근 준비해 오고 있었던 것이다. 그 노하우는 사라지지 않는다. 어떤 형태로든, 예를 들어 그래핀을 사용하지 않더라도, 테라헤르츠파를 직류로 바꾸는 데 적용될 가능성이 크다. (물론 그래핀이 매우 싸진다면 좀 더 쉽게 상용화할 수 있을 것이다.) 바로 이 점이 중요하다. 단기간에 큰 성과를 내지 못하더라도, 그런 경험이 쌓이다 보면 혁신은 이루어진다. 연구자들이 아무리 사소해 보이는 연구에도 열심히 매달리는 이유다.

양자역학의 기초를 닦은 루이 드브로이$^{Louis\ de\ Broglie}$는 1924년 물질은 입자인 동시에 파동일 수 있음을 제시했다. 이 내용으로 박사학위 논문

218

을 써 노벨물리학상을 받았다. 그런데 파동-입자 이중성은 이미 1905년 아인슈타인이 주장했다. 바꿔 말해 아인슈타인의 주장이 과학으로 받아 들여지는 데 20여 년이 걸린 것이다. 그 기간 동안 수많은 과학자가 확실한 근거를 찾기 위해 노력했다. 단순히 주장하는 것은 누구나 할 수 있다. 하지만 근거를 찾는 일은 아무나 할 수 없다.

와이파이로 전기를 만들자는 것도 마찬가지다. 생각은 쉽다. 하지만 이론적으로 증명하고, 또 실제로 실험하는 것은 전혀 다른 차원의 일이다. 드브로이는 이 부분에서 모범을 보여주었다. MIT의 이번 연구도 마찬가지다. 당장 상용화하기 어려워 보이지만, 그 이면에 어떤 혁신이 숨어 있을지 모른다. 드브로이는 이렇게 말했다.

"우리가 알고 있는 지식의 실제 모습은 전혀 알 수 없다. 그리고 실제로 알려진 것 그 너머에, 발견해야 할 엄청난 것이 있다."

스위칭

에너지 하베스팅으로 완성된 무한동력

무한동력은 불가능하다는 게 상식이다. 열 등으로 상실된 에너지는 외부에서 채워 주지 않는 이상 스스로 생겨나지 않고(열역학 1법칙), 역시 열 등의 에너지는 사방으로 흩어지기 때문이다(열역학 2법칙). 그런데 이런 상식에 정면으로 도전하는 연구가 발표되었다. 그래핀을 이용해 스스로 영원히 전기를 만들어 내는 에너지 하베스팅 장치가 개발된 것이다.

6

물 한 방울의 힘

자동차는 기름을 폭발시켜 얻은 운동 에너지로 움직인다. 이 과정에서 상당히 많은 에너지가 손실된다. 이처럼 버려지는 에너지를 모아 다시 활용하는 게 에너지 하베스팅의 핵심이다. 실제로 전기 에너지, 화학 에너지, 열 에너지 등 다양한 에너지를 모으는 연구가 활발히 진행 중이다. 그렇다면, 엉뚱한 생각일 수 있지만, 몸에서 흐르는 땀이 증발하거나, 여름철에 비가 내리거나 해서 대기 중에 발생하는 수분을 에너지로 활용할 수 없을까. 가능하다면 대박일 것이다. 스마트폰부터 전기자동차까지 그냥 가만히 있는 것만으로 충전될 테니까. 인도적인 차원에서도 주목할 만한데, 별다른 설비 없이도 전기를 만들 수 있기에 개발도상국이나 빈국들에 큰 도움이 될 것이다. 관련 연구에 매진 중인 김일두 카이스트 교수는 이렇게 말했다.[21]

"꽤 다양한 연구를 수행했지만 이렇게 한 주제에 매진했던 적은 없었습니다. 일종의 확신이 있었습니다. 지금 내가 하는 연구가 다방면에 값지게 쓰일 수 있다는 믿음이요. 내가 안 하면 누구도 도전하지 않을, 내가 가장 잘할 수 있는 연구라고 생각합니다."

물과 탄소, 그 세기의 만남

개인적으로 물의 소중함을 뼈저리게 느낀 경험이 두 번 있다. 첫째는 육군훈련소에서 훈련받았을 때다. 하필 여름에 입대해 물이 상한다는 이유로 뜨거운 물만 보급받았고, 샤워도 5분 안에 끝내야 했다. 둘째는 전역 후 싱가포르에 놀러 갔을 때다. 어떤 식당에 가든 물을 돈 주고 사 마셔야 했다. 가격도 꽤 비쌌다. 해외여행을 다녀본 경험이 거의 없었기에 굉장한 충격이었다.

물론 내 경험은 애교 수준에 불과하다. 수많은 물 부족 국가의 상황은 훨씬 처참하다. 그보다 상황이 심각한 물 기근 국가들은 재난 상태를 선포할 정도다. 김일두 교수는 학회 참석차 남아프리카공화국 케이프타운을 찾았다가 물이 부족해 고통받는 현지인들을 보며 과학자로서 열의를 다졌다고 한다. "이윤을 생각하지 말고 사회에 이바지할 수 있는 기술을 개발"하겠다고 말이다.

그리고 2019년 10월 김일두 교수와 연구팀이 《ACS 나노》에 한 편의 논문을 게재했다.[22] 당시 굉장히 많은 관심을 받을 정도로 혁신적인 연구였는데, 몇 방울의 물로 전기를 만들어 낸 것이다. 굉장히 독보적이고

마른 부분

3센티미터

9센티미터

젖은 부분

TEPG. 굉장히 간단한 구조로 전기를 생산할 수 있다.

다양한 분야에 응용할 수 있는 연구라 원천 특허까지 획득했다.

연구팀은 식물이 잎의 기공으로 수증기를 배출하는 증산蒸散 작용에 주목했다. 식물은 이 작용으로 신선한 물을 뿌리에서 잎까지 끌어올린다. '물의 흐름'에 초점을 맞춘 연구팀은 TEPG Transpiration driven Electrokinetic Power Generator(증산 작용이 적용된 통전기적 발전기)라는 특별한 장치를 개발했다. 우선 면 소재를 탄소로 코팅한 다음, 일부를 물에 적신다. 그렇게 되면 물속 수소 이온의 전자들이 젖은 곳과 젖지 않은 곳 사이에서 전위, 즉 전압의 높낮이 차이를 만든다. 젖은 부분은 전압이 높아지고, 젖지 않은 부분은 전압이 낮아지는데, 이때 전자를 잃은 수소 이온은 양성자(경수소 양이온)가 되어 전압이 높은 곳에서 낮은 곳으로 이동한다. 그러면서 전기가 흐르니, 0.25밀리리터의 물을 가지고 실험했을 때 0.53볼트의 전압과 3.91마이크로암페어시의 전류를 얻었다고 한다. 무엇보다 물이 완전히 마를 때까지 4,000초간 전기가 흘렀다고 하니, 놀라울 따름이다.

이어서 연구팀은 염화칼륨, 염화나트륨, 염화리튬, 염산을 각각 물에 섞어 실험했다. 모두 맹물보다 좋은 반응을 보였다. 참고로 양이온의 직경은 칼륨, 나트륨, 리튬 순으로 큰데, 흥미롭게도 그 크기와 전압 및 전류의 크기가 비례했다. 또한 염산은 가장 많은 양성자를 배출해 전압과 전류를 크게 높였다.

8일의 기적

맹물로 전기를 만들다니 대단한 성과다. 발전 시간만 늘린다면 상용화에 한발 더 가까워질 것이다. 어떤 방법이 있을까. 가장 쉽게는 많은 양의 물을 부어주는 것이다. 하지만 이는 버려진 에너지를 다시 모아 활용한다는 에너지 하베스팅의 원래 취지에서 벗어난다. 즉 대기 중의 수분만으로 충분히 오래 발전할 수 있는 방법을 찾아야 한다.

이 어려운 걸 연구팀이 또 해냈다.《ACS 나노》에 논문을 게재하고 바로 한 달 뒤 이번에는《에너지 및 환경 과학》에 시간을 대폭 늘린 실험 결과를 발표한 것이다.[23] 연구팀은 염화칼슘을 섞은 물(습도 15~60퍼센트)로 무려 8일간 LED 전구를 밝히는 데 성공했다. 염화칼슘은 물을 많이 흡수하고 천천히 방출하는 특징이 있다. 쉽게 말해 물이 마르는 데 시간이 오래 걸리니, 그만큼 오래 발전할 수 있는 것이다.

대부분의 친환경 발전은 외부의 여러 요인에 영향받는다. 하지만 에너지 하베스팅을 이용한 이번 연구는 습도가 20~80퍼센트 정도만 되면 알아서 전기를 만들어 낸다. 연구팀은 여러 재료를 실험하며 전압과 전류를 높이는 방법을 찾았고, 또 발전 시간도 대폭 개선했다. 물론 아직 갈 길이 멀다. 오늘날 0.53볼트의 전압과 3.91마이크로암페어시의 전류로 할 수 있는 일은 없다. 하지만 분명 한계를 뛰어넘을 것으로 믿는다. 김일두 교수는 이렇게 말했다.

"어떤 연구 결과도 그냥 버려지지 않습니다. 그리고 외부 환경도 충분히 뒷받침되어야죠. 당장은 성과가 없어 보여도 내실을 다지는 초기 단계를 지켜봐 주고, 긴 호흡으로 연구에 임하는 과학자를 격려해 주어야 합니다. 저는 물도 전기도 부족한 나라의 아이들이 물 몇 방울 떨어뜨려 불을 켜고 책을 읽는 모습을 종종 상상합니다."

스위칭

미군이 눈독 들이는 자기 추진 물질

어떠한 외부 자극이나, 에너지원 없이 움직이는 물질이 있다면? 그 자체로 신기한 것은 물론이고, 굉장히 다양한 영역에서 쓰일 것이다. 최근 물 한 방울만 있으면 움직이는 폴리머 젤이 개발되었다. 식물의 삼투압 현상에 영감을 얻어 물이 마르는 과정에서 움직임이 발생하도록 한 것인데, 최적의 형태를 찾아낸 덕분에 몇 번이고 반복해서 움직인다. 이는 배터리를 달기 어려운 초소형 로봇, 사람이 조작하기 어려운 극한 환경에서 쓰이는 군사용 로봇에 사용될 것으로 보인다. 실제로 이 연구는 미군의 지원을 받았다.

7

수력 발전에서 습기 발전으로

지금의 애플을 만든 것이 스마트폰이고 지금의 삼성전자를 만든 것이 반도체라면, 앞서 말했듯이 지금의 사우디 아람코를 만든 것은 석유라는 에너지다. 에너지는 무한하지 않고, 인류가 멸망하기 전까지 돈이 될 수밖에 없다. 전자기학의 아버지 마이클 패러데이Michael Faraday가 자기장 실험을 하는 중에 높으신 분들이 와서 돈이 되는 일이냐고 묻자 "훗날 이 전기에 세금을 매길 수 있을 겁니다"라고 답한 일화는 매우 유명하다. 실제로 오늘날 모든 나라가 전기를 공급하고 세금을 받는다.

그런데 대부분의 에너지는 효율이 좋지 못하고, 한 번 쓰면 그대로 끝이다. 우리는 에너지를 끊임없이 버리고 있는 셈이다. 이 효율을 높이는 것만으로도, 즉 버려지는 에너지를 줄이는 것만으로도 에너지 혁명이 일어난다. 에너지 하베스팅이 주목받는 이유다.

게임은 시작되지도 않았다

70여 년 전 에너지 하베스팅 개념이 처음 등장했을 때는 해결해야 할 문제가 너무 많았다. 에너지를 회수하려면 첫째, 소자가 매우 예민해야 한다. 둘째, 회수한 에너지를 재활용할 만한 기술이 필요하다. 셋째, 별도의 전원 없이 충분한 에너지를 만들어야 한다. 넷째, 신체에 해롭지 않아야 한다. 마지막 다섯째, 크기가 작아야 한다. 만약 납 소재에 크기마저 거대하면 누가 쓰려 하겠는가. 이 다섯 가지 조건을 모두 만족해야 상용화가 가능하다.

이 중 가장 중요한 건 셋째 조건이다. 아주 미세한 진동이나 열, 수분 등으로 사용하기에 충분한 에너지를 만들어야 한다. 관련해 좋은 연구들이 계속 진행 중이지만, 여전히 갈 길이 멀다. 그러나 그 가치만큼은 정말 어마어마하다. 마키츠앤드마키츠는 에너지 하베스팅의 시장 규모가 2023년 6억 5,000만 달러에 이를 것으로 전망했다.[24] 근래 들어서야 의미 있는 연구 결과가 나오기 시작했음을 기억하자. 즉 게임이 본격적으로 시작되지도 않았는데, 시장은 이미 커지고 있는 것이다.

특히 에너지 하베스팅은 전혀 예상 못 한 방법으로 다양한 환경에서 에너지를 만들어 낼 수 있기에, 시장이 어디까지 성장할지 예측할 수 없다. 예를 들어 2020년 2월 매사추세츠대학교 연구팀은 대기 중 수분으로 전기를 만드는 장치를 개발해 《네이처》에 발표했다.[25] 이 장치의 핵심은 단백질 나노와이어protein nanowire다. 연구팀은 유기물을 분해하며 전기를 발생시키는 미생물 지오박터Geobacter로 단백질 나노와이어를 만들었는데, 전자현미경으로 관찰한 결과 조직이 굉장히 치밀했다. 30년간 전기 소재를 연구한 데릭 러블리^{Derek Lovley} 연구원은 "현재까지 나온 단백질 나노와이어 가운데 가장 놀랍고 흥미롭다"라고 평가했다.[26]

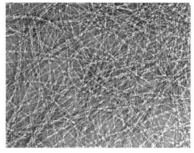

자연 상태의 지오박터 편모(위)와 이를 활용해 인위적으로 만든 단백질 나노와이어(아래). 굉장히 치밀해졌음을 알 수 있다.

조직이 치밀하다는 게 중요하다. 그 덕분에 단백질 나노와이어는, 첫째, 전체적으로 많은 수분을 대기 중에서 흡수하는 동시에, 둘째, 부분마다 수분 함량이 자연스레 달라진다. 즉 더 젖은 부분(전압이 높은 부분)과 덜 젖은 부분(전압이 낮은 부분)으로 나뉘는 것이다. 앞서 설명했듯이 이렇게 전압의 높낮이 차이가 발생하면 전기가 흐른다. 실제로 실험 결과 무려 1,500시간 동안 전압 0.4~0.6볼트의 전기가 흘렀다. 1,500시간이면 두 달이다. 당연한 말이지만 습도가 높은 환경일수록, 더 오래, 더 많은 전기를 만들 수 있다. 오랫동안 지속 가능한 에너지 하베스팅의 가능성을 보여준 것이다.

임계점이 깨지는 순간

물론 너무 약한 전기라는 한계가 있다. 이 정도로는 스마트폰도 충전하지 못한다. 대량 생산도 어렵다. 여러모로 상용화가 어려운 셈이다. 하지만 이제 막 제대로 된 연구 결과가 나오고 있는 분야라는 점을 기억해야 한다. 에너지 하베스팅은 점점 더 괄목할 만한 성과를 내고 있다. 이러한 추세라면 빠르면 10년 뒤, 비 오는 날이면 스스로 충전되는 스마트폰이 나올지 모른다. 물론 처음에는 (물가도 계속 오를 테니) 가격이 꽤 나갈 것이다. 그러나 일단 상용화만 되면 쓰지 않고는 못 배길 기술임이 분명하다. 보조 배터리나 충전기, 충전선을 주렁주렁 들고 다니며 언제 스마트폰이 꺼질지 불안해하지 않아도 될 테니까. 스마트폰이 충전까지 '스마트'하게 알아서 하는 세상, 너무 편하지 않을까.

물론 그런 세상이 생각만큼 빨리 오지 않을 수도 있다. 내가 어릴 때 기대했던 날아다니는 자동차나 호버보드^{hoverboard}, 투명 망토 등은 여전히 상용화되지 못하고 있다. 미국 물리학자 조너선 휴브너$^{Jonathan\ Huebner}$는 2005년 발표한 〈가능한 혁신이 사라지고 있다$^{A\ possible\ declining\ trend\ for\ worldwide\ innovation}$〉라는 논문에서 인간은 바퀴, 전기, 전화, 비행기, 반도체 등 수많은 혁신을 이루었지만, 이후 새로운 혁신은 지체되고 있다고 주장했다.[27] "새로운 발명이 반복될 가능성은 더욱 작아지고 있다. 혁신은 한계가 있다." 분명 유효한 지적이다. 10년 후에도 우리는 여전히 충전지옥에 살고 있을지 모른다. 하지만 폭발적인 혁신 끝에 전혀 상상하지 못한 세상이 도래할 수도 있다. 처음 반도체가 등장했을 때, 처음 아이폰이 등장했을 때가 그러했다. 누구도 임계점이 깨지는 순간은 예측하지 못한다. 나는 혁신에 한계가 없다고 믿는다. 나는 휴브너의 주장에 동의하지 않는다. 나는 10년 뒤 에너지 하베스팅 기능이 탑재된 스마트폰이 등장할 것을 믿는다.

스위칭

벽돌 발전이라는 신세계

기술 발전은 종종 상상도 못 한 방법으로 이루어진다. 수력 발전, 풍력 발전, 지력 발전 등 다양한 발전이 있지만, 벽돌 발전은 들어본 적 없을 것이다. 말 그대로 건물에 사용되는 벽돌로 전기를 만들어 내는 방법이다. 특수하게 처리한 나노 섬유를 벽돌에 바르기만 하면, 외부에서 발생하는 각종 전기, 예를 들어 정전기나 마찰 전기 등을 흡수해 저장한다. 이는 지구뿐 아니라 달이나 화성에 거주지를 건설할 때 유용하게 쓰일 수 있다.

'무'에서 '물'을 참조하다

지금까지 물에서 전기를 만드는 방법을 이야기했다. 그렇다면 물이 없는 곳에서는 어떻게 해야 할까. 사막 한가운데서 조난당했다고 하자. 대기 중 수분으로 전기를 만드는 에너지 하베스팅 기능이 탑재된 최첨단 스마트폰을 가지고 있어도, 사막에서는 무용지물이다. 그렇다고 몇 모

미군에서 사용 중인 정수 장비 애스펀(ASPEN) 5500M. 77킬로그램으로, 예비 부품까지 합치면 무려 127킬로그램이다. 하루에 최대 7,500리터의 물을 정수할 수 있다.

금 남지 않은 물을 스마트폰에 뿌릴 수도 없다. 물이 없으니 아무것도 할 수 없는 상황인 것이다. 너무 극단적인 예시이지만, 현실과 완전히 동떨어진 이야기도 아니다. 지난 20여 년간 중동 지역에서 계속해서 전쟁을 치른 미군은 물 보급에 어려움을 겪었다.[28] 아프리카의 빈국들에 사

는 아이들은 물을 얻기 위해서만 하루 평균 6킬로미터를 걷는다.[29] 일단 마실 수 있다면 흙탕물도 마다하지 않기에 질병에 걸리기 일쑤다. 물은 오늘날에도 죽고 사는 문제다.

그렇다면 아예 근본적으로 생각을 전환해, 물을 만들 수는 없을까. 대기 중에 수분의 형태로 존재하는 물이 1경 3,000조 리터라고 한다. 인간이 사용할 수 있는 모든 물의 10퍼센트에 달할 정도로 엄청난 양이다. 저 수분을 물로 만들거나, 에너지 하베스팅을 이용해 에너지로 활용한다면? 영화에나 나올 법한 이야기지만, 2019년《포브스》선정 '30세 이하 아시아 리더 30인'에 속한 우리나라의 연구자가 해내고야 말았다.[30]

공중의 물을 빨아들이다

이 어려운 걸 해낸 이는 MIT에서 박사학위를 받고 키스트에서 연구를 이어가다가 2020년 삼성전자 생산기술연구원으로 자리를 옮긴 김현호 연구원이다. 2017년 4월 그는 건조한 기후에서 수분을 모아 물을 만드는 물 하베스팅water harvesting 기술을《사이언스》에 발표했다.[31]

김현호 연구원은 박사과정을 밟을 때 이미 모프MOF, Metal-Organic Framework(금속-유기 골격체)라는 신물질을 이용해 건조한 기후에서 물을 수확하는 데 성공한 바 있다. 사실 물을 만드는 기술 자체는 이미 개발되어 있다. 전기로 대기 중의 수분을 응축하는 방식인데, 효율을 높이려면 환경 오염 물질이 들어간 냉매를 써야 한다. 더욱 근본적으로 전기가 없는 상황에서는 무용지물이다.

그런데 모프를 이용하면 이런 문제에서 완전히 자유롭다. 원리가 매우 간단하기 때문인데, 표면에 구멍이 엄청 많은 가루에 대기 중 수분이 흡착해 물이 만들어지는 것이다. 쉽게 말해 스펀지처럼 물을 빨아들인다. 전기도 냉매도 필요 없다. 그냥 두면 된다. 게다가 습도가 20퍼센트보다 낮은 건조한 기후에서도 작동한다. 심지어 자기 무게보다 많은 양의 물을 만들어 낸다. 필요한 것은 단 하나다. 바로 태양열.

실제로 김현호 연구원은 애리조나주의 사막에서 태양열만을 이용해 물을 수확했고, 그 결과를 2018년 3월《네이처 커뮤니케이션스》에 발표했다.[32] 모프는 물을 오염시키지 않기 때문에 식수로 활용할 수 있다. 관련 내용을 영상으로 만들어 유튜브 채널에 올리고 이 꼭지를 쓰기 위해 그에게 직접 이런저런 자문을 구했는데, 현재 학계에서 후속 연구가 활발히 진행 중이라고 귀띔해 주었다. 특히 모프의 물 흡착량을 높이고 낮은 온도에서도 잘 작동하게 하는 데 초점을 맞추고 있다고 한다.

모프를 이용한 물 하베스팅은 매우 인도적인 기술이다. 특별한 설비

애리조나주의 사막에서 작동 중인 모프. 정말 태양열만으로 작동한다. 애스펀 5500M보다 매우 단순한 구조다.

가 필요 없고 곧바로 깨끗한 물을 얻을 수 있으니 아무리 가난한 나라라도 부담 없이 사용할 수 있다. 그러면 이 기술로 돈은 어떻게 벌까. 군사 분야에서 수익이 생길 것으로 보인다. 실제로 미국 국방부가 관심을 보이는 중이라고 한다. 상식적으로 생각해 전선의 군인들이 물을 자급자족할 수 있다면, 보급하는 데 드는 비용과 시간을 절약할 수 있고, 보급하는 동안 공격당할 위험도 없다. 중동에서 오랫동안 전쟁을 치른 미군은 그 필요성을 더욱더 잘 인식하고 있을 것이다.

1그램 알갱이에 들어간 축구장

물론 보완해야 할 점도 많다. 일단 비용을 낮춰야 한다. 김현호 연구원은 현재 MIT 연구실에서 더 싼 흡착제를 찾기 위한 연구가 한창 진행 중이라고 알려주었다. 그 외 제로 매스 워터Zero Mass Water나 워터 하베스팅Water Harvesting 같은 스타트업도 흡착제 개발에 뛰어든 상태다. 이 문턱을 넘어야 상용화가 가능하다.

　사실 모프는 가스 저장 및 촉매 분야에서 먼저 주목받았다. 표면적이 매우 넓기 때문인데, 가장 넓은 녀석이 1그램당 5,000~7,000제곱미터 수준이다. 상식을 벗어나는 수치인데, 정말 그렇다. 참고로 축구장의 넓이가 7,140제곱미터다. 이러한 특성을 살려 수소를 저장하는 데 활용하는 연구가 진행 중이다. 성공만 한다면 아주 작은 공간에 엄청난 양의 수소를 넣을 수 있을 테고, 이는 수소전기차 등 관련 분야에 큰 도움을 줄 것이다. 또한 수분과 만나면 열이 발생하는 특성에 착안해, 열을 저장하는 연구도 진행 중이다.

정리하면 더 저렴하고, 물 흡착량은 더 높으며, 더 낮은 온도에서 사용할 수 있는 흡착제를 찾아야 한다. 갈 길이 멀어 보이지만, 김현호 연구원은 충분히 해결할 수 있을 것으로 전망했다. 정말 그렇게 된다면 수많은 사람을 물 찾는 고통에서 해방해 줄 '신神물질'이 탄생할 것이다. 사막의 대기에서 뽑아낸 물로 다시 전기를 만들고, 수증기를 방출해 태양전지를 식혀 발전 효율을 높이는 시스템도 생각해 볼 수 있다.

미래에 물 하베스팅 기술을 누리게 된다면, 분명 오늘날 애쓴 수많은 연구자 덕분이다. 워런 버핏Warren Buffett은 이렇게 말했다.

"오늘 누군가 그늘에 앉아 쉴 수 있는 이유는 오래전에 누군가 나무를 심었기 때문이다."

스위칭

태양보다 오래된 물

생명체는 물에서 탄생했다. 프로메테우스(Prometheus)가 불을 가져다주었다면, 물은 어디에서 왔을까. 최근 우주 먼지에 맺힌 얼음 알갱이가 물의 시작임이 밝혀졌다. 이 우주 먼지가 새로 태어나는 행성에 섞이며 물이 되는 것이다. 우리 태양계의 물도 똑같은 과정을 거쳐 만들어졌다. 물의 기원을 더듬어 나가면 우주의 신비를 알 수 있다.

7 태양광 발전의 끝판왕

반도체 시장이 점점 커지는 건 그만큼 반도체 수요가 증가하기 때문이다. 우리 주변에 전자 제품이 많아질수록, 또 그것들의 성능이 좋아질수록 반도체 시장도 계속해서 성장할 것이다. 그런데 꼭 그만큼 함께 커지는 분야가 있다. 바로 에너지다.

에너지의 중요성을 모르는 사람은 없을 것이다. 또 얼마나 돈이 되는지도 모두가 안다. 영국의 축구팀 맨체스터 시티 풋볼 클럽Manchester City Football Club 의 구단주 만수르 빈 자이드 나하얀Mansour bin Zayed Al Nahyan은 아랍에미리트의 왕족으로 2015년 기준 개인 자산만 30조 원에 이르는 세계적인 부자다.[33] 1초당 13만 원을 번다고 하는데, 그에게 이런 '미친' 부를 가져다준 것은 바로 석유다.

태양광 발전의 절대 강자, 중국

우리나라는 언제나 산유국을 부러워했다. 고도 성장기를 거치며 많은 에너지가 필요했기 때문이다. 그리고 에너지의 꽃은 언제나 석유였다. '기름 한 방울 안 나는 나라'라는 역설적 표현이나 한·중·일의 이해관계가 얽히고설킨 7광구 개발 등에서 석유를 향한 간절함이 잘 느껴진다.

그런데 최근 들어 석유의 인기가 시들해지고 있다. 에너지 효율이 그리 좋지 않을뿐더러, 무엇보다 환경을 오염시키기 때문이다. 앞서 언급했지만 2020년 9월 세계 최대 규모의 자산 운용 회사인 블랙록은 기업의 ESG를 따져 투자하겠다고 선언했다. 쉽게 말해 환경을 신경 쓰지 않고 사회에 공헌하지 않으며 '갑질'을 일삼는 회사에는 돈을 주지 않겠다는 말이다. 월가^{Wall Street}의 제왕, 블랙록의 말은 가볍지 않다. 애플이나 삼성전자가 환경 보호를 이유로 스마트폰 판매 시 충전기를 빼는 이유일지 모른다.

블랙록뿐인가. 현재 미국의 수장은 환경 보호에 관심이 많은 바이든 대통령이다. 일거수일투족이 뉴스가 되는 머스크도 친환경 에너지 사업에 뛰어들었다. 2016년 태양 전지를 개발하는 솔라시티^{SolarCity}를 인수한 것인데, 아직 큰 성과는 없지만, 테슬라의 전기자동차 등과 연계해 어떤 시너지를 낼지 관심이 집중되고 있다. 이처럼 오늘날 에너지 시장의 대세는 친환경이다. 그리고 그중 가장 유망한 것이 바로 태양광 발전이다.

참고로 우리나라는 꽤 오랫동안 태양광 발전 연구에 공을 들여왔다. 2020년 9월 산업통산자원부가 발표한 보고서에 따르면, 지난 31년간 1조 1,000억 원을 투입했고, 매년 그 규모가 늘어나고 있다.[34] 그런데 뼈아프게도 보고서는 다른 나라와 비교해 사실상 경쟁력이 없다고 지적한다. 실제로 우리나라의 관련 산업은 미국, 유럽, 일본, 중국에 뒤쳐지고 있다. 특히 태양광 발전의 쌀로 불리는 핵심 소재인 폴리실리콘^{polysilicon} 시장은 중국에 완전히 내준 상태다. 심지어 국내 1위의 폴리실리콘 기업인 OCI와 한화솔루션이 중국의 저가 공세에 밀려 철수를 선언했다.[35] 태양광 발전 산업은 반도체 산업에 비해 기술 장벽이 낮다. 결국 자본력과 생산력 싸움이다. 이 부분에서 중국에 압도적으로 밀리는 것이다.

페로브스카이트로 반격을 꾀하다

이제 더는 기회가 없는 것일까. 단언컨대 기회는 있다. 우리나라 정부도 기대를 걸고 있고 그간 엄청나게 많은 연구가 진행된, 앞으로 태양관 발전 시장의 판도를 뒤흔들 것으로 평가받는 페로브스카이트perovskite 태양 전지다. 2009년 미야사카 쓰토무宮坂力 도인요코하마대학교 교수가 페로브스카이트를 태양 전지에 쓸 수 있음을 밝히며 관련 연구에 불이 붙기 시작했다. 페로브스카이트는 폴리실리콘보다 원가를 적게는 3분의 1에서 많게는 10분의 1까지 낮출 수 있고, 발전 효율이 좋아 스마트폰부터 전기자동차, 각종 건물과 발전소까지 온갖 곳에 적용할 수 있다. 무엇보다 유연하고 가벼워 웨어러블 기기에도 안성맞춤이다. 저온에서 처리할 수 있다는 점도 매력적이다. 보통 태양 전지를 만들 때는 소재에 1,400도 이상의 고열을 가한다. 그렇게 높은 온도에서 결함 없는 태양 전지를 만든다는 건 쉬운 일이 아니다. 그런데 페로브스카이트는 고작 100도의 열만 가해도 태양 전지로 만들 수 있다. 두께도 기존 태양 전지의 60분의 1 수준이다.

페로브스카이트 태양 전지. 발전 효율이 좋을뿐더러 잘 휘어 다양한 곳에 쓰일 수 있다. 특히 웨어러블 기기에 적합하다.

반가운 소식은 우리나라가 페

로브스카이트 연구에서 세계 최고 수준이라는 것이다. 성균관대학교, 유니스트, 크릭트^{KRICT, Korea Research Institute of Chemical Technology}(한국화학연구원)에서 삼파전을 벌이며 기술 수준을 높여가고 있는데, 2020년 유니스트 연구팀의 페로브스카이트 태양 전지가 발전 효율 25.5퍼센트를 기록해 세계 최고 성능을 기록했다.[36] 폴리실리콘 태양 전지가 26.7퍼센트 정도의 발전 효율을 보인다는 점에서 엄청난 진전이다. 시장 전망도 나쁘지 않다. 증권사들 보고서를 종합해 보면 2025년 페로브스카이트의 시장 규모는 약 43조 원에 이를 것으로 전망된다.

앞서 짧게 설명했지만, 태양광 발전 산업에서 중국 기업들의 경쟁력은 대단하다. 저가 공세도 무섭지만 기술력도 뛰어나다. 예를 들어 중국의 진코솔라^{Jinko Solar}는 전 세계 신재생 에너지 기업 중 LG화학의 뒤를 이어 열 번째로 큰 규모인데, 유일하게 최고 등급(AAA) 품질의 태양 전지를 생산하고 있다. 이처럼 기존 시장에서 중국을 이기기란 쉽지 않다. 그런데 페로브스카이트는 폴리실리콘보다 저렴하니 중국의 저가 공세를 뛰어넘을 수 있고, 기술력도 우리가 월등하다. 승산 있는 싸움인 것이다. 실제로 2020년 9월 유니스트 연구팀은 《사이언스》에 발전 효율 24.82퍼센트의 페로브스카이트 태양전지를 발표했다.[37] 연구팀은 수소 대신 불소를 넣어 수분에 취약하다는 페로브스카이트의 단점까지 개선했다. 2021년 10월에는 역시 유니스트 연구팀이 발전 효율 25.8퍼센트의 페로브스카이트 태양전지를 개발해 다시 한번 세계 신기록을 경신했다.[38] 페로브스카이트를 태양광 발전에 사용할 수 있음이 밝혀진 지 10년이 조금 지났을 뿐인데, 이토록 엄청난 속도로 발전하고 있으니 놀라울 따름이다.

하이브리드 태양 전지

2021년 2월에는 크릭트 연구팀이 효율을 더 높일 수 있는 소재와 공정을 개발해《네이처》의 표지 논문으로 선정되는 영광을 누렸다.[39] 연구팀이 만든 페로브스카이트 태양 전지의 발전 효율은 1제곱센티미터당 23퍼센트인데, 가장 큰 업적은 크기를 키워도 성능이 떨어지지 않게 했다는 점이다. 이를 위해 좀 더 결함이 적은 소재를 새로 개발했다. 결함은 일종의 장애물이다. 예를 들어 길을 걸어가고 있는데, 갑자기 높이 100미터, 폭 3미터의 절벽이 눈앞에 나타났다고 하자. 가뿐히 뛰어넘을 수 있는 사람도 있겠지만, 대부분은 떨어져 죽을 거다. 전자도 마찬가지다. 이런 절벽, 즉 결함이 적어야 쉽게 이동해 발전 효율이 좋아진다.

물론 아직 페로브스카이트만으로 태양 전지를 만들기에는 여러 가지 문제점이 있다. 수분에 약하고 수명이 짧다. 내가 실제로 만난 연구자 중에는 페로브스카이트에 부정적인 이도 꽤 있었다. 다만 발전 효율도, 또 크기도 실제 사용할 만한 수준에 근접하고 있음은 명백하다.

한편 2019년 5월 유니스트와 신재생 에너지 기업인 신성이엔지 연구팀이 탠덤tandem 태양 전지를 개발, 발전 효율 21.19퍼센트를 기록해《나노 에너지》에 발표했다.[40] 탠덤 태양 전지는 폴리실리콘의

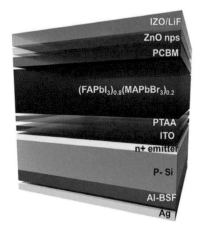

탠덤 태양 전지의 구조.

한계를 우회해 성능을 높인 일종의 '1+1' 태양 전지다. 한마디로 폴리실리콘과 페로브스카이트를 함께 사용하는 것이다. 그림에서 전극인 ITO$^{Indium\ Tin}$ ^{Oxide}(인듐 주석 산화물) 밑의 가장 두꺼운 층이 폴리실리콘, 위의 가장 두꺼운 층이 페로브스카이트다.

폴리실리콘이든 페로브스카이트든 하나만 쓰기에는 부족한 점이 있으니 섞은 것이다. 꼭 가솔린과 전기를 모두 사용하는 하이브리드 자동차를 보는 듯하다. 크릭트의 서장원 연구원은 이러한 탠덤 태양 전지 기술이 페로브스카이트의 발전 효율을 높이는 데 큰 도움이 될 것으로 보았다. 완벽한 페로브스카이트 태양 전지가 개발되기 전까지는 이런 형식의 '하이브리드'가 먼저 시장에 등장할 것이다.

몸풀기는 끝났다

앞서 살펴보았듯이 페로브스카이트는 태양광 발전뿐 아니라 다양한 분야에 적용될 수 있다. "기대되는 유망주에서 필드 선수로 전환을 앞두고 있"는 것이다.[41] 예를 들어 페로브스카이트는 스마트폰부터 텔레비전과 모니터까지 LED를 대체할 수 있다. 실제로 2015년 서울대학교 연구팀은 세계 최초로 페로브스카이트가 발광체로 사용될 수 있음을 밝혀냈고, 2021년 1월에는 직접 초고화질 디스플레이를 개발해 《네이처 포토닉스$^{Nature\ Photonics}$》에 발표했다.[42]

심지어 충전기나 메모리 반도체에도 사용될 수 있다. 조만간 페로브스카이트를 넣어 충전 효율을 크게 높이거나, 아니면 아예 태양 빛을 받아 스스로 충전하는 스마트폰이 나올지 모른다. 실제로 서장원 연구원은 페로브스카이트가 반도체 외의 분야에서도 각광받을 수 있다고, 신병하 카이스트 교수는 페로브스카이트의 상용화를 진지하게 고민해야 할 시점이라고 평가했다. 무엇이 되었든 페로브스카이트는 태양 에너지를 활용할 수 있다는 점에서 가능성이 무궁무진하다. 커즈와일이 말했듯이 지구에 쏟아지는 태양 에너지의 단 1만 분의 1만 활용해도 모든 에너지 수요를 완벽하게 충족할 수 있을 테니까.

증폭 8 에너지를 뻥튀기하다

내 유튜브 채널에서 자주 언급하는 세계적인 학술지 세 개가 있다. 바로《네이처》,《사이언스》,《셀》이다. 학술지계의 하버드대학교랄까. 앞서 설명했듯이 NSC에 논문을 발표한다는 건 꿈 같은 일이다. 유명 대학교 교수나 최고 수준의 기업에 속한 연구자원 중에도 그런 영광을 경험한 이는 흔치 않다. 만약 1저자로 이름을 올린 논문이 NSC에 발표되면 어디를 지원해도 최소한 서류만큼은 무사 통과될 것이다.

그리고 2021년 1월 크릭트 연구팀의 연구가 NSC의 N, 즉《네이처》의 표지 논문으로 선정되었다.[43] (〈증폭 7〉 꼭지에서 소개한 2021년 2월《네이처》의 표지 논문으로 선정된 크릭트 연구팀의 연구와 다른 것이다.) 연구팀은 세계 최초로 광사태를 극대화하는 나노 입자를 발견했다! 언론에서 대서특필한 것은 당연하고, 이를 발빠르게 소개한 내 유튜브 채널도 화제가 되었다.

빛이 일으키는 눈사태

보통 빛은 무언가를 투과할 때마다 점점 어두워진다. 에너지를 잃는 것이다. 아주 상식적인 이야기다. 예를 들어 몸무게가 60킬로그램인 사람이 백화점에 들어갔다고 하자. 다섯 시간 정도 아무것도 먹지 않고 열심히 쇼핑한 다

242

음 몸무게를 재면 최소 몇 그램이라도 줄었을 것이다. 에너지를 사용했기 때문이다. 그런데 광사태는 이런 상식을 거부한다. 작은 에너지(긴 파장)의 빛이 들어갔는데, 큰 에너지(짧은 파장)의 빛이 나온다. 이렇게 마치 눈사태가 일 듯 에너지가 커지는 것이 바로 광사태다. 엄밀히 말해 광사태 자체가 처음 발견된 현상은 아니다. 다만 연구팀은 광사태가 더욱 큰 폭으로 일어나게 했다. 교신 저자인 서영덕 크릭트 연구원의 비유를 그대로 인용하면 이렇다. 키(빛)가 작은 아이를 성장 촉진제가 들어 있는 상자(나노 입자)에 넣었다가 꺼낸다. 과거에는 100명을 넣으면 키가 커지는 아이는 한 명이 될까 말까 했는데, 연구팀은 40~50명의 키가 커지는 상자를 만든 것이다.[44] 성능이 40~50배 개선된 것이니 대단한 성과라 할 수 있다.

이 내용을 영상으로 만들어 유튜브 채널에 올리니 많은 사람이 에너지가 어디에서 온 것이냐고 물었다. 없던 에너지가 생겼다고 이해하는 것이다. 그

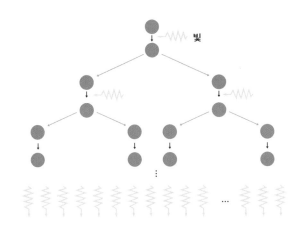

광사태가 진행되는 과정. 나노 입자에 빛을 여러 번 쏘면, 그 안에서 에너지가 증폭되며 더 강한 빛을 방출한다.

런데 광사태는 어떤 에너지를 추가로 받는다기보다는, 작은 에너지의 빛들이 합쳐지며 큰 에너지의 빛이 되는 것이다. 정말 눈사태와 흡사하다.

광사태의 가능성은 무궁무진하다. 우선 태양 전지에 사용할 수 있다. 태양광 발전 산업이 지지부진한 이유는 기본적으로 발전 효율이 좋지 못하기 때문이다. 그런데 광사태는 이를 크게 개선할 수 있다. 태양 빛의 작은 에너지를 큰 에너지로 바꿀 수 있으니까. 자율주행자동차도 적용 대상이다. 자율주행자동차의 필수 장비인 라이다는 레이저를 이용해 주변 공간을 파악하는데, 안개가 짙게 끼거나 아주 어두운 곳을 지날 때 광사태가 큰 도움을 줄 것이다. 실험실에서 아주 작은 물질을 다룰 때도 유용하다. 실제로 연구팀은 광사태를 이용해 25나노미터 크기의 물질을 관측하는 데 성공했다.

연구팀이 광사태의 효과를 극대화한 데는 새로 개발한 나노 입자의 덕이 컸다. 이 나노 입자의 핵심은 바로 툴륨이라는 특별한 원소다. 연구팀은 최적의 공정과 조성비를 찾기 위해 엄청난 횟수의 실험을 진행했을 것이다. 그결과 툴륨의 농도를 8퍼센트 이상 높인 조성에서 최적의 나노 입자가 만들어진다는 것을 밝혀냈다. 이렇게 탄생한 나노 입자는 무기물로, 쉽게 말해 유리와 비슷하다. 탄소가 들어간 유기물은 쉽게 썩지만, 무기물은 그렇지 않다. 수백, 수천 년 된 유리나 도자기가 여전히 형태를 유지하는 것이 좋은 예다. 그만큼 구조가 안정적이라는 뜻이다.

거인들의 연대기

앞으로의 과제는 나노 입자를 좀 더 최적화하는 것이다. 앞의 비유로 다시 한번 설명하자면, 지금 나온 상자는 160센티미터 이상인 아이만 들어갈 수 있다. 그리고 180센티미터까지만 커지게 한다. 이를 140센티미터인 아이까지 들어갈 수 있게, 200센티미터까지 커지게 개선하는 것이다. 즉 더 많은 에너지가 들어가게 하고, 더 강한 에너지가 나오게 해야 한다.

나는 이 연구를 살펴보며 굉장히 많은 연구자가 오랜 기간 노력하며 작은 결과를 쌓고 쌓은 끝에 달성한 성취라는 느낌을 받았다. 실제로 2009년 서영덕 연구원은 더 큰 에너지를 내보내는 입자에 관한 연구를 《어드밴스드 머터리얼스》에 발표한 바 있고, 이번 논문의 교신 저자인 제임스 셔크[P. James Schuck] 컬럼비아대학교 교수도 같은 해에 비슷한 내용의 연구를 진행했다. 이를 계기로 두 사람은 10년 넘게 상호 교류하며 이번 연구의 초석을 다져왔다. 연구팀이 25나노미터 크기의 아주 작은 물질을 관측한 것도, 관측 영역을 빛의 한계를 넘어 400나노미터 이하로 끌어내린 세 명의 연구자, 즉 에릭 베치그[Eric Betzig] 하워드휴스의학연구소[Howard Hughes Medical Institute] 연구원, 슈테판 헬[Stefan Hell] 막스플랑크연구소[Max Planck Institute] 연구원, 윌리엄 머너[William Moerner] 스탠퍼드대학교 교수 덕분이다. 이들은 초고해상도 현미경 연구를 주도한 공로를 인정받아 2014년 노벨화학상을 받았다.

과학이란 이런 것이 아닐까. 앞서 진리를 탐구하고 길을 개척한 거인들이 있지 않았다면 오늘날 우리를 놀라게 하는 연구들도 없을지 모른다. 뉴턴은 어떻게 해서 그토록 엄청난 업적을 달성했냐는 물음에 이렇게 답했다.

"내가 남들보다 멀리 내다볼 수 있었던 것은 거인들의 어깨 위에 올라서 있었기 때문이다."

NEXT
SCENARIO

4장

반도체 인간의
탄생

1

뇌와 하나 되는 반도체 기술, BCI

뇌에서 보내는 신호(뇌파)를 컴퓨터가 완벽히 읽고 분석한다면, 또 반대로 컴퓨터가 보내는 신호를 뇌가 완벽히 인식한다면, 가상현실에서 무엇을 하든 현실과 동일한 느낌을 받을 것이다. 그 수준에 이르려면 당연히 넘어야 할 기술적 장벽이 많다. 우선 뇌를 완전히 파악하는 일조차 쉽지 않다. 그래도 포기할 수 없는 건 극한의 생생함 때문이 아닐까.

지금도 VR 헤드셋을 쓰고 촉각을 전달하는 의상을 입으면 가상현실에 발을 담글 수는 있지만, 아직 걸음마 수준이다. 영국 드라마〈블랙 미러Black Mirror〉의 '스트라이킹 바이퍼스Striking Vipers'라는 화를 보면, 뇌와 상호 작용하는 특수한 기기를 착용하고 가상현실로 구현된 동명의 격투 게임을 즐기는 사람들이 나온다. 어찌나 진짜 같은지 고통부터 쾌감, 분노부터 사랑까지 모든 감각을 느낀다. 어떤 지점에서는 현실을 초월하는데, 예를 들어 두 남성이 게임에 접속해 한 명은 여성을, 다른 한 명은 남성을 고른 다음 섹스하는 식이다. 진짜보다 진짜 같은 (그래서 현실의 성별조차 무의미해진) 세상이 탄생한 것이다. 이 정도는 되어야 진정한 가상현실이라고 할 수 있다.

뇌라는 소자

우리는 왜 이런 가상현실을 원할까. 2021년 3월 아이돌 그룹 브레이브 걸스$^{Brave\ Girls}$의 〈롤린$^{Rollin'}$〉이라는 곡이 흥행에 성공했다. 2017년 3월에 발매된 노래이니, 무려 4년 만의 역주행이다. 많은 사람이 이 노래의 성공을 응원했는데, 이 현상을 누군가 이렇게 설명했다. "우리도 열심히만 하면 언젠가 빛을 볼 수 있다고 믿고 싶기 때문이 아닐까." 그렇다. 현실의 한계를 뛰어넘고 싶기 때문에 사람들은 종종 빛이 되어줄 무언가에 그토록 매달린다. 그리고 가상현실은 가장 강력한 빛이다. 생각해 보라. 99.99퍼센트의 사람은 한강이 보이는 아파트에 살 수 없다. 하지만 가상현실에서는 어렵지 않다. 현실에서 감히 할 수 없는 일탈도 가상현실에서는 아무 부담 없이 저지를 수 있다. 욕망의 분출이랄까. 현실에서는 '아싸'인 사람이 가상현실에서는 '인싸'가 될 수 있다면? 현실의 성^{性}을 가상현실에서 바꿀 수 있다면? 현실에서는 월셋집을 전전하는 사람이 가상현실에서는 팬트하우스에 살 수 있다면? 현실에서는 뚜벅이 신세인 사람이 가상현실에서는 롤스로이스$^{Rolls-Royce}$ 팬텀^{Phantom}을 몰 수 있다면? 무엇보다 이 모든 행위를 현실과 똑같은 수준으로 감각할 수 있다면? 누가 될지 모르지만, 이런 가상현실을 구현하는 사람은 인류 역사를 새로 쓰게 될 것이다. 인간의 본능을 자극하고 현실의 한계를 깬다는 점에서 가상현실은 확실한 미래다.

진정한 가상현실이 구현되려면 뇌의 신호를 정확히 읽어내는 기술이 필수다. 연장선에서 최근 등장한 개념이 바로 BCI다. 말 그대로 뇌와 컴퓨터를 직접 연결해, 뇌파로 컴퓨터를 제어하는 기술이다. 뇌파를 측정하는 이유는 가장 간단하고 확실하며 싸기 때문이다. 뇌에 직접 기기를 설치하거나, 헤드셋 같은 기기를 써 뇌파를 측정한다. 미래에는 이를 이용해 가상현실 속 캐릭터(나)뿐 아니라 현실의 휠체어나 의지義肢, 로봇 등도 자유롭게 조종할 것이다.

관련 연구는 미국 국방성 산하의 다르파DARPA, Defense Advanced Research Projects Agency(방위고등연구계획국)와 나사가 가장 앞서 있다. 실제로 우리나라는 BCI를 연구하는 곳이 거의 없지만, 미국은 대부분의 대학교와 연구소에서 연구 중이다.[1] 이렇게 활발하게 연구하는 데는, 이 기술이 당장 현실에서 쓰임이 많기 때문이다. 발성 기관을 크게 다친 사람이 있다고 하자. 그 사람은 발성 기관이 망가져 말하지 못하는 것일 뿐, 뇌는 계속 신호를 보내고 있다. 이 신호를 컴퓨터에 보내면 스피커로 대신 말해줄 것이다. 다리를 다친 경

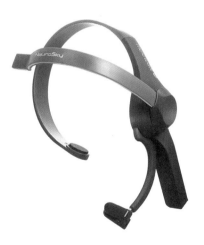

마인드웨이브 모바일 2. 뇌파를 실시간으로 측정해 집중도 등을 확인할 수 있다.

우도 마찬가지다. 뇌는 어디로 가자는 신호를 계속해서 보내고 있다. 이 신호를 움직이지 못하는 다리 대신 휠체어로 보낸다면 자유롭게 이동할 수 있다. 여전히 많은 사람이 SF 영화에나 나올 일로 치부하지만, BCI 관련 각종 기기를 개발하는 기업 뉴로스카이^{NeuroSky}가 뇌파를 읽는 헤드셋인 마인드웨이브 모바일$^{Mindwave\ Mobile}$을 실제로 판매 중이다. 가격도 매우 싸 20만 원 안팎이다. 누군가에게 BCI는 이미 현실인 셈이다.

해킹의 위험

물론 갈 길이 멀다. 무엇보다 보안 문제를 해결해야 한다. 예를 들어 뇌에 설치한 기기를 누군가 해킹해 목소리부터 움직임까지 모든 것을 통제한다면 어떻게 될까. 한발 더 나아가 자유의지까지 박탈해 버린다면? 지금도 타인의 컴퓨터를 해킹하면 내 것처럼 자유롭게 쓸 수 있는데, 뇌를 해킹하면 어떤 일이 벌어질지 생각만 해도 끔찍하다. 그런데 많은 연구자가 이 문제를 간과한다. BCI 기술은 이제 막 걸음마를 뗀 수준이기에, 굳이 지금부터 걱정할 필요가 없다고 생각하기 때문이다. 하지만 지금도 얼마든지 뇌를 해킹할 수 있다. 2020년 3월《국립 과학 리뷰$^{National\ Science\ Review}$》에 실린 화중과기대학교 연구팀의 연구가 이를 증명한다.[2]

앞서 BCI를 설명하며 컴퓨터가 뇌파를 읽고 대신 말해주는 시스템을 예로 들었는데, 그와 비슷하게 글자를 표시해 주는 시스템이 있다. 뇌파 중 P300이나 SSVEP$^{Steady-State\ Visually\ Evoked\ Potential}$(정상 상태 시각 유발 전위)

에 반응해, 머릿속으로 어떤 글자를 생각하면 컴퓨터 모니터에 그대로 표시해 주는 것이다. P300은 시각이나 청각 등의 자극에 0.3초 후 반응하는 뇌파다. 이를 활용해 'A'를 보고 0.3초 후의 뇌파, 'B'를 보고 0.3초 후의 뇌파, … 'Z'를 보고 0.3초 후의 뇌파를 모두 측정 및 구분한다면, 사용자는 보는 것만으로 자신이 원하는 글자를 짚을 수 있다. 그렇게 글자를 모아 단어와 문장을 만들어 가는 것이다. SSVEP는 시각적 자극에 반응하는 뇌파로, 역시 비슷한 과정을 거쳐 글자를 표시한다.

연구팀은 그 과정에서 뇌파를 오염시킬 수 있는지 실험했다. 즉 컴퓨터가 뇌파를 읽을 때 아주 미세해서 검출하기 어려운 수준의 잘못된 신호를 섞은 것이다. 그러면 사용자가 'A'를 생각해도, 컴퓨터는 'a'로 오인할 수 있다. 사실 정상적으로 설계된 시스템이라면 이 정도 방해는 걸러내야 한다. 그런데 현재 사용되고 있는 대부분의 시스템이 전혀 대비되어 있지 않았다. 연구팀은 아주 손쉽게 시스템을 교란했다. "이 연구는 지금 사용되는 뇌파 기반 시스템들이 얼마나 보안에 취약한지 알려

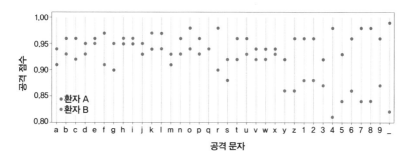

뇌를 해킹한 결과. 공격 점수가 1에 가까울수록 환자의 의사 표현을 성공적으로 방해한 것이다.
두 환자에게서, 또 모든 글자에서 90퍼센트 가까운 공격 성공률을 기록했다.

주는 계기가 된다."

예를 들어 눈만 움직일 수 있는 중증 사지 마비 환자가 있다고 해보자. 이 사람은 BCI를 이용해 자기 생각을 컴퓨터 모니터에 글로 표시하는데, 누군가 나쁜 마음을 먹고 시스템을 해킹한다면 어떻게 될까. 그때부터 해커가 원하는 내용만 표시할 수 있게 될 테고, 이는 그 사람의 각종 권리를 심각하게 침해할 것이다.

"과학은 완벽하지 않다"

이토록 보안이 취약하다니! BCI가 갈 길이 먼 것은 분명해 보인다. 가상현실을 구현하기 위해 뇌와 상호 작용하기는커녕, 연결하는 것부터 문제가 있으니 말이다. 가상현실이 제대로 작동하려면 일단 뇌파를 완벽히 읽어야 한다. 그래야만 우리가 그토록 바라는 새로운 세계의 문을 열 수 있다. 그 과정에서 다른 신호가 침투하지 않도록 철저한 문단속이 필요하다. 그런데 이게 생각보다 굉장히 어렵다고 한다. 컴퓨터 바이러스나 소프트웨어 크랙crack을 완전히 막는 게 거의 불가능하다는 걸 생각해보면 된다.

한발 더 나아가 BCI는 윤리적 문제도 분명 일으킬 것이다. 뇌파를 읽고 해석한다는 것은 말 그대로 머릿속을 들여다보는 일인데, 이는 사생활 문제와 연결된다. 이러한 걱정을 상상력이 너무 과한 탓으로 치부해서는 안 된다. 아인슈타인은 상상력이 지식보다 중요하다고 했다. 역사에 이름을 남긴 수많은 위인은 대부분 몽상가였다. 세상에 완벽한 기술은 없다. 누군가 그런 말을 한다면 99.99퍼센트 거짓말이다. 완벽하지 않기 때문에 어떻게 쓸지가 정말 중요하다. 칼 세이건$^{Carl\ Sagan}$은 이렇게 말했다.

> "과학은 완벽하지 않다. 과학은 잘못 사용될 수 있다. 과학은 단지 도구일 뿐이다."

인공 뇌에도 영혼은 있는가

현대 과학은 줄기세포를 이용해 아주 기초적인 수준의 뇌를 만들 수 있다. 최근에는 인공 뇌에서 눈이 자라나 주목받기도 했다. 기술이 더 발전해 인공 뇌가 실제 뇌처럼 전기 신호를 발생시켜 의식 활동을 한다면 영혼은 어떻게 되는 걸까. 죽은 돼지를 대상으로 한 실험에서 뇌의 일부를 되살리는 데 성공하기까지 했는데, 이렇게 '부활한' 돼지는 죽기 전의 돼지일까, 새로운 돼지일까. 과학 발전은 윤리적·철학적 문제와 떼어놓을 수 없다.

2

반도체가 내 마음을 안다면

뇌파를 읽어 사용자의 생각을 글이나 음성으로, 특정 행동으로 표현하는 것은 사실 BCI의 아주 일부 기능이다. 더욱 흥미로운 점은 스스로 사용자를 학습한다는 것이다. 그렇게 해서 사용자의 생각을 정확히 이해할 뿐 아니라, 심지어 예측까지 한다.

예를 들어 반도체를 전공하는 대학원생이 있다고 하자. 그는 매일 관련 논문을 찾아 읽으며, 특히 패키징 공정을 다룬 내용은 따로 모은다. 그렇게 열심히 공부하는 중에 하루는 갑자기 컴퓨터 게임이 너무 하고 싶어졌다. 갈등하고 있는데, BCI가 갑자기 혼자 작동하더니, 읽어야 할 논문 목록과 패키징 공정 관련 내용을 잘 정리해 워드프로세서 파일로 만들어서 이메일로 보내는 것 아닌가. 워드프로세서 파일을 여니 첫 줄에 이렇게 쓰여 있다. "주인님이 중요하다고 생각할 부분만 골라서 야무지게 정리했습니다. 마음 놓고 게임 하세요."

"말하지 않아도 알아요"

최근 컴퓨터공학과 신경과학 분야에서 BCI를 집중적으로 연구 중이다. 특히 속도와 정확성을 높이는 데 초점을 맞추고 있다. 즉 우리가 생각하는 속도를 BCI가 따라올 수 있는지, 정확히 포착할 수 있는지가 핵심이다. 이는 단순한 음성 인식과는 차원이 다르다. 훨씬 어렵다. 뇌파를 읽고 이해해야 하기 때문이다. 그런데 2020년 4월 샌프란시스코대학교 연구팀이 속도와 정확성을 극대화하는 기술을《네이처 뉴로사이언스 *Nature Neuroscience*》에 발표했다.[3] 지금까지 개발된 BCI는 뇌파를 분석하는 속도도 느리고 정확성도 많이 떨어졌는데, 연구팀은 이 부분을 대폭 개선했다.

연구팀은 우선 뇌병변 장애를 앓는 환자 네 명에게 30~50개의 문장을 말하게 했다. 즉 환자들이 연구팀이 제시한 문장을 '생각하게' 한 것이다. 이때 연구팀은 환자들의 뇌에 120~250개의 전극을 붙여 컴퓨터가 실시간으로 신경 활동을 분석할 수 있게 했다. 컴퓨터는 주파수가 70~150헤르츠인 뇌파를 3회에 걸쳐 추출, 분석해 환자가 어떤 문장을 생각하는지 예측했다.

과연 얼마나 잘 맞추었을까. 컴퓨터가 인간의 뇌 활동을 얼마나 정확하게 맞추는지 표시하는 수치가 있다. WER^Word Error Rate이라고 하는데, 2014년 워싱턴대학교 연구팀이《머신 러닝 연구 저널*Journal of Machine Learning Research*》에 발표한 연구[4]와 2017년 마이크로소프트 연구팀이《음성 및 언어 처리에 관한 IEEE/ACM 방식*IEEE/ACM Transactions on Audio*

Speech and Language Processing》에 발표한 연구[5]에 따르면, 0퍼센트면 완벽한 수준, 5퍼센트면 전문적인 수준, 20~25퍼센트면 사용 가능한 수준이다. 샌프란시스코대학교 연구팀은 WER을 기준으로 환자 네 명에 대한 정확도를 측정했다. 그래프에서 x축은 연습 횟수다. 즉 연구팀은 연습 횟수를 늘려가며 컴퓨터가 스스로 학습해 WER을 낮추도록 했다. 일종의 머신 러닝이다. 그래프를 보면 알 수 있듯이 연습 횟수가 5회 이하일 때는 WER이 매우 높다. 그러나 연습 횟수를 늘리자 WER도 비례해서 낮아진다. 머신 러닝으로 컴퓨터가 환자들의 생각을 정확히 예측하게 된 것이다. 환자 B의 데이터는 특히 극적인데, 연습 횟수가 열 번도 안 되지만 WER은 0퍼센트에 수렴한다. 다른 환자들도 연습 횟수가 열다섯 번을 넘어가면 WER이 20퍼센트 이하로, 즉 사용 가능한 수준까지 떨어

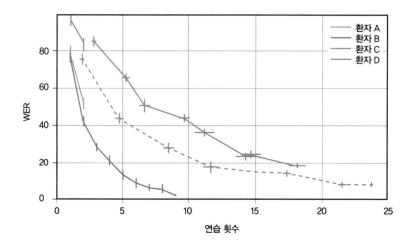

환자별 WER. 연습을 반복할수록 WER이 낮아진다.

진다. 환자에 따라 편차는 있지만, 고작 40분 정도의 머신 러닝만으로 BCI의 정확도가 엄청나게 높아진 것이다.

"그 시금치는 유명한 가수다"

비록 완벽한 수준은 아니지만, 그래도 사용 가능한 수준까지 WER을 낮추었다는 데서 대단한 연구임이 틀림없다. 이 정도로 정확하게 뇌파를 분석하는 시스템은 일찍이 없었다. 전문 번역가들은 전체 내용의 5퍼센트 정도를 오역한다고 한다. 그런데 환자 중 한 명은 WER이 거의 0퍼센트에 달했으니, 그보다 나은 셈이다. 무엇보다 이 연구는 인간이 말할 때 머릿속에서 어떤 변화가 일어나는지, 그 구체적인 데이터를 최초로 제시했다는 데 의의가 크다. 《네이처》의 자매지에 실린 이유다. NSC는 '최초'를 좋아한다.

물론 한계점도 아주 명확하다. 잠시 다음 문장들을 살펴보자.

- "그 시금치는 유명한 가수다."
- "오아시스는 환상이었다."
- "몇몇 어른, 아이는 먹혔다."
- "거기에는 쿠키를 훔치는 걸 도와주는 중증인 남자가 있다."

도대체 무슨 말인가. 단어들을 무작위로 배치한 듯한 이 문장들은 컴퓨터가 환자의 생각을 잘못 파악한 결과다. 예를 들어 "그 시금치는 유명한 가수다"라는 엉뚱한 문장은 환자가 "그 음악가들은 멋진 화음을 보여주었다"라는 문장을 읽었을 때의 뇌파를 잘못 해석한 결과다. 무엇보다 고작 환자 네 명을 대상으로, 50여 개의 문장만을 가지고 연구했을 뿐이니, 아직 갈 길이 멀다. 크리스티안 헤르프 Christian Herff 마스트리흐트 대학교 연구원은 이렇게 평했다. "사람의 생각을 읽었다기보다는, 사람이 말할 때의 뇌 활동을 번역했다."[6]

마음을 읽는 기술

컴퓨터가 인간의 생각을 정확히 읽는 일은 먼 미래에나 가능할 것이다. 그냥 생각만 할 때와 말을 내뱉을 때의 뇌 활동은 차이가 크다. 그래도 마음을 읽는 연구의 기초는 닦였다. 컴퓨터가 사람이 말할 때의 뇌 변화를 읽어내는 실험은 이번이 최초였다. 헤르프 연구원은 "인간의 마음을 읽는 건 한참 후의 일이겠지만, 관련 연구는 앞으로 계속될 것이다"라고 보았다. 그러니 분명 수십 년 뒤에는 컴퓨터가 인간의 생각을 완벽히 읽고 일을 대신 처리해 주거나 도와줄 세상이 올 것이다. 예를 들어 아침에 일어나 날씨를 궁금해하면 곧바로 오늘의 날씨를 검색해 알려주고, 배가 고프다고 생각하면 먹고 싶은 음식까지 파악해 식당을 예약하는 식이다. 이러한 기능은 특히 장애인에게 큰 도움이 될 것이다.

컴퓨터의 아버지 앨런 튜링 Alan Turing 은 미래에 누구나 작은 컴퓨터를 휴대할 것이라 보았는데, 당대에 이를 진지하게 생각하는 사람은 아무도 없었다. 하지만 정말 그의 말대로 오늘날 많은 사람이 손안에 작은 컴퓨터, 즉 스마트폰을 들고 다닌다. 그는 이렇게 말했다.

"미래에 사람들은 작은 컴퓨터를 가지고 공원에서 산책하며 말할 것이다. '아침에 내 작은 컴퓨터가 재미있는 농담을 하더군'이라고."

스위칭

BCI의 시장성을 극대화할 무선 통신

뇌파를 측정하는 기술은 오래전부터 의료 현장이나 연구실에서 꾸준히 사용되었다. 이때 뇌파를 제대로 측정하기 위해서는 각종 기기를 신체에 주렁주렁 매달아야 한다는 단점이 있었다. 그런데 초대형 기업들이 BCI 연구에 뛰어들며 관련 기기들이 빠르게 간소화되고 있다. 최근 무게 42그램에 불과한 작은 송신기만으로 뇌파를 정확히 측정해 무선으로 전송하는 기술이 개발되었다. 연구팀은 신경과학 기업과 계약을 맺고 상용화에 박차를 가하고 있다.

나도 모르는 나를 지키는 양자 보안

아직 법은 없지만, 뇌 해킹은 분명 굉장한 범죄로 취급될 것이다. 해커가 내 생각과 움직임을 통제할 뿐 아니라, 머릿속 온갖 정보를 자유롭게 빼낼 테니까. 뇌와 컴퓨터를 연결할 때 철저한 보안이 무엇보다 중요한 이유다. 그리고 그 핵심에 양자역학이 있다.

동전을 던진 다음 재빨리 잡아채면 손바닥을 폈을 때 동전의 앞면이 보일지, 뒷면이 보일지 알 수 없다. 아무리 머리를 굴려도 알 수 없다. 누구나 마찬가지다. 동전의 상태를, 찍어 맞추는 게 아니라, 확실히 알 수 있는 사람은 단 한 명도 없다.

이럴 경우 양자역학은 동전의 상태가, 즉 앞면과 뒷면이 동시에 중첩되어 있다고 설명한다. 한마디로 여러 가지 상태가 동시에 존재한다! 직관적으로 이해되지 않지만 받아들여야 한다. 파인먼은 어느 강의에서 이렇게 말했다. "내가 말할 내용을 여러분은 결코 이해하지 못할 것입니다. 왜냐하면 나 자신도 이해하지 못하기 때문이죠. 그러니까 여러분도 자연 자체가 터무니없는 존재라는 사실을 받아들이는 게 좋을 겁니다."

나를 훔치는 범죄에 대비하라

2015년 그레그 게이지^{Greg Gage}라는 신경과학자가 비영리 강연회인 테드^{TED, Technology, Entertainment, Design}에 참가해 굉장히 흥미로운 실험을 보여주었다. 그는 한 여성 관객의 팔에 전극을 붙여 그녀의 뇌가 어떻게 작동하는지 실시간으로 분석했다. 예를 들어 뇌가 팔을 움직이라고 신호를 보낼 때, 그 신호를 팔에 붙인 전극으로 확인하는 것이다. 이때 모든 신호는 전극에 연결된 컴퓨터에 기록되었다. 이어서 여성 관객에게 붙인 전극과 이어지는 또 다른 전극을 한 남성 관객의 팔에 붙였다. 그러자 놀라운 일이 벌어졌는데, 여성이 생각한 대로 남성의 팔이 움직였다. 여성이 손을 굽히면 남성은 자신의 의지와 상관없이 손을 굽혔다. 여성의 뇌가 보낸 신호가 남성의 팔에 영향을 미친 것이다.

이는, 단언컨대, 빠른 시일 내에 바로 우리가 겪게 될 일, 또는 범죄다. 앞서 설명했듯이 뇌와 연결된 컴퓨터는 단순히 뇌의 명령을 알아듣고 실행하는 것을 넘어서 뇌가 무엇을 원할지까지 예측할 것이다. 예를 들어 '오늘 치킨이 먹고 싶네'라고 생각만 해도, 내 평소 입맛을 분석해 가장 알맞은 치킨 음식점을 추천해 주는 식이다. 굉장히 편리해 보이지만, 반대로 생각하면 컴

게이지의 실험 장면. 여성 관객이 팔을 올리자 남성 관객의 팔도 올라간다. 게이지는 "자유의지를 훔쳤다"라고 표현했다. QR 코드에 접속하면 전체 영상을 볼 수 있다.

퓨터를 통해 내 모든 생각과 정보에 접근할 수 있어 매우 위험하다. 컴퓨터를 해킹당하면 그 안의 자료만 잃고 끝이지만, 뇌를 해킹당하면 나라는 인간 자체를 잃을 수 있다. 자유의지까지 포함해서 말이다. 앞서 보았듯이 이러한 뇌 해킹은 그리 어렵지 않다. 컴퓨터가 뇌파를 잘못 읽도록 교란하는 수준의 실험은 이미 성공했고, 이론적으로 컴퓨터로 보내는 뇌파를 중간에 훔치는 것도 충분히 가능하다. 다 떠나서 딱 하나만 묻자. 여러분은 지금 쓰는 인터넷에 뇌를 연결할 수 있는가. 나는 절대 못 한다.

하지만 초연결 시대라는 대세를 거스를 수도 없다. 나는 최근 조명을 몇 개 샀다. 내가 집에 오면 알아서 불이 들어온다. 스마트폰으로 색이나 밝기도 자유롭게 조절할 수 있다. 이처럼 앞으로 점점 더 많은 전자 제품이 상호 연결될 것이다. 이러한 흐름에서 뇌도 자유로울 수 없다. 그러니 더더욱 보안 문제를 해결해야 한다.

세상에서 가장 강력한 열쇠

가장 주목받는 해결책이 바로 빛 입자(광자)에 정보를 실어 전달하는 양자 통신이다. 이때 빛 입자는 양자역학적 특성을 띤다. 즉 측정하기 전에는 어떤 상태인지 모른다. 빛 입자가 어떤 방향으로 도는지, 정확히 어떤 위치에 있는지 등을 알지 못하는 것이다. 더 정확히 말해 결정되어 있지 않다. 예를 들어보자. 내 일거수일투족을 알고 싶어 하는 사람이 있다. 그런데 나는 프리랜서라 마음 가는 대로 움직인다. 갑자기 차를 몰고 바다를 보러 동해에 갈 수도 있고, 자전거를 타고 한강을 한 바퀴 돌 수도 있다. 아니면 걸어서 동네 편의점에 갈 수도 있다. 그러니 내가 정말 어디로 가기 전까지 나는 저 모든 가능성을 품고 있는 상태다. 딱 이 정도로만 이해하면 된다.

이를 양자 통신에 적용하면 이렇다. 정보를 암호화해 안전하게 주고받되 송신자와 수신자가 모두 열쇠를 가지고 있는다. 어느 한쪽만 열쇠를 가지면 정보가 공유되지 않으므로 실패한 암호다. 암호의 역할은 정보가 새어 나가지 않게 하는 것이지, 정보 자체를 영원히 봉인하는 게 아니니까. 이때 열쇠는 0과 1의 조합이고, 정보는 0과 1이 중첩되어 확정되지 않은 상태다. 미시 세계의 법칙은 거시 세계와 다르다. 상식 밖이지만 받아들여야 한다. 이렇게 상태를 알 수 없는 정보를 열쇠로 측정하면 그때 비로소 값이 확정된다. 애초에 정보가 확정되지 않은 상태이니, 보안 문제를 완벽히 해결한다.

관련 내용을 영상으로 만들어 유튜브 채널에 올리고 이 꼭지를 쓰기 위해 한상욱 키스트 양자정보연구단장에게 자문을 구하며 허점은 없는지 물었다. 그러자 예상 외로 완벽하다는 답이 돌아왔다. 이론상 양자 통신은 완벽하게 안전하다는 것이다. 최소한 뇌와 컴퓨터가 통신하는 과정에서 해킹당할 걱정은 하지 않아도 된다. 다만 부수적인 시스템과 장치들에서 공격당할 위험은 있다고 한다. 그래도 굉장히 우수한 보안 방식임은 분명하다.

양자역학 기술의 높은 벽

그렇다면 경제적 가치는 얼마나 될까. 한상욱 단장의 표현을 빌리자면, "쉽게 추산하기 어려울 정도"로 막대하다. 우리나라는 이토록 큰 시장을 선점하기 위해 열심히 노력하고 있다. 우선 키스트가 2012년 정부출연연구기관 최초로 전문 조직을 만들어 양자 통신과 양자 컴퓨터, 양자 시뮬레이션 등의 연구를 이끌고 있다. 실제로 키스트는 세계 최초로 다자간 양자 통신망을 구

IBM이 개발한 양자 컴퓨터 IBM Q. 원통 모양의 냉각 장치를 벗기면 진짜 모습이 드러난다. 현재 양자 컴퓨터 개발은 IBM과 구글이 가장 앞서 있다. 양자 통신은 누가 선점할까.

축했다. 암호를 가진 다섯 대의 단말기를 1대 4 구조로 10킬로미터씩 떨어뜨려 놓고 양자 통신을 시도해 성공한 것이다. 또한 키스트는 현대중공업과 협업해 방산 및 산업 기술 보호를 위한 보안 체계를 구축 중이다.

하지만 객관적으로 볼 때 우리나라의 기술력은 초라한 수준이다. 세계적인 수준과 비교하면 격차가 5년 정도 벌어져 있다고 한다. 한상욱 단장도 "우리나라가 기술 패권을 가져오기는 힘들다"라고 말했다. 양자역학 기술은 무엇이 되었든 난이도가 굉장히 높다. 하루이틀 공들인다고 결과가 나오지 않는다. 막대한 비용과 시간을 투자할 수밖에 없다. 그래도 당장 눈에 띄는 성과를 얻지 못할 수 있다. 하지만 계속해서 시도하면 분명 값진 결과를 얻을 수 있을 것이다. 특히 우리나라는 연계 분야인 반도체와 광통신 분야의 강자다. 그러니 양자역학 연구에서도 강국이 못 될 이유가 없다.

머리를 맞대고 양자의 세계로

양자역학 연구는 소수의 천재가 이끈다고 지적하는 사람도 있다. 맞는 말이다. 일반적인 연구자는 엄두도 못 낼 분야다. 실제로 많은 연구자가 열정을 품고 뛰어들었다가 좌절을 겪는다. 관련해서 양자역학 연구에 필요한 자질이 무엇인지 한상욱 단장에게 물었다. 그러자 한 가지 일화를 들려주었다. 2020년 미국물리학회American Physical Society에서 양자역학 기술을 연구하고 상용화하는 기업들이 구인난을 겪고 있다는 소식이 공유되었다고 한다. 양자역학 전문가는 실제 사용 가능한 제품을 개발하는 데 어려움을 느끼고, 제품 개발자는 양자역학을 이해하는 데 어려움을 느끼기 때문이다. 결국 양자역학 기술이 적용된 우수한 제품이 만들어지려면 여러 분야의 연구자가 머리를 맞대야 한다. 그러니 양자역학을 전공하지 않았더라도 충분히 도전할 수 있다. 실제로 구글이나 IBM에서 양자 컴퓨터를 개발할 때 양자역학 전공자보다 컴퓨터공학, 전자공학 전공자가 더 많이 참여했다. 한상욱 단장은 이렇게 말했다.

"훌륭한 연주가는 피아노의 원리를 모르더라도 아름다운 연주로 사람들에게 감동을 줄 수 있습니다."

3

신체의 확장, 세계의 확장

연금술을 소재로 한 만화《강철의 연금술사》를 보면, 주인공이 어머니를 살리려 '인체 연성'을 시도하다가 그 대가로 한쪽 팔과 다리를 잃는다. 그렇게 장애인이 된 주인공은 강철로 만든 의지를 차고 다녀 '강철의 연금술사'로 불린다. 만화에서는 의지를 오토메일^{Automail}이라고 하는데, 신경에서 발생하는 전기 신호를 전달받아 진짜 팔다리처럼 움직인다. 우리가 일반적으로 생각하는 의지와 다르다. 어릴 적 처음 이 만화를 보았을 때는 오토메일이 현실에서도 충분히 가능하리라고 생각했다. 하지만 조금만 생각해 보아도 절대 쉬운 일이 아님을 알 수 있다. 상식적으로 생각해 신경에서 흐르는 전기 신호가 강해봐야 얼마나 강할까. 뇌에서 흘러나오는 미세한 전기 신호를 기계와 연결한다는 건 매우 어려운 일일 테다.

현실이 된 만화적 상상력

그런데 이 문제를 해결할 기술이 얼마 전 발표되었다. 2020년 3월 미시 건대학교 연구팀이 《사이언스 중개 의학*Science Translational Medicine*》에 발표 한 RPNIs*Regenerative Peripheral Nerve Interfaces*(재생적 말초 신경 인터페이스)가 그 것이다.[7] 연구팀은 팔의 근육 신경과 로봇 의수를 연결해 정말 자기 팔 처럼 움직일 수 있게 했다. 앞서 설명했듯이 신경에 흐르는 전기 신호는 너무 약하다. 또한 이런저런 전기 신호가 얽혀 있어 지저분하다. 즉 원 하는 전기 신호를 정확히 골라 증폭시킨다는 건 굉장히 어려운 일이다. 이에 연구팀은 팔의 절린 부위 끝에 전극을 연결해 문제를 해결했다. 이 방법으로 약 300일간 성공적으로 로봇 의수를 사용했다고 한다. 이번 연구가 가치 있는 것은 뇌가 아닌 팔에 전극을 연결함으로써 위험 부담 을 대폭 낮추었기 때문이다.《강철의 연금술사》에 나오는 것처럼 정말 조립하듯이 팔에 로봇 의수를 끼우면 된다. 지금까지 200명이 넘는 환 자가 이 기술의 혜택을 누리고 있다.

물론 이 로봇 팔에도 단점이 있다. 전극을 신경에 바늘로 한 땀 한 땀 심어야 한다. 이 과정이 너무 고통스러워 최초 연구에 참여한 환자 일곱 명 중 세 명이 중도에 포기했다.

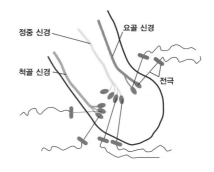

RPNIs를 장착하기 위해 필요한 신경과 전극 연결. 신경의 연장으로 볼 수 있지 않을까.

촉각을 전달하다

이 기술이 주목받는 건 활용 분야가 무궁무진하기 때문이다. 장애인의 삶을 개선하는 데 가장 먼저 쓰이겠지만, IoT과 결합하면 전혀 다른 가능성이 펼쳐진다. 예를 들어 장거리 연애 중인 커플이 있다고 하자. 못 만난 지 한 달이 넘어 서로 스킨십을 하고 싶어졌다. 이에 로봇 팔 조종용 장갑을 끼고 상대의 뺨을 어루만지는 듯이 움직이면, 그 즉시 상대의 집에 설치된 로봇 팔이 똑같이 움직일 것이다. 이때 장갑과 로봇 팔에 촉각 센서, 온도 센서 등을 설치하면 상대의 피부 느낌과 체온이 그대로 전달된다. 그 모습을 상상하면 약간 기괴하기는 한데, 핵심은 이런 식으로 멀리 떨어진 무언가를 다루는 데 매우 요긴하다는 것이다. 물리적인 거리를 없앤다고나 할까.

실제로 촉각을 전달하는 기술이 함께 연구 중이다. 2019년 7월 싱가포르국립대학교 연구팀이 인간의 신경계보다 1,000배나 빠르게 전기 신호를 전달해 촉각 능력을 극대화한 에이시스^{ACES,} *Asynchronous Coded Electronic Skin*(비동기 코드화된 전자 피부)를 《사이언스 로보틱스^{*Science Robotics*}》에 발표했다.[8] 같은 해 11월에는, 뒤에서 자세히 다루겠지만, 홍콩성시대

RPNIs를 장착한 모습. 실제 팔처럼 세밀한 작업이 가능하다.

학교 연구팀이 개발한 인공 피부가《네이처》에 발표되었다.[9]

　최근 이러한 연구가 꾸준히 발표되고 있고, 그 결과도 꽤 우수하다. 수 년에서 수십 년 뒤에는 상용화될 가능성이 크다. 예를 들어 2021년 갤럭시 Z 폴드3가 출시되어 많은 사람에게 극찬받고 있다. 이 스마트폰은 이름 그대로 화면이 접히는데, 어느 날 갑자기 그런 기술이 뚝 떨어진 것은 아니다. 내 전공 분야가 아니라 확실하지는 않지만, 찾아보니 무려 10년 전 우리나라의 어느 학술지에 'UTG^Ultra Thin Glass(초박막 강화 유리)를 사용하면 플렉시블 디스플레이를 만들 수 있다'라는 내용의 논문이 실렸다.[10] 좀 더 찾아보면 20년 전인 2000년대 초에도 관련 논문들이 발표되었음을 알 수 있다. 심지어 1963년 등록된 특허도 있다. 플렉시블 디스플레이가 상용화되기까지 수십 년이 걸린 것이다. 이는 두 가지 시사점을 던져준다. 첫째, BCI를 일상에서 만날 때까지 수 년에서 수십 년이 걸리리라는 것, 둘째, 하지만 그날은 반드시 오리라는 것.

"단 하나의 쓸모 있는 생각"

고작 논문 몇 개 가지고 왜 이렇게 호들갑이냐고 반문할지 모른다. 하지만 대부분의 혁신은 '고작' 논문 몇 개에서 시작했다. 모스펫을 설계한 강대원 박사의 1959년 논문이 없었다면 오늘날의 반도체는 없었을 것이다. 빛의 분포에 관한 데니스 가버^Dennis Gabor의 1948년 논문이 없었다면 홀로그램은 개념조차 없었을 것이다. 일반상대성이론을 정립한 아인슈타인의 1915년 논문이 없었다면 네비게이션부터 인공위성까지 우리 삶을 떠받치는 수많은 기술은 없었을 것이다. 이런 예는 무수히 많다. 호들갑인지 아닌지는 나중에 판단해도 늦지 않다.

물론 대부분의 연구는 빛을 보지 못하고 사장된다. 그러나 알프레드 노벨Alfred Nobel은 "1,000개의 생각 중 단 하나만이라도 쓸모 있는 것으로 밝혀져도 나는 만족한다"라고 말했다. 나는 이 책이 설명하는 여러 기술 중 단 하나만이라도 여러분의 미래 전략, 또는 투자 전략에 도움이 된다면 만족한다. 먼저 보는 사람이 먼저 전략을 짤 수 있다. 미래학자 앨빈 토플러Alvin Toffler는 이렇게 말했다.

"만약 당신이 전략을 가지고 있지 않다면, 당신은 다른 사람의 전략 중 일부가 될 것이다."

스위칭

환자를 살리는 XR

가상현실과 증강현실의 차이는 명확하다. 전자는 가상의 현실을 경험하게 해주고, 후자는 현실에 각종 정보를 더해준다. 그리고 이 둘을 합친 것이 바로 XR(eXtended Reality), 즉 확장현실이다. 현실의 정보를 가상현실에 반영하고, 역으로 가상현실을 현실에 적절히 섞어 보여주는 것이다. 최근 의료 현장에서 XR을 활용하고 있는데, 환자 신체와 수술 과정을 시뮬레이션으로 미리 살펴보고 최적의 방법을 찾을 수 있기 때문이다.

4

옷에서 생각을 읽어내는 빅 브라더

2021년 3월 푸단대학교 연구팀의 기기 막힌 연구기 《네이치》에 발표되었다.[11] '어그로'가 아니라, 가능성이 무서울 정도로 크다. 그들은 옷처럼 빨고 말릴 수 있으며, 둘둘 말고 늘릴 수 있는 전자 섬유를 만들었다. 빨래를 100번 해도 망가지지 않는다고 한다.

뇌 해킹이니 로봇 팔이니 하다가 갑자기 빨래라니, 뜬금없어 보이겠지만, 그래서 더 대단하다. 보통 이런 연구는 아주 작은 소재를 가지고 하는 경우가 많다. 예를 들어 손가락만 한 크기의 소재를 개발하고는 새로운 가능성을 확인했다고 발표하는 것이다. 그런데 이번 연구에 사

푸단대학교 연구팀이 개발한 전자 섬유.

용된 소재는 가로 25센티미터, 세로 6미터에 달한다. 옷 하나를 만들 수 있는 크기다. 연구팀은 황화아연 인광체로 전자 섬유를 만든 뒤 '디지털 재봉틀'을 이용해 '옷감'을 짰다고 한다.

인도적 기술과 비인도적 기술의 경계

이렇게 만들어진 옷감은 디스플레이 역할을 하는데, 웨어러블 기기에 최적화된 특징을 모두 갖추고 있다. 가볍고 구길 수 있으며 물에도 강하다. 정말 옷처럼 만든 다음 AP나 배터리 등만 경량화해 붙이면, 스마트폰을 입는 것과 똑같다. 전화를 걸거나 문자를 확인할 때, 지도를 보며 길을 찾을 때 관련 정보가 옷에 실시간으로 뜰 테니, 따로 스마트폰을 들고 다닐 필요가 없다.

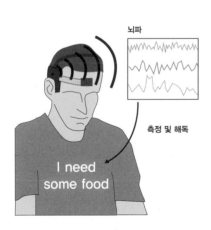

뇌파 측정 및 해독 기기와 연결된 전자 섬유. 장애인의 삶의 질을 높일 수도, 감시와 통제의 수단이 될 수도 있다.

BCI와 접목되면 생각을 실시간으로 옷에 나타낼 수 있다. 논문에는 말을 못 하는 사람이 옷에 문장을 띄워 소통하는 그림이 실려 있다. 교신 저자인 펑후이성彭慧勝 교수는 "뇌파를 측정해 얻은 신호와 전자 섬유를 연동함으로써, 사람의 마음을 읽는 통역기 역할을 할 것으로 기대한다"라고 밝혔다.

사람의 마음을 읽는다니, 앞서 살펴본 샌프란시스코대학교 연구팀의 뇌파를 읽고 문장으로 표시하는 연구가 떠오른다. 또한 뇌 해킹 문제가 걱정되기도 한다. 중국은 사람들을 통제하기 위한 수단으로 안면 인식 기술을 엄청나게 발전시키고, 관련 인프라를 촘촘하게 구축해 왔다. 연장선에서 생각을 옷에 드러내는 기술도 가장 먼저 상용화하지 않을까 싶다.

"빅 브라더가 당신을 지켜보고 있다"

연구팀은 "전자 섬유가 미래에 소통 수단으로 사용되기를 기대한다"라며 논문을 마무리했다. 이런 연구들이 무서운 점은 사람들을 더욱 쉽게 통제할 수단으로 악용될 수 있기 때문이다. 뇌파는 거짓말을 못 한다. 읽고 해석할 수만 있으면 누가 무슨 생각을 하는지 정확히 알 수 있다. '공공의 적'을 색출하고 통제하는 데 이만한 기술은 없다. 분명 양날의 검이 될 기술이다. 긍정적으로 보면 장애인의 삶의 질이 월등히 좋아질 것이고, 통역 기술의 발달이 더해져 언어가 다르더라도 더욱 쉽게 소통할 수 있을 것이다. 부정적으로 보면 전자 섬유로 만든 옷을 의무적으로 착용하게 한 다음, 표시되는 생각을 실시간으로 감시, 검열하는 디스토피아가 만들어질지 모른다. 자유민주주의 국가인 우리나라에서 이런 일이 벌어질 리는 없겠지만, 북한 같은 국가에서는 충분히 그럴 수 있다.

조지 오웰^{George Orwell}의 소설《1984》에서는 모든 사람을 지켜보고 감시하는 수수께끼의 독재자 빅 브라더^{Big Brother}가 등장한다. 사람들은 끊임없이 이 문장을 보고 들으며 상기해야 한다. "빅 브라더가 당신을 지켜보고 있다."

5

터치, 그 참을 수 없는 유혹

앞서 예로 든 〈블랙 미러〉의 '스트라이킹 바이퍼스' 이야기를 좀 더 해 보겠다. 이번 꼭지에서 소개할 연구를 이해하고 그 가치를 짐작하는 데 이만한 예가 없기 때문이다. 해당 화에는 매우 높은 완성도를 자랑하는 VR 기기가 등장한다. 주인공인 대니^{Danny}와 친구 칼^{Karl}은 이 기기로 구현된 격투 게임에 빠져든다. 얼마나 현실적인지 게임 중에 맞는 고통도, 심지어 섹스할 때의 쾌락도 그대로 느낄 수 있다. 현실과 구분되지 않을 정도로 진짜 같은 가상현실인 것이다.

확실한 미래, 가상현실

1세대 통신 매체는 라디오다. 즉 듣는 것이다. 2세대 통신 매체는 텔레비전과 이후 등장한 유튜브 같은 영상 플랫폼이다. 즉 보는 것이다. 그리고 앞으로 올 3세대 통신 매체는 높은 수준의 가상현실일 것으로 생각한다. 즉 (뇌와 상호 작용해) 온몸의 감각을 자극하는 것이다. 지금은 유튜브가 최고의 통신 매체로 군림하고 있지만, 가상현실 시장을 선점하는 플랫폼이 그 자리를 넘겨받을 것이다. 최근 게임 시장을 보면 슬슬 조짐이 나타나고 있다. 일명 '가챠(뽑기)'라 불리는, 도박과 크게 다르지 않는 시스템에만 매달리는 우리나라 게임 기업들은 기술력이나 참신함 등 모든 면에서 가상현실 게임을 앞세운 해외 게임 기업들에 압도적으로 밀릴 게 뻔하다. 심지어 국회에서도 비슷한 이야기가 나왔다. 2021년 10월 열린 문화체육관광위원회 국정감사에서 세계적 게임 기업인 밸브 Valve의 〈하프라이프: 알릭스Half-Life: Alyx〉가 시현되었다. VR 기기를 착용하고 즐기는 게임인데, 완성도가 매우 높다. 이를 본 국회의원들은 왜 밸브와 비슷한 시기에 설립된 엔씨소프트NCSOFT는 아직도 〈리니지Lineage〉

〈하프라이프: 알릭스〉에서 보게 되는 '내' 손의 모습.

수준을 벗어나지 못하냐며 강하게 성토했다. 타성을 깨고 시급히 쇄신해야 한다. 해외 게임 기업들은 이미 발빠르게 움직이기 시작했다.

2021년 3월 미국 게임 기업 로블록스Roblox가 뉴욕증권거래소에 상장되었다. 시가 총액은 50조 원에 달한다. 로블록스는 각종 게임을 직접 창작할 수 있는 동명의 게임 플랫폼을 개발했다. 이곳에 매달 1억 5,000만 명 이상의 사람이 접속해 다양한 설정의 가상현실을 만들고 있다. 이러한 특징 때문에 요즘 뜨는 메타버스의 대표적 플랫폼으로 각광받고 있다.

그러나 아직 많은 사람이 가상현실을 먼 나라 이야기로 여긴다. 최근 막 개발 중인 기술이니 그게 당연하다고? 2016년 2월 페이스북은 가상현실만 전문적으로 연구하는 팀을 만들고, 앞으로 이것을 핵심 서비스로 삼겠다고 발표했다.[12] 당시 소식을 접한 나는 '가상현실 산업은 무조건 성공한다'라고 생각했다. 이처럼 가상현실은 생각보다 오래 연구된 분야다. 메타버스라는 개념도 1992년 닐 스티븐슨^{Neal Stephenson}의 소설 《스노 크래시^{Snow Crash}》에서 처음 유래되었다. 최근에야 크게 관심받고 있지만, 모두 오래전에 등장한 것이다.

로블록스부터 〈레디 플레이어 원〉까지

나를 포함해 대부분의 사람은 왜 시대의 흐름을 미리 보지 못하고, 항상 한발 늦는 걸까. 산업이 막 성장할 초기 단계에 과감히 투자할 '야수의 심장', 즉 결단력이 없기 때문이기도 할 테고, 소위 말하는 '시드 머니^{seed money}'가 없기 때문이기도 할 테다. 그런데 가장 큰 이유는 시대의 변화 자체를 알아채지 못하기 때문이 아닐까. 세계 10대 경영학자로 평가받는 리타 맥그레이스^{Rita McGrath}는 사람들은 모든 것이 달라지는 순간이 찾아오고 나서야 시대가 변했음을 안다고 꼬집었다. 그런데 변화는 오래전에 이미 와 있다. 드러나지 않으니 마치 오지 않은 것 같을 뿐이다. 예를 들어 20년 전만 해도 비디오테이프나 DVD 대여점이 흔했다. 불법으로 영화나 음악을 공유하기는 했어도, 스트리밍 서비스^{streaming service}는 아직 낯선 시대였다. 하지만 스트리밍 서비스가 없지는 않았고, 그 잠재력을 알아본 사람 중 한 명이 바로 리드 헤이스팅스^{Reed Hastings}, 즉 세계 최대 OTT^{Over The Top} 기업인 넷플릭스^{NETFLIX}의 창업자다. "(1998년 서비스를 시작하며) 2002년이 되면 스트리밍 서비스가 콘텐츠 소비의 50퍼센트를 담당할 것으로 장담했지만 0퍼센트였다. 2007년에 그리되리라 장담했지만 이번에도 0퍼센트였다. 계속해서 기다렸고, 그러다 보니 때가 왔다."[13]

이처럼 혁신은 오래 준비되다가 어느 날 갑자기 터져 나온다. 가상현실도 마찬가지다. 로블록스가 처음 서비스를 시작한 건 무려 15년 전인 2006년이다. 그간 로블록스의 이름을 들어본 적 있는가. 이처럼 혁신은 천천히 준비된다. 그러나 아직 기회는 끝나지 않았다. 지금 가상현실로 제시되는 서비스들은 사실 겉핥기 수준이다. 여전히 갈 길이 멀다. 〈레디 플레이어 원〉이나 〈블랙 미러〉에 묘사된 수준의 가상현실이 등장하려면 최소 10년은 걸릴 것이다. 그사이 사람들의 관심은 시들해질 테고, 훗날 완벽한 수준의 가상현실을 즐기게 될 때서야 비로소 시대가 변했다고 자각하게 될 것이다. 깁슨이 말했듯이 미래는 이미 와 있다. 단지 고르게 퍼져 있지 않을 뿐이다.

가상인 듯, 가상 아닌, 가상 같은

최근 가상현실이라는 이름표를 달고 등장하는 서비스, 특히 게임들을 보면 사람들이 이를 먼 미래의 일로 치부하는 것도 이해된다. 여러모로 완성도가 떨어지기 때문이다. 화질도 안 좋고, 즐길 만한 콘텐츠도 많지 않으며, 무엇보다 거추장스러운 VR 기기들을 주렁주렁 몸에 매달고 있어야 한다. 그나마 가장 상용화된 VR 헤드셋만 해도 쓸 만한 것은 100만 원을 훌쩍 넘고, 무거워 오래 착용하기 힘들다. 촉각을 전달하는 의상 등은 기술이 성숙하지 못했을뿐더러 너무 비싸 일반 사용자의 지갑 사정으로는 엄두도 낼 수 없다.

하지만 언젠가는 뇌와 실시간으로 상호 작용하는, 즉 뇌파를 인식하고 동시에 뇌에 자극을 가하는 VR 기기가 개발될 것이다. 그러면 현실에서 경험할 수 없는 온갖 모험의 주인공이 될 수 있다. 마우스와 키보드로 '소환사의 협곡'(공성 게임 〈리그 오브 레전드League of Legends〉의 배경)을 누비는 것도 이렇게나 재미있는데, 내가 직접 그곳에 들어가 적을 처치하는 기쁨과 공격당하는 고통을 생생히 느낀다면, 그 몰입감은 상상 이상일 것이다. 이 정도 수준의 가상현실이 등장할 때 관련 시장에 재빠르게 진입한다면 큰돈을 벌 수 있다. 아직 개척되지 않은 시장이기 때문이다. 그러니 지금 관련 기업들을 찾아보고 기억해 두자. 나도 가상현실과 증강현실, 메타버스 관련 기업들, 관련 암호화폐들을 굉장히 주시하고 있다. '파멸적인 떡상'을 꼭 경험하고야 말겠다!

그래서 구체적인 시장 가치가 얼마냐고? 2021년 가상현실 및 증강현실 시장은 110조 원에 이를 것으로 보인다.[14] 스트레티지 애널리틱스의 전망에 따르면 2025년에는 무려 335조 원을 넘어설 듯하다.[15] 유튜브가 2019년 한 해 18조 원에 달하는 매출을 달성했으니, 감이 오는가. 이 엄청난 시장 가치가.

인공 피부로 나누는 몸의 대화

관련해서 주목할 만한 연구가 있다. 앞서 짧게 언급한 홍콩성시대학교 연구팀의 촉각을 송수신할 수 있는 인공 피부 연구다. 《네이처》에 발표된 논문의 첫 문장은 이렇다. "가상현실과 증강현실의 미래는 생생한 시각과 청각뿐 아니라 사용자가 완전히 빠져들, 느낄 수 있는 촉각에 달려 있다." 이러한 전망에서 개발된 인공 피부는 전선도 없고 배터리도 없으

홍콩성시대학교 연구팀이 개발한 인공 피부. 자유롭게 구부리거나 휠 수 있다.

며, 몸에 붙일 수 있도록 잘 휘고 뒤집어 사용해도 기능이 유지된다. 무엇보다 물리적 자극을 주고받을 수 있다. 물론 이는 뇌와 직접 상호 작용하지 않는다는 점에서 여전히 완벽한 VR 기기는 아니다. 즉 뇌에 전기 신호를 보내 촉감을 불러일으키지는 않는다. 대신 몸을 자극한다. 이것

도 큰 진전으로, 자극을 전송하는 기술의 첫 단계다.

인공 피부는 얇은 막처럼 생겼는데, 아홉 개 층이 겹쳐 있다. 중간에 구리가 들어가 있는데, 전기 신호를 주고받기 위해서다. (전기가 가장 잘 통하는 건 은이지만 비용 때문에 구리를 쓴다.) 이처럼 금속이 포함되어 있는데도 매우 잘 휜다. 구리가 연성이 좋기는 하지만, 사람 피부처럼 부드럽게 휘지는 않는데, 처리 기술이 놀랍다.

인공 피부의 핵심은 자석과 코일로 구성된 여러 개의 액추에이터 actuator다. 실리콘 층 사이에 삽입되어 볼록하게 튀어나와 있는데, 전기 신호를 받으면 1초에 200회 이상 진동하며 자극을 가한다. 그 강도를 미세하게 조절할 수 있어, 가가이 애추에이터가 각각의 부위에 각각 다른 느낌을 준다. 그래서 촉각을 꽤 섬세하게 자극한다. 상용화만 되면 쓰임새는 다양할 것이다. 예를 들어 인공 피부를 엄마와 멀리 떨어져 있는 아이의 등에 붙인다. 그리고 엄마가 쓰다듬는 시늉을 하면 인공 피부가 아이의 등에 그 감각을 전달한다. 간단하게 진행된 실제 실험에서 아이는 꽤 만족하는 반응을 보였다.[16]

나는 사람 사이에 몸으로 나누는 대화가 아주 중요하다고 생각한다. 몸이 멀어지면 마음이 멀어진다는 말도 있으니까. 몸이 멀어질 수밖에 없는 상황에서 촉각을 전달하는 인공 피부는 훌륭한 대안이 되지 않을까. 이것이 제품으로 나오면 많이 팔릴 것 같다. "아무리 멀리 있어도 손길을 느낀다" 같은 광고 문구가 잘 어울릴 듯싶다.

에너지 하베스팅과의 만남

흥미로운 점이 하나 더 있다. 이번에 개발된 인공 피부에는 배터리가 없다고 했다. 그렇다면 어떻게 작동할까. 정답은 에너지 하베스팅이다. 이유는 간단하다. 피부에 붙이는 기기가 배터리 불량으로 터지면 큰일이니까. 물론 무겁기도 하고 말이다. 그래서 액추에이터에 들어가는 코일을 활용했다. 기기를 작동시킬 뿐 아니라, 버려지는 전기 에너지를 모아 분배하도록 설계한 것이다. 원리도 간단한데, 우리가 흔히 쓰는 NFC^Near Field Communication(근거리 무선 통신)와 같다. 코일끼리 가까워지면 자기장이 형성되어 전자가 이동한다. 그렇게 흐르는 전기를 수확하는 것이다.

여러모로 돈 냄새가 나지 않는가. 이 연구를 보면 온갖 미래 기술이 다 들어가 있다. 어떤 기업이 가상현실 시장에서 승기를 잡을지 알 수 없지만, 우리가 모르는 새에 기술은 이렇게 발전했다. 결국 돈을 버는 이는 그것을 미리 포착하는 시각을 갖춘 사람이다. 머스크도 그랬다. 전기 자동차 기술은 이미 오래전에 개발되어 있었다. 내연 기관으로 움직이는 자동차 대신 친환경 기술을 접목한 자동차가 세상을 지배하리라는 생각을 다른 자동차 기업들은 못 했을까. 아니다. 그들도 분명 했을 것이다. 하지만 적극적으로 뛰어들지 않았다. 결국 세상을 바꾼 건 누구나 알지만 아무도 하지 않은 일에 뛰어든 머스크다. 페이지가 구글을 경영하며 항상 강조하는 원칙이 있다.

"훌륭한 생각은 더는 훌륭하다고 여겨지지 않을 때까지 언제나 미친 생
각이다."

스위칭

과학적인, 그래서 감성적인

아인슈타인은 빛을 보고 싶다는 어릴 적의 막연한 동심에서 시작해 특수상대성이
론을 만들었다. 이처럼 과학기술의 발전은 순수한 호기심에서 비롯되는 경우가 많
다. 돈도 좋고 명예도 좋지만, 기본적으로 알고 싶기 때문에 연구가 시작된다. 그래
서 과학기술은 결국 인간을 향하고, 만족감을 주고자 한다. 지극히 과학적일수록,
지극히 감성적인 이유다.

6

냄새 맡고 맛보는 반도체

컴퓨터의 아버지 존 폰 노이만$^{John\ von\ Neumann}$과 튜링의 연구를 살펴보면 '신경 세포^{neuron}', '축삭 돌기^{axon}', '신경 접합부^{synapse}' 같은 단어들이 나온다. 모두 신경과학과 관련된 개념들이다. 물리학자이자 수학자이고, 컴퓨터과학의 선구자 격인 두 인물의 연구에 왜 신경과학 개념이 등장하는 걸까. 1940년대에는 컴퓨터의 예시로 삼을 것이 뇌밖에 없었기 때문이다. 뇌는 환상적일 정도로 '미친' 성능을 자랑한다. 우선 뇌 속에 자리 잡은 800억 개 이상의 신경 세포는 기가 막힐 정도로 효율적이고 빠르게 전기 신호를 주고받는다. 연비도 좋아, 밥 한 공기 먹으면 얻을 수 있는 20와트의 에너지만 있으면 충분하다. 이는 전등을 켜는 정도의 에너지에 불과하다. 사랑하는 이를 바라보며 애틋함을 느끼고, 맛있는 음식을 먹으며 행복을 느끼며, 어려운 문제에 부닥쳐 괴로움을 느끼는 이 모든 복잡한 과정이 그렇게 작은 에너지만으로 작동하는 것이다.

뉴로모픽의 최전선

폰 노이만과 튜링은 고성능의 뇌를 컴퓨터와 동일시함으로써 선구자가 되었다. 이와 비슷하게 현대 과학은 뇌의 작동 방식과 구조를 반도체에 적용하고 있는데, 이를 뉴로모픽neuromorphic이라고 한다. 쉽게 말해 반도체로 생물의 뇌를 구현하는 것이다. 2020년 3월 인텔과 코넬대학교 연구팀은 혁신적인 뉴로모픽 반도체 로이히Loihi를 개발해《네이처 머신 인텔리전스Nature Machine Intelligence》에 발표했다.[17] 이 반도체는 연구팀이 설계한 알고리즘을 따라 열 가지 냄새를 학습하는 데 성공했다. 한마디로 냄새 맡는 반도체가 탄생한 것이다! 그렇다면 코도 없는 컴퓨터가 어떻게 냄새를 맡을까. 연구팀은 이 문제를 센서로 해결했다. 우선 화학 물질을 감지하는 센서를 72개 설치해, 아세톤, 암모니아, 메탄 등 열 가지 기체의 냄새 데이터를 수집한다. 이때 각 센서는 냄새마다 다른 반응을 보이는데, 정확히 구분할 때까지 반복해서 냄새 '맡게' 한다. 일종의 머신러닝인 셈이다.[18]

2019년 11월 인텔의 뉴로모픽 연구를 총괄하는 마이클 데이비스Mike Davies 연구원은 이렇게 말했다. "4년 내로 뉴로모픽 반도체가 모습을 드러낼 것이다."[19] 즉 냄새 맡는 반도체는 인텔의 원대한 계획 중 일부다. 최

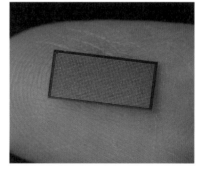

2021년 9월 선보인 로이히 2. 로이히 1보다 데이터 처리 속도가 최대 열 배 빨라졌다.

근 인텔은 팹리스로서는 AMD의 공세에 밀려 고전을 면치 못하고 있고, 파운드리로서는 TSMC와 삼성전자에 완전히 밀려버렸다. 이래저래 예전 같은 독보적인 존재감은 사라진 지 오래다. 그러나 만약 다양한 경로로 미국 정부에 지원받는 인텔이 미래 기술이라 할 수 있는 뉴로모픽 반도체 시장의 강자가 된다면 상황은 달라질 것이다. 인텔이 쉽게 무너질 거로 생각하면 오산이다.

다시 냄새 맡는 반도체로 돌아와서, 이 기술이 상용화된다면 쓰임새가 많을 것이다. 병원에 설치되어 냄새로 암을 찾아내거나, 공항에 설치되어 폭탄이나 마약을 찾아낼 수 있다. 이처럼 특수한 목적이 아니더라도, 일상에서 소소한 즐거움과 정보를 제공하는 데도 용이하다. 나는 어릴 적 텔레비전에 나오는 음식들의 냄새를 실제로 맡고 싶었다. 나뿐 아니라 많은 사람이 한 번쯤 해본 생각일 것이다. 냄새 맡는 반도체는 이를 가능케 한다. 우선 센서가 음식의 냄새를 맡은 다음 분석해 데이터로 만든다. 그 데이터를 내 스마트폰에 보내면, 스마트폰에 달린 특수한 장치가 화학 물질을 조합해 냄새를 풍기는 식이다. 이번 연구가 화면에 뜨는 무엇이든 냄새 맡는 일상을 현실로 만들 첫걸음이 될 것이다.

다이어트의 적, 또는 도우미

흥미로운 사실은 우리나라도 냄새 맡는 반도체를 개발한 적이 있다는 것이다.[20] 2019년 6월 키스트 연구팀이 《바이오센서스 앤드 바이오일렉트르닉스*Biosensors and Bioelectronics*》에 발표한 것으로, 실리콘 기판에 수만 개의 미세 구멍을 낸 다음, 인공 세포막을 올려 냄새를 구분하는 장치였다. 인공 세포막 자체는 이미 개발되어 있었는데, 보통 생체 환경과 비슷한 액체에 떠 있는 구조였다. 그래서 하루 정도 지나면 붕괴할 정도로 내구성이 약했다. 하지만 이번에 개발한 반도체 모양의 인공 세포막은 기반이 고체이기에 무려 5일 이상 유지된다. 이렇게 되면 크기를 키울 수 있어 냄새를 정확히 맡는 데 더욱 유리하다.

시각(VR 헤드셋), 청각(고성능 이어폰), 촉각(인공 피부)에 이어, 이처럼 후각(냄새 맡는 반도체)까지 컴퓨터가 인공적으로 만들어 낼 수 있다면 남은 것은 미각이다. 관련해서 2020년 4월 미국 컴퓨터학회*Association for Computing Machinery*가 주최하는 인간-컴퓨터 상호작용 학회*Conference on Human Factors in Computing Systems*에서 미야시타 호메이宮下芳明 메이지대학교 교수가 가상으로 미각을 구현하는 놀라운 연구를 발표했다.[21] 미야시타 교

수는 다섯 개의 젤을 이용해 세상의 모든 맛을 구현할 수 있는 기기를 개발 중인데, 완벽하지는 않지만 어느 정도 성과를 낸 것이다. 사탕 맛도 내고 스시 맛도 낸다고 한다.

이 기기의 이름은 노리마키 신시사이저*Norimaki Synthesizer*다. 노리마키는 일본식 김밥을 의미하

노리마키 신시사이저의 사용 모습.

는데, 실제로 비슷하게 생겼다. 글라이신, 염화마그네슘, 구연산, 글루탐산나트륨, 염화나트륨으로 만든 젤을 전기가 잘 통하는 구리로 감싼 형태다. 이때 각각의 젤은 특정한 맛을 내는데, 글라이신은 단맛을, 염화마그네슘은 쓴맛을, 구연산은 신맛을, 글루탐산나트륨은 감칠맛을, 염화나트륨은 짠맛을 담당한다. 전원에 연결하지 않은 노리마키 신시사이저를 혀에 대면 다섯 가지 맛이 모두 나고, 전원에 연결하면 전기의 세기를 젤마다 다르게 해 다섯 가지 맛의 비율을 조절한다. 그렇게 해서 특정한 맛을 구현하는 것이다. 치킨을 먹지 않고도 그 맛을 느낄 수 있다면, 다이어트에 도움이 될까.

성인 산업이 반응하다

엉뚱한 생각이지만, 이 기술을 성인 산업에 적용할 수 있을 듯하다. 해당 분야에서 경제적 가치가 극대화할 것으로 보이기 때문이다. 미국만 해도 성인 산업의 규모가 1조 1,200억 원에 달하고, 전 세계적으로는 170조 원 가까이 된다.[22] 일본이야 말할 것도 없으리라. 현실보다 더 현실 같은 가상현실 구현을 위해 지금도 수많은 연구자가 힘쓰고 있는데, 이 노리마키 신시사이저가 분명 중요한 역할을 해줄 것이다. 상대방의 '맛'을 느끼는 데 말이다.

우리는 역사상 처음으로 가상현실을 구현해 낸 종種이 될 것이다. 지금 이 속도로 간다면 멀지 않아 보인다. 이토록 많은 가상현실 연구가 발표되는 것은 10년 전만 해도 상상하지 못할 일이었다. 일반인이 VR 기기를 구매한다는 것조차 놀라운 일이다. 그러니 100년 뒤의 먼 미래가 아니라 근미래에 우리는 분명 가상현실과 만날 것이다. 그럴 일은 없다며 스마트폰을 쓰는 사람에게 에릭 슈미트^{Eric Schmidt} 구글 전 회장의 말을 전한다.

"위대한 혁신가와 기업의 특징은 남이 보지 못하는 것을 본다는 것이다. 그들은 당신이 필요하다고 느끼지도 못한 것을 개발한다. 그리고 어느 순간 그것을 본 당신은 말한다. '나 저거 가져야겠어!'"

스위칭

광유전학으로 밝혀낸 섹스의 비밀

가상현실 연구가 성인 산업과 만나 시너지를 내리라는 것은 누구나 쉽게 생각할 수 있다. 관련해 재미있는 연구가 발표되었다. 인간은 섹스할 때 공격성이 줄어든다는 것이다. 이는 광유전학 기술로 뇌를 직접 관찰해 얻은 결과다. 가상현실의 도래로 섹스의 문턱이 낮아진다면 인류는 평화의 시대를 맞이하게 될 것인가.

7

가짜 홀로그램과 진짜 홀로그램

우리는 음식을 맛보고, 연인의 손을 잡아 체온을 느끼며, 비가 오는 날 흙 냄새를 맡고, 좋아하는 가수의 노래를 듣는다. 이 모든 경험이 생생하니, 현실로 여긴다. 이때 생생하다는 것은 뇌에 전기 신호가 전달되며 만들어진 감각이다.

AI 연구의 대가로 통하는 한스 모라벡$^{Hans\ Moravec}$ 카네기멜런대학교 교수는 뇌가 1초당 100조 번의 연산을 수행한다고 보았다.[23] 이세돌을 격파한 알파고^{AlphaGo}는 1초당 1,232조 번의 연산을,[24] 현재 가장 강력한 슈퍼컴퓨터인 후가쿠가 1초당 44경 번의 연산을 수행하는 것에 한참 못 미치는 수준이다.[25] 이미 뇌는 컴퓨터에 따라잡힌 지 오래다. 그렇다면 성능이 '뒤처지는' 뇌도 전기 신호로 현실을 인식하는 마당에, 이토록 뛰어난 컴퓨터로 똑같은 작업을 할 수 있지 않을까. 즉 극도로 진짜 같은 가상현실을 창조하는 것이다.

앞서 살펴보았듯이 생각을 읽고 냄새를 맡으며, 맛을 보고 촉각을 구현하는 연구들은 착착 진행 중이다. 그렇다면 시각은? 인간의 눈은 너무나 섬세해서 수천만 원짜리 텔레비전을 보아도 화질은 좋다고 느낄지언정 진짜 같다는 느낌은 받지 않는다. 이유는 간단하다. 오늘날 디스플레이 기술 수준으로는 빛의 세기와 밝기를 조절하는 게 전부이기 때문이다. 하지만 디스플레이의 '끝판왕'인 홀로그램은 다르다.

가짜는 가라

2010년 일본에서 하츠네 미쿠初音ミク라는 가상 캐릭터의 콘서트가 열렸다. 유튜브에 영상이 올라와 있으니 궁금한 사람은 검색해서 보길 바란다. 가상 캐릭터가 물리적 공간에서 노래 부르고 춤춘다니, 혹시 홀로그램 아닌가 궁금하겠지만, 엄밀히 말해 유사 기술이다. 많은 언론이 이를 홀로그램 콘서트라고 부르지만 틀린 것이다. 비슷하게 스마트폰 위에 역피라미드 모양 프리즘을 올려놓고 영상을 틀면, 빛이 반사되어 홀로그램처럼 보이게 하는 기술이 있는데, 이것도 가짜다. 다들 잘못 알

하츠네 미쿠 콘서트 장면. 자세히 보면 빛을 반사하는 스크린이 보인다. QR 코드에 접속하면 전체 영상을 볼 수 있다.

고 있다. 물론 나도 정보통신기획평가원Institute for Information & communication Technology Planning & evaluation 지원으로 홀로그램 기술을 공부하기 전까지는 똑같이 오해했다. 단지 입체적인 이미지나 영상 정도로만 알았던 것이다. 하지만 이제는 말할 수 있다. 단언컨대 저런 것들은 가짜 홀로그램이다. 바닥에 영상을 튼 다음 반사한 것에 불과하기 때문이다. 단지 입체처럼 보이는 것일 뿐이다.

이병호 서울대학교 교수는 이런 유사 기술은 홀로그램과 아예 무관하다고까지 했다. 정말로 기술의 차이가 매우 크다. 거울에 비친 내 얼굴이 다시 다른 거울에 반사된다고 홀로그램이라고 할 수 없는 것과 마찬가지다. 홀로그램은 궁극의 3차원 디스플레이다. 2차원 이미지를 어중간하게 입체처럼 보이게 하는 것이 아니다. 그렇기에 난이도가 상상을 초월할 정도로 높아 수많은 연구가 계속해서 수행 중이다.

일단 개발만 된다면 홀로그램은 3차원 디스플레이 외의 분야에서도 광범위하게 사용될 것이다. 현미경에 접목하면 미시 세계를 더욱 자세하게 볼 수 있다. 비대면이 일상이 된 요즘 같은 시기에는 홀로그램을 이용한 실시간 수업이나 회의가 각광받을 게 분명하다. 사용자들이 훨씬 몰입할 테니 말이다. 실제로 2020년 8월 김우승 한양대학교 총장이 홀로그램을 활용한 새로운 교육 방식을 소개한 바 있다.[26] 3차원 객체의 모든 모습을 투영 영상으로 기록하는 일도 가능하다. 더욱 많은 예가 있지만, 뒤에서 자세히 다룰 예정이므로 일단 줄이겠다.

빛을 완전히 기록하는 기술

그렇다면 진정한 홀로그램은 무엇인가. 대체 어떠한 기술이길래 많은 사람이 '궁극의 3차원' 같은 미사여구를 붙이며 극찬하는 것일까. 홀로 그램의 어원을 살펴보면 그리스어에서 '완전하다'라는 뜻의 holo와 '기록'이라는 뜻의 gram이 합쳐진 형태다. 말 그대로 빛을 기록하고 재생하는 기술이다. 진폭과 위상 같은 빛의 정보를 사용하는 것이다. 정보가 있으니 언제든 다시 불러낼 수 있고, 원하는 대로 편집할 수 있다. 한마디로 공중에 띄운 3차원 이미지나 영상은 곧 빛의 정보다. 이처럼 빛을 조절한다니, 정말 꿈의 기술이다.

홀로그램 개념은 1948년 가버가 《네이처》에 발표한 논문에서 탄생했는데, 여전히 갈 길이 멀다.[27] 홀로그램으로 정확한 상을 만들려면 픽셀 단위로 빛의 진폭과 위상을 변조해야 한다. 현대물리학에서도 극도로 어려운 분야인 파동과학을 깊이 연구해야 하므로 진입 장벽이 굉장히 높다. 애초에 빛의 정보, 즉 데이터를 추출하기도 어렵다. 하지만 단 한 번도 홀로그램 연구가 끊긴 적은 없다. 지금도 연구 중이고 응용 분야도 확대되고 있다. 감히 전망해 보건대, 그리 먼 미래의 일 같지도 않다.

예를 들어보자. HUD라는 장비가 있다. 전투기가 등장하는 영화를 유심히 보면 조종석 앞에 작은 유리판이 달려 있는데, 이것이 바로 HUD다. 평소에는 투명한 유리판에 불과한데, 일단 구동되면 전투기 조종사에게 필요한 온갖 정보가 뜬다. 치열한 전투 중에 복잡한 계기판을 일일이 확인할 수 없으므로, 머리 앞에 중요 정보를 표시해 주는 것

웨이레이의 최첨단 HUD. 운전과 관련된 각종 정보를 실시간으로 앞 유리에 표시한다.

이다. 최근에는 자동차에도 적용되고 있다. 현재 사용되는 대부분의 HUD는 앞서 설명한 가짜 홀로그램처럼 반사경을 이용하는 방식이다. 그런데 2019년 각종 전장을 연구, 개발하는 스위스 기업 웨이레이^{WayRay}가 세계 최대 가전 제품 전시회인 국제전자제품박람회^{Consumer Elec-tronics Show}에서 반사경을 없애 좀

더 홀로그램에 가까워진 HUD를 선보였다. 자동차 앞 유리에 특수한 광학 소자를 코팅해 AR 디스플레이로 활용하는 방식이다. 그보다 앞서 2016년에는 삼성디스플레이가 디스플레이 기업들의 전면전이 펼쳐지는 국제정보디스플레이학회^{Society for Information Display} 전시회에서 홀로그램 디스플레이를 내놓았다. 2017년에는 우리나라의 초정밀 광학 기업 토모큐브^{Tomocube}가 세계 최초로 홀로그램 현미경을 개발해, 샘플을 파괴하거나 접촉하지 않고도 3차원으로 측정하는 데 성공했다.

개발되는 미래

사람에 따라 감흥을 느끼지 못할 수 있다. 그런데 완성조차 되지 않은 기

술인 홀로그램 관련 시장이 2022년에는 미국 105억 달러, 유럽 33억 달러, 일본 24억 달러에 육박할 것으로 전망된다. 전 세계적으로는 205억 달러 규모가 될 듯한데, 연평균 6.8퍼센트 내외로 급성장하고 있다.[28] 일상에서 홀로그램을 경험하기 힘든 것은 사실이다. 하지만 혁신은 소리 소문 없이 준비되다가 갑자기 등장한다. 1992년 IBM이 세계 최초의 스마트폰을 개발했을 때 눈여겨본 사람은 아무도 없었다. 하지만 2007년 애플이 최초의 아이폰을 내놓은 이후 스마트폰 없는 일상은 상상조차 할 수 없게 되었다. 그러니 홀로그램도, 지금은 막연한 미래의 일로 보이지만, 어느 순간 일상에 스며들지 모른다. 그때가 되면 사람들은 홀로그램의 강력한 힘을 체감하게 될 것이다. 가버는 이렇게 말했다.

"미래는 예측할 수 없다. 하지만 개발할 수 있다."

스위칭

시간을 되돌리는 '미친' 기술

완벽한 홀로그램을 만들기 위해서는 빛을 제어할 수 있어야 한다. 빛은 직선으로 뻗어 나가는데, 이를 어느 지점에서 멈춰야 3차원 상이 그려질 테니까. 그런데 최근 파동을 되돌리는 기술이 발표되어 세계를 깜짝 놀라게 했다. 빛은 파동의 성질을 가지니 이를 적용하면 빛도 되돌릴 수 있지 않을까. 그러면 특정한 시간대의 모습을 반복해서 보여주는 효과를 낼 수 있다. 기술이 좀 더 성숙한다면 가상현실 시장을 완전히 장악할 것이다.

8

디스플레이 전쟁의 서막

디스플레이의 끝판왕은 누가 뭐라고 해도 홀로그램이다. 홀로그램과 앞서 살펴본 각종 가상현실 기술이 모두 상용화되면 어떻게 될까. 예를 들어 홀로그램과 촉각을 전달하는 의상이 결합한다면? 그래서 홀로그램으로 눈앞에 구현된 누군가, 또는 무언가를 만질 수 있다면? 게임이나 영화를 정말 실감나게 체험할 수 있지 않을까. 예를 들어 게임에서 공격 당하거나, 영화에서 귀신이 나타나면 시각적으로 깜짝 놀랄 뿐 아니라 촉각적으로 아프거나 서늘함을 느끼는 것이다. 엄청난 시장 가치가 예상되지 않는가.

시야각과 화면 크기를 모두 잡는 법

그러나 홀로그램은 해결해야 할 난제가 굉장히 많다. 1948년 가버가 개념을 제시한 이후 현재까지도 진정한 홀로그램은 나타나지 않고 있다. 실험실에서는 어느 정도 구현되었으나, 상용화하기에는 부족한 점이 많다. 특히 디스플레이에서 구현되는 홀로그램의 경우, 화면을 키우면 시야각이 좁아지고, 시야각을 넓히면 화면이 작아지는 문제가 있다. 즉 디스플레이의 크기와 시야각이 반비례한다. 시야각은 말 그대로 화면을 제대로 볼 수 있는 각도다. 우리가 스마트폰을 볼 때 정확히 정면에서 보는 일은 극히 드물다. 각자 편한 자세로 약간 위나 아래, 옆에서 본다. 그래도 보기에 불편함이 없는 것은 시야각이 넓기 때문이다. 내가 어릴 때 쓰던 PMP는 시야각이 너무 좁아서 머리를 조금만 옆에 두어도 화면이 거의 보이지 않았다. 그런 디스플레이는 좋다고 하기 어렵다.

홀로그램도 마찬가지다. 화면도 크고 시야각도 넓어야 한다. 그런데 현재 기술로는 시야각을 30도 정도 얻으려면 디스플레이를 가로세로 2밀리미터로 작게 만들어야 한다. 물론 제작비는 수천만 원에 달할 테고. 이걸 돈 주고 살 사람은 없다. 이것이 바로 홀로그램의 현주소다.

그런데 이런 상황을 타개할 연구가 2020년 11월 《네이처 커뮤니케이션스》에 실렸으니, 삼성전자 종합기술원 연구팀이 8년여간 매달린 끝에 시야각 문제를 상당 부분 해결한 것이다.[29] 당연한 이야기이지만, 삼성전자는 정부출연연구기관이 아니기에 회사의 이익을 최우선으로 여긴다. 즉 홀로그램을 연구할 때도 상용화가 되는지 안 되는지, 반도체나 디스플레이와 연계할 수 있는지 아닌지를 중요하게 따진다. 한마디로 돈 받고 팔 수 없는 기술은 다루지 않는다. (물론 당장 가능성이 보이지 않는 연구에도 투자하지만, 제일 중요한 기준은 상용화다.) 이런 점에서 삼성

풀컬러 홀로그램 영상. 디스플레이는 엄연히 평면이지만, 산호, 거북이 등의 심도가
모두 다르게 표현된다. 정말 물리적으로 서로 일정한 거리를 둔 채 존재하는 것처럼
보인다. (하나는 진하게 보이고, 다른 하나는 흐리게 보이도록 영상을 만든 게 아니다.)
그래서 카메라 초점을 산호에 맞추고 찍은 사진(왼쪽)은 거북이가 흐리게 나오고,
반대로 초점을 거북이에 맞추고 찍은 사진(오른쪽)은 산호가 흐리게 나온다.

전자 종합기술원이 홀로그램 연구에 진력했다는 것은 눈여겨볼 만하
다. 앞서 짚은 문제를 해결하고 상용화에 좀 더 가까워질 혁신적인 방
법을 모색했다는 뜻이기 때문이다. 실제로 연구팀은 4K 홀로그램 영
상을 구현할 수 있는 방법을 제시했다. 구현한 것이 아니고 일단 방법
만, 즉 기술적·이론적 근거만 내놓은 것이다. 그리고 여기에 근거해 세
계 최초로 (4K가 아닌) 30프레임의 풀컬러 홀로그램 영상을 만들었다.
어떻게 가능했을까. 우선 연구팀은 SLM^Spatial Light Modulator(공간 광 변조
기)을 활용했다. 3차원 영상을 만드는 장치인데, 지금까지 개발된 것들
은 시야각이 나빴다. 연구팀은 각종 광학 소자를 직접 개발해 이 문제를
해결했다.

6G 통신이 필요한 이유

앞서 강조했지만 홀로그램을 구현하는 디스플레이는 그 크기와 시야각이 반비례한다. 홀로그램의 구현은 다음 식을 따르기 때문인데, 간단히 설명하면 구현할 이미지의 크기^{W}와 시야각$^\theta$의 곱은 파장$^\Lambda$과 픽셀 수^{N}의 곱과 같다는 뜻이다.

$$W \times \theta = \Lambda \times N$$

이때 크기를 키우고 시야각도 넓히려면, 빛의 파장은 고정되어 있으므로 SLM의 픽셀 수를 늘리는 수밖에 없다. 빛의 파장은 삼원색(빨강, 초록, 파랑)으로 정해져 있으니 우리가 손댈 수 없다. 그런데 연구팀은 직접 개발한 광학 소자로 픽셀 수를 늘리지 않고도 이 문제를 해결했다. 쉽게 말해 픽셀을 더욱더 촘촘히 배치한 것이다. 이를 적용해 바뀐 식은 이렇다.

$$W \times \theta = \Lambda \times N(1 + pSLM/pBD)$$

추가된 'p'는 픽셀 피치$^{pixel\ pitch}$를 표시하는데, 픽셀 간의 거리다. 연구팀은 SLM의 픽셀 피치(pSLM)를 58마이크로미터로, 광학 소자인 BD $^{Beam\ Deflector}$(빔 편향기)의 피치(pBD)를 2마이크로미터로 줄임으로써 약 30배 넓은 시야각을 구현해 냈다. 또한 이를 바탕으로 풀컬러 홀로그램

손 위의 요정. 시야각을 개선했기 때문에 어떤 거리에서 보아도 손 위에 요정이 올라간 것처럼 보인다.

영상을 만들고, 4K 홀로그램 영상이 가능하다는 근거를 제시했다. 연구를 주도한 이홍석 연구원은 "홀로그램 생성부터 재생까지 전체적으로 완성된 시스템을 구현해 상용화 가능성을 확보했다"라며 의의를 밝혔다.

이번 연구는 SLM의 시야각을 크게 개선하는 데 성공했다. 하지만 한 가지 문제가 더 남았다. 3차원 영상은 2차원 영상보다 처리해야 할 데이터의 양이 매우 많은데, 그렇다면 전송 속도가 관건이다. 완벽한 홀로그램이 만들어졌는데, 인터넷이 느려 관련 콘텐츠를 이용하지 못하면 무슨 소용인가. 그런데 우리는 아직 5G 통신도 제대로 경험하지 못하고 있다.

그래도 많은 전문가가 5G 통신 보급이 점점 빨라질 것으로 본다. 그리고 10년 정도 지나면 6G 통신이 보급될 것으로 전망한다. 실제로 삼성전자는 이미 6G 통신 기술을 선점하기 위한 연구에 착수했다. 2020년 7월 삼성전자는 《새로운 차원의 초연결 경험》이라는 제목의 6G 통신 백서를 공개하며, 5G 통신보다 50배 빠르고 지연 시간은 10분의 1로 줄어든 '미친' 속도를 제시했다. 정말 그렇게만 된다면 영화 〈어벤져스

Avengers)에 나오는 홀로그램 화상 회의도 가능할 것이다. 실시간으로 엄청난 양의 데이터를 전송할 수 있으니까.

스마트폰 시장을 뒤엎을 예정

홀로그램 기술이 스마트폰에 탑재된다면, 해당 시장의 판도가 완전히 뒤집힐 것이다. 영화부터 게임과 드라마까지 온갖 콘텐츠가 손바닥만 한 스마트폰에서 홀로그램으로 구현된다면 누가 다른 디스플레이에 눈을 돌리겠는가. 나는 삼성전자가 개발 중인 홀로그램 기술이 당연히 갤럭시에 가장 먼저 적용되리라고 생각한다. 그래야 새로운 시장을 선점할 수 있으니까. 갤럭시 폴드와 갤럭시 Z 플립이 좋은 예다.

삼성전자는 세계적인 스마트폰 기업이고 삼성디스플레이는 세계적인 디스플레이 기업이다. 세계 스마트폰 시장을 아이폰과 갤럭시가 절반 넘게 차지하는 상황에서, 애플은 삼성디스플레이나 LG디스플레이의 부품을 쓰고 있다. 실제로 한 타이완 매체는 2020년 출시된 아이폰 12의 80퍼센트가 삼성디스플레이가 만든 OLED를 장착하고 있다고 분석했다.[30] 그러니 갤럭시가 홀로그램 기술을 탑재한 최초의 스마트폰이 될 가능성이 크다. 물론 뜬금없이 제3의 스마트폰이 등장해 지각 변동을 일으킬 수도 있지만, 그게 가능할지, 가능하다면 누가 주인공이 될지는 아무도 알 수 없다.

지금이야 우수한 성능의 AP와 브랜드 충성도 등으로 아이폰이 갤럭시보다 많은 인기를 누리고 있지만, 정말 초격차를 실현할 기술이 갤럭시에 적용된다면 상황은 달라질 것이다. 그리고 그 기술은 홀로그램이 될 가능성이 크다. 상상해 보라. 4K 해상도로 홀로그램 영상을 볼 때의 시각적 충격을. 정말 우리가 상상만 했던, 만화나 영화로만 보았던 세상이 오고 있다.

스위칭

2차원 디스플레이의 제왕이 온다

홀로그램이 주는 감동이 아무리 크다고 해도 2차원 디스플레이가 사라지진 않을 것이다. 오늘날 2차원 디스플레이 기술 발전의 열쇠를 쥔 것은 청색 LED다. 기술적으로 구현하기 굉장히 어렵기 때문인데, 개발에 성공한 과학자가 2014년 노벨물리학상을 받았을 정도다. 그리고 최근 이를 적용한 마이크로 LED가 주목받고 있다. LCD 없이 직접 빛을 낼 수 있어 OLED보다 밝고 번인 현상은 적기 때문이다. 디스플레이 전쟁은 이제 시작이다.

9

빛을 만지다

홀로그램도 '본다'는 방식을 벗어나지는 않는다. 그런데 홀로그램을 만질 수 있다면 어떨까. SF 영화계의 기념비적 작품인 〈서기 2019 블레이드 러너$^{Blade Runner}$〉의 후속작 〈블레이드 러너 2049$^{Blade Runner 2049}$〉를 보면 조이^{Joi}라는 여성형 인공지능 홀로그램이 등장한다. 영화상에서는 빛을 쏘지 않아도 스스로 존재할 정도의 최첨단 기술의 산물이지만, 만질 수는 없다. 빛은 빛이니까.

분명 존재하므로 보고 싶다

지금까지 BCI에서 시작해 온갖 가상현실 연구를 살펴보았다. 이쯤에서 '본다는 것'의 의미를 생각해 보자. 아인슈타인은 어릴 때부터 멈춰 있는 빛을 보고 싶어 했다. 열여섯 살에는 빛에 올라타 다른 빛을 보면 얼어붙은 파동처럼 보일 것이라고 상상했다. 이는 훗날 특수상대성이론으로 이어지니, 어린아이의 작은 생각이 300년간 과학을 지배했던 뉴턴의 고전물리학을 박살낸 것이다. 여하튼 빛은 진공일 경우 초속 30만 킬로미터의 속도로 이동한다. 아인슈타인이 상상했던 것처럼 이 빛을 순간 포착해 사진에 담으면 어떤 모습일까.

이런 궁금증 자체가 '현생'에 하등 쓸모없는 것이라고 생각할 사람들이 있을지 모른다. 그들은 왜 굳이 더 작은 물체를, 더 짧은 시간을 측정하는지 이해하지 못한다. 그것보다는 당장 써먹을 수 있는 기술을 개발하는 데 집중해야 하지 않냐고 목소리를 높인다. 나는 그들에게 뮤온 중성미자를 발견한 공로로 1988년 노벨물리학상을 받은 리언 레더먼^{Leon Lederman}의 일화를 들려주고 싶다. 그가 대중을 위해 물리학을 강연하고 있을 때였다. 한창 강연 중에 누군가 손을 들고 도발적인 질문을 던졌다. "원자를 직접 보신 적 있나요? 본 적도 없으면서 어찌 그렇게 자신만만할 수 있죠?" 평범한 사람이라면 무례하다고 화냈을 법한데, 노벨물리학상 수상자는 역시 다른 듯하나. 레더먼은 굉장히 일리 있는 질문이라고 인정했다. 곰곰이 생각해 보니 정말 본 적도 없는 걸 확신에 차서 말하고 있었으니까. 본인뿐 아니라 모든 과학자가 말이다. 원자를 실제로 본 사람은 없다. 그렇지만 원자는 분명 존재한다. 본 적은 없지만, 존재한다는 것은 알고 있는 셈이다. 바로 그렇기 때문에 너무나 보고 싶다. 바로 이런 문제의식이 레더먼의 뮤온 중성미자 발견에 영향을 미치지 않았을까.

빛도 마찬가지다. 우리는 빛이 입자와 파동의 특징을 동시에 띤다는 것을 알고 있다. 수많은 현상이 이를 증명한다. 하지만 빛의 그러한 모습을 직접 본 사람은 없다. 그러니까 보고 싶은 것이다. 본 적 없으니까.

그리고 이 마음을 충족시킨 연구가 있다. 2020년 12월《네이처》에 피츠버그대학교 연구팀이 "빛의 스냅숏을 찍고, 빛을 멈추며, 빛을 이용해 물질의 특성을 바꾸는" 연구를 발표했다.[31] 연구팀은 매우 빠른 것을 현미경으로 관찰하는 일ultrafast microscopy에 특화된 이들이다. 예를 들어 직접 만든 전자현미경으로 330아토초의 순간에 고체의 표면에서 어떤 일이 벌어지는지 측정할 수 있을 정도다. 참고로 1아토초는 100경 분의 1초다. 그런데 이번 연구는 아토초보다 1,000분의 1 이상 짧은 펨토초 단위의 시간에 빛이 어떻게 움직이는지 밝혀냈다. 연구팀은 20펨토초 동안 발생한 빛의 움직임을 포착하고 시각화했다. 말 그대로 '미친' 정밀함이다. 이 기술을 활용하면 빛을 이용해 원자를 직접 조작할 수 있고,

반도체에 적용하면 스위칭 등의 과정을 훨씬 빠르게 할 수 있다. 빛은 모든 기술의 핵심이다. 이유는 간단하다. 거의 모든 과학과 공학은 빛을 이용해 측정하고 관찰하기 때문이다. 이제 여러분도 (빛을 통해) 본다는 것의 의미와 가치를 느꼈으리라 생각한다.

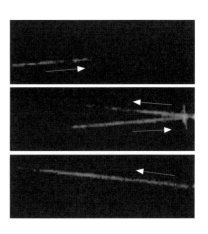

2018년 긴키대학교 연구팀이 세계 최초로 촬영한 빛. 나노초 단위로 거울에 반사되는 빛을 찍었다.

볼 수 있다면 만지고 싶다

그런데 빛을 보는 것을 넘어 만질 수 있다면 어떨까. 이는 아인슈타인조차 상상하지 못한 영역임이 분명하다. 2016년 5월 《그래픽에 관한 ACM 처리 *ACM Transactions on Graphics*》에 쓰쿠바대학교 연구팀이 만질 수 있는 홀로그램을 발표했다.[32] 2차원 영상은 디스플레이가 빛을 주사하거나, 스크린 등에 상이 맺혀 만들어진다. 반면 완벽한 3차원 영상, 즉 홀로그램은 (빛을 쏘기만 하면) 공중에 펼쳐진다. 지금 당장 여러분의 손 위에 다른 장치 없이 3차원 영상이 떠 있다고 생각하면 된다. 그러면 전후좌우, 위아래를 자유롭게 모두 볼 수 있다. 화면조차 필요 없으니 바로 앞 꼭지에서 설명한 홀로그램 기술보다 진일보한 것이다.

이것이 가능하려면 공기 분자를 플라스마 plasma로 바꿔 빛을 내게 하면 된다. 플라스마란 기체에 열을 가해 원자와 전자를 분리시킨 상태다. 우리가 아는 가장 대표적인 플라스마 상태의 기체가 바로 태양이다. 정말 공중에 떠서 엄청난 에너지로 빛을 내지 않는가. 그런데 이런 상태의 홀로그램을 우리 일상에서 쓸 수 있을까. 손 위에 올려놓으면 뼈도 못 추리지 않을까.

연구팀은 이 문제를 펨토초 레이저를 이용해 해결했다. 펨토초 레이저란 말 그대로 펨토초, 즉 1,000조 분의 1초를 단위로 하는 레이저다. 보통 관찰 대상에 10~50펨토초 정도 레이저를 쏘아 반사된 빛을 분석해, 그 찰나의 순간 관찰 대상이 어떻게 움직이는지, 변화되는지 관측한다. 이때 핵심은 아주 짧은 시간이다. 즉 펨토초 레이저로 공기 중에 아주 짧게 강력한 에너지를 쏘아 플라스마를 만들면, 만져도 손이 다치지 않는다. 예를 들어 송곳의 끝 부분으로 손바닥을 꾹 누르면 관통상을 입겠지만, 톡톡 치면 단지 느낌만 나는 것과 비슷한 경우다. 한마디로 시각

만질 수 있는 빛.

과 촉각을 동시에 자극한다. 이런 수준의 홀로그램이라면 보는 것 이상의 생생함을 전달할 수 있을 것이다.

인간의 욕망에 미래가 있다

지금 한창 연구 중인 가상현실, 증강현실, 홀로그램 등은 모두 빛이 핵심이다. 순탄하게 진행된다면 10~20년 뒤에는 상용화에 성공할 듯싶다. 내 유튜브 채널을 유심히 본 사람이라면 관련 연구를 많이 다룬다는 것을 알 것이다. 이유는 간단한다. 미래에 분명 돈이 될 것으로 보기 때문인데, 나만의 생각이 아니다. 에트리가 출간한 책에 이런 대목이 나온다. "에트리 연구팀은 현재 국가 전략 프로젝트에 맞춰 가상·증강현실을 연구 중이다. 그렇다면 다음에 올 현실은? 지금 시점으로는 홀로그램을 꼽을 수 있을 듯하다."[33] 삼성전자도 바보가 아니다. 사기업은 돈 되는 기술이 아니면 안 만든다. 그리고 보란 듯이 풀컬러 홀로그램 영상을

발표했다. 발표한 게 이 정도 수준이면 내부에서는 그 이상 연구가 진척되었는지 모른다. 쓰쿠바대학교 연구팀을 이끈 오치아이 요이치^{落合陽一} 교수는 2017년 5월 픽시 더스트 테크놀로지스^{Pixie Dust Technologies}라는 회사를 차렸다. 이 회사 홈페이지에 접속하면 이런 문구를 볼 수 있다.

"우리는 사물에서 장^{field}으로 패러다임을 전환하고 사용자에게 마법 같은 경험을 제공한다. …… 각종 문제를 해결하고 공기를 거쳐 정보를 전달하는 기술을 개발 중이다."

저 문구만으로 판단할 수는 없지만, 그래도 연구가 진행 중임은 알 수 있다. 사실 홀로그램 분야는 일본이 굉장히 앞서고 있다. 시장 조사 기관 글로벌 마켓 인사이트^{Global Market Insight}는 2024년 기준 아시아에서 가장 큰 홀로그램 시장은 일본이 되리라고 전망했다.[34] 일본이 홀로그램 분야에서 두각을 드러내는 데는 여러 이유가 있겠으나, 성인 산업의 영향이 크다. 어떤 기술이든 인간의 욕망을 채워줄 분야에 빠르게 적용되기 마련이다.

단언컨대 가상현실

앞서 2022년 홀로그램 시장이 205억 달러 규모에 달하리라는 전망을 소개했다. 우리나라 시장은 그중 2~3퍼센트에 불과하지만 포기하기는 이르다. 우리나라는 디스플레이와 통신 분야의 세계적 강국이다.

이토록 진지하게 고민하는 것은, 그만큼 가상현실 기술이 '미래 먹거리'가 될 것으로 믿기 때문이다. 누군가 나에게 10~20년 뒤 혁신을 일으킬 기술을 묻는다면, 단언컨대 가상현실이라고 답할 것이다. 가능하다면 관련 아이템으로 사업을 해보고 싶을 정도다. 물론 위험한 길일 테다. 기술 자체가 사장될 위험은 차치하고, 각종 규제에 국민 정서도 따져야 한다. 하지만 성공은 도전하는 자의 몫 아닌가. 김범수 카카오^{Kakao} 이사회 의장은 2007년 NHN을 떠나며 요한 볼프강 폰 괴테^{Johann Wolfgang von Goethe}의 말을 인용, 나름의 각오를 밝혔다.

"배는 항구에 정박해 있을 때 가장 안전하다. 그러나 그것이 배의 존재 이유는 아니다."

스위칭

신은 죽었고, 불가능은 없다

빛이 파동이자 입자임이 밝혀진 순간부터 세상은 확률에 지배받고 있다. "신은 주사위 놀이를 하지 않는다"라는 아인슈타인의 말은 결국 틀렸다. 미시 세계에서 입자의 정확한 위치와 속도는 신도 동시에 알 수 없다. 그런데 그것을 포착한 연구가 발표되었다. 파동이자 입자인 상태의 빛을 촬영해 눈으로 보는 데 성공한 것이다. 과학기술에 불가능은 없다. 우리가 '넥스트 시나리오'를 기대하는 이유다.

1장 반도체, 세상을 바꾸는 1나노미터

1 고영태, 〈국민 95%가 스마트폰 사용…보급률 1위 국가는?〉, 《KBS NEWS》 (2019).

2 International Data Corporation, "Smartphone Market Share," International Data Corporation (2021).

3 "Intel: The Making of a Chip with 22nm/3D Transistors," Intel, last modified May 26, 2012, https://www.youtube.com/watch?v=d9SWNLZvA8g.

4 Novoselov, K.S. et al, "Electric Field Effect in Atomically Thin Carbon Films," *Science* 306 (2004): 666-669, doi: 10.1126/science.1102896.

5 황철성, 〈D램은 큰 데이터 빨리 처리… 낸드플래시는 10년간 정보 저장〉, 《조선비즈》 (2015).

6 김만기, 〈휘어지는 트랜지스터 속도가 100배 빨라졌다〉, 《파이낸셜뉴스》 (2020).

7 정재훈, 〈투명 잉크로 찍어내는 고성능 트랜지스터 개발〉, 《전자신문》 (2020).

8 권봉석, 〈인텔, 새로운 트랜지스터 구조 '슈퍼핀' 공개〉, 《지디넷코리아》 (2020).

9 Kahng D.W., "Electric field controlled semiconductor device," AT&T Corp (1960).

10 장우애, 〈반도체 산업 현황 및 우려 점검〉, IBK경제연구소 (2019).

11 정미하, 〈5G, 韓 반도체 사업에 호재〉, 《이코노미조선》 (2019).

12 장주영, 〈AI · 자율차 이끌 두뇌 비메모리, 한국 점유율은 4%뿐〉, 《중앙일보》 (2020).

13 차대운, 〈中 반도체 추격 본격화…YMTC "64단 낸드 양산 시작"〉, 《연합뉴스》 (2019).

14 황정수, 〈韓 · 中 반도체 격차 1년으로 좁혀졌다〉, 《한국경제》 (2020).

15 권오현, 《초격차: 넘볼 수 없는 차이를 만드는 격》, (쌤앤파커스, 2018).

16 주성호, 〈삼성전자, 亞 상장기업 '시가총액' 3위…3200억달러〉, 《파이낸셜뉴스》 (2019).

17 임상균, 〈거위가 될 뻔했던 '국민주' 삼성전자〉, 《매일경제》 (2021).

18 이선희, 이용익, 〈스탠퍼드大 컴공 정원 739명…서울大는 15년째 55명〉, 《매일경제》

(2019).

19 남윤선, 〈이석희 원장 "IoT 시대 주도하려면 시스템 반도체 인재확보 시급"〉,《한국경제》(2014).

20 Kim, S.H. et al, "Thickness-controlled black phosphorus tunnel field-effect transistor for low-power switches," *Nature Nanotechnology* 15 (2020): 203-206, doi: 10.1038/s41565-019-0623-7.

21 Jeong, J.W. et al, "Tunnelling-based ternary metal-oxide-semiconductor technology," *Nature Electronics* 2 (2019): 307-312, doi: 10.1038/s41928-019-0272-8.

22 Shin, S.h. et al, "Compact Design of Low Power Standard Ternary Inverter Based on OFF-State Current Mechanism Using Nano-CMOS Technology," *IEEE Transactions on Electron Devices* 62 (2015): 2396-2403, doi: 10.1109/TED.2015.2445823.

23 이종현, 〈Unist 전기전자컴퓨터공학부, 3진법 소자 연구 역량 두각 드러내〉, Unist News Center (2017).

24 National Science Foundation, "Virtual 'UniverseMachine' sheds light on galaxy evolution," National Science Foundation (2019).

25 Isi, M. et al, "Testing the no-hair theorem with GW150914," *Physical Review Letters* 123 (2019), doi: 10.1103/PhysRevLett.123.111102.

26 Lee, H.J. et al, "Scale-free ferroelectricity induced by flat phonon bands in HfO2," *Science* 369 (2020): 1343-1347, doi: 10.1126/science.aba0067.

27 박신영, 〈삼성 발표에 전 세계가 놀랐다…TSMC 잡을 '비장의 무기' 뭐길래〉,《한국경제》(2021).

28 Chen, K., "Global Top Ten IC Foundries Ranked for 1Q19, with TSMC Expected to Reach 48.1% Market Share, Says TrendForce," TrendForce (2019).

29 권오현, 〈대만 TSMC 글로벌 반도체 기업 시가총액 1위…삼성전자 2위〉,《연합뉴스》(2020).

30 Song, S.G. et al, "Wafer-scale production of patterned transition metal ditelluride layers for two-dimensional metal-semiconductor contacts at the Schottky-Mott limit," *Nature Electronics* 3 (2020): 207-215, doi: 10.1038/s41928-020-0396-x.

31 삼성 뉴스룸, 〈삼성전자, 소재 원천기술 또 한 번 결실… '미래 반도체' 앞당긴다〉, 삼성

뉴스룸 (2020).

32 Hong, S.M. et al, "Ultralow-dielectric-constant amorphous boron nitride," *Nature* 582 (2020): 511-514, doi: 10.1038/s41586-020-2375-9.

33 양윤정, 〈"더 작고 빠르게"… 미래 반도체 핵심 신소재 발견〉, Unist News Center (2020).

34 Yang, H.J. et al, "Graphene Barristor, a Triode Device with a Gate-Controlled Schottky Barrier," *Science* 336 (2012): 1140-1143, doi: 10.1126/science.1220527.

35 Nguyen, V.L. et al, "Layer-controlled single-crystalline graphene film with stacking order via Cu-Si alloy formation," *Nature Nanotechnology* 15 (2020): 861-867, doi: 10.1038/s41565-020-0743-0.

36 Joo, W.J. et al, "Realization of continuous Zachariasen carbon monolayer," *Science Advances* 3 (2017), doi: 10.1126/sciadv.1601821.

37 김병욱, 〈반도체 패키징 공정기술의 이해와 전망〉, 《이슈앤테크》 42, (2015).

38 김태환, 〈국내 총 연구개발비 86조원…기업 R&D 전년비 10% ↑〉, 《조선비즈》 (2019).

39 강사윤, "Inflection point on Package Industry," ISMP (2019).

2장 바로 지금, 당신의 일상을 설계하는 반도체

1 조재범, 〈반도체 수출 전년비 52.1% 급증…12월1~10일 실적〉, 《뉴데일리경제》 (2020).

2 〈단언컨대 이게 한국의 미래 핵심 사업이 됩니다. (삼성, 하이닉스, 현대차가 미래를 건 미친 잠재력의 시장이 온다)〉, 에스오디 SOD, 2020년 8월 14일 수정, https://youtu.be/ImbwLQ2TQoQ.

3 박성은, 〈'인류 최고 천재' 뉴턴, 주식투자로 쪽박 찼다〉, 《연합뉴스》 (2017).

4 정미하, 앞의 글.

5 박진우, 〈삼성전자, '초격차' 앞세워 74조 車 반도체 시장 정조준〉, 《조선비즈》 (2021).

6 최광열, 〈요란하지 않지만 '강하다', 전력반도체〉, 《MSD》 (2019).

7 문지웅, 〈130조달러 ESG시장 놓고 'G2 격전'〉, 《매일경제》 (2020).

8　강동철, 〈AMD, CES 2020서 공세_올해 낸드 · D램 시장 상승세 기대〉, SK하이닉스 뉴스룸 (2020).

9　최용석, 〈메모리 다음은 차량용 반도체…삼성 · SK하이닉스 어디까지 왔나〉,《IT조선》(2019).

10　프라사드 돈, 〈차량용 반도체 시장에 대한 전망〉, 앰코테크놀로지 (2020).

11　신우철, 〈연금술사〉, IBK경제연구소 (2018).

12　김일규, 〈현대차가 투자한 美 SES 일냈다…'꿈의 배터리' 눈앞〉,《한국경제》(2021).

13　이재철, 〈반도체는 시작일뿐…車 · 배터리로 '화이트리스트 공포' 확산〉,《매일경제》(2019).

14　이은아, 〈슈퍼 이온전도성 고체전해질 신소재 개발… 폭발 · 화재 위험 없는 배터리 상용화 기대〉,《기계신문》(2020).

15　Jung, W.D. et al, "Superionic Halogen-Rich Li-Argyrodites Using In Situ Nanocrystal Nucleation and Rapid Crystal Growth," *Nano Letters* 20 (2020): 2303-2309, doi: 10.1021/acs.nanolett.9b04597.

16　한국전기연구원, 〈KERI, 꿈의 배터리 '전고체전지' 저비용 대량생산 길 열다!〉, 한국전기연구원 (2020).

17　Lee, Y.G. et al, "High-energy long-cycling all-solid-state lithium metal batteries enabled by silver-carbon composite anodes," *Nature Energy* 5 (2020): 299-308, doi: 10.1038/s41560-020-0575-z.

18　권오현, 앞의 책.

19　강동진, 박형욱, 〈한국 2차전지, 더해지는 성장스토리!〉, 현대차증권 (2021).

20　Catherine, N. et al, "Concealed user interfaces," Apple Inc (2020).

21　Rober, M.B. et al, "Augmented virtual display," Apple Inc (2020).

22　Rober, M.B. et al, "Immersive virtual display." Apple Inc (2018).

23　Mazuir, C. et al, System and method for dynamic privacy and window tinting, Apple Inc (2020).

24　Zhang, A.Y. et al, "System with holographic head-up display," Apple Inc (2020).

25　Varoglu, D. et al, "Wireless vehicle system for enhancing situational awareness," Apple Inc (2020).

26 Ludlow, E. et al, "Apple in Talks to Buy Self-Driving Sensors, Key Step in Car Plan," *Bloomberg* (2021).

27 Faust, D.A. et al, "Climate Control," Apple Inc (2020).

28 고영태, 〈특허 13만 8천 건…애플·삼성 누가 많을까?〉, 《KBS NEWS》(2018).

29 정예린, 〈애플, 車 특허 200건 보유…자율주행 '집중'〉, 《더구루》(2021).

30 HMG 저널, 〈자동차의 역사를 바꾸다, 수소전기차〉, HMG 저널 (2019).

31 Kim, Y.J. et al, "Highly efficient oxygen evolution reaction via facile bubble transport realized by three-dimensionally stack-printed catalysts," *Nature Communications* 11 (2020), doi: 10.1038/s41467-020-18686-0.

32 김경민, 김기진, 〈주목받는 수소경제…현대차 이어 한화 효성도 'H노믹스'〉, 《매일경제》(2020).

33 조귀동, 〈수소 충전소 툭하면 고장, 절반은 먹통…수소차 확산에 걸림돌 되나〉, 《조선비즈》(2020).

34 Schulz, F., "Germany plans to promote 'green' hydrogen with €7 billion," *EURACTIV* (2020).

35 Guselnikova, O. et al, "Plasmon-Induced Water Splitting—through Flexible Hybrid 2D Architecture up to Hydrogen from Seawater under NIR Light," *ACS Applied Materials & Interfaces* 12 (2020): 28110-28119, doi: 10.1021/acsami.0c04029.

36 McCrum, I.T., Koper, M.T.M., "The role of adsorbed hydroxide in hydrogen evolution reaction kinetics on modified platinum," *Nature Energy* 5 (2020): 891-899, doi: 10.1038/s41560-020-00710-8.

37 김형규, 〈1111억달러! 사우디 아람코, 애플 제치고 지난해 순이익 1위…삼성 3위〉, 《한국경제》(2019).

38 *FORTUNE*, "Global 500," *FORTUNE* (2020).

39 이은정, 〈LG이노텍, 열전 반도체 신사업 개시…"5년 후 매출 2천~3천억"〉, 《지디넷코리아》(2018).

40 윤진우, 〈LG이노텍, 열전 반도체 기술 'LG 오브제' 냉장고에 적용〉, 《한국경제》(2018).

41 김보형, 고재연, 〈LG이노텍 '옥에 티'였던 LED 조명·냉장고부품 사업 접는다〉, 《한국경제》(2020).

42 MarketsandMarkets, *Global Thermoelectric Modules Market with COVID-19 Impact Analysis by Model (Single Stage, Multi Stage), Type (Bulk, Micro, Thin Film), Functionality (General Purpose, Deep Cooling), End-use Application, and Region - Forecast to 2026*, (MarketsandMarkets, 2021).

43 김민철, 〈구기고 찢어도 자가 치유, '이온성 고효율 열전소재' 개발…세계 최초〉, 《케미컬뉴스》(2020).

44 김윤수, 〈카이스트, 버려지는 열로 전기 만드는 소재 성능 높였다〉, 《조선비즈》(2020).

45 김연균, 〈에너지하베스팅, 저전력기기 급증에 관심집중〉, 정보통신신문 (2020).

46 전황수, 장문규, 〈열전소자 시장 및 개발동향〉, 《전자통신동향분석》 29 (2014), 104-112.

47 브라이언 그린, 《멀티 유니버스: 우리의 우주는 유일한가》, 박병철 옮김, (김영사, 2012).

48 Gent. E., "Cerebras Upgrades Trillion-Transistor Chip to Train 'Brain-Scale' AI," *SingularityHub* (2021).

49 National Science Foundation, op cit.

50 Cortese, A.J. et al, "Microscopic sensors using optical wireless integrated circuits," *Proceedings of the National Academy of Sciences of the United States of America* 117 (2020): 9173-9179, doi: 10.1073/pnas.1919677117.

51 조진우, 조동현, 김희연, 〈4차산업혁명 초연결 기반을 만드는 기술, 스마트나노센서 산업동향〉, 한국산업기술평가관리원 (2018).

52 김혜진 외, 〈스마트 IT 융합 플랫폼을 위한 지능형 센서 기술 동향〉, 《전자통신동향분석》 34 (2019), 14-25, doi: 10.22648/ETRI.2019.J.340502.

53 허신, 〈센서산업 동향과 현황분석〉, 산업연구원 (2018).

54 이수환, 〈활용폭 커지는 MEMS 마이크로폰…놀즈와 인피니언이 주도〉, 《디지털데일리》(2016).

55 PePa, 〈휴대폰은 적어도 이렇게 바뀌어야 한다!!〉, 와이고수 (2008).

56 Talapin, D.V., Murray, C.B., "PbSe Nanocrystal Solids for n- and p-Channel Thin Film Field-Effect Transistors," *Science* 310 (2005): 86-89, doi: 10.1126/science.1116703.

57 Kim, J.M. et al, "Ultrathin Quantum Dot Display Integrated with Wearable Electronics,"

Advanced Materials 29 (2017), doi: 10.1002/adma.201700217.

58 홍성용, 〈삼성·구글이 '스마트 워치' OS 통합한 이유는〉,《매일경제》(2021).

59 유기돈, 양성진, 〈잠재력 큰 유기전자재료 시장, 화학·전자기업들의 새로운 격전지〉, LG경제연구원 (2014).

60 Mahmood, J. et al, "Fused Aromatic Network with Exceptionally High Carrier Mobility," *Advanced Materials* 33 (2021), doi: 10.1002/adma.202004707.

61 홍종현, 〈에너지 효율, 상위 1%에 도전하다〉,《YTN 사이언스》(2020).

62 Oh, S.J. et al, "Engineering Charge Injection and Charge Transport for High Performance PbSe Nanocrystal Thin Film Devices and Circuits," *Nano Letters* 14 (2014): 6210-6216, doi: 10.1021/nl502491d.

63 Yun, H.J. et al, "Solution-processable integrated CMOS circuits based on colloidal Cu-InSe2 quantum dots," *Nature Communications* 11 (2020), doi: 10.1038/s41467-020-18932-5.

64 Chen, H.S. et al, "Ray-optics cloaking devices for large objects in incoherent natural light," *Nature Communications* 4 (2013), doi: 10.1038/ncomms3652.

65 이종민, 〈빛을 천천히 가게 할 수 있나요?〉,《중앙일보》(2007).

66 정재훈, 〈노준석 포스텍 교수, "투명망토 15년쯤 뒤 실용화 될 것"〉,《전자신문》(2017).

67 Lee, H.E. et al, "Amino-acid- and peptide-directed synthesis of chiral plasmonic gold nanoparticles," *Nature* 556 (2018): 360-365, doi: 10.1038/s41586-018-0034-1.

68 Kim, M.S. et al, "Accordion-like plasmonic silver nanorod array exhibiting multiple electromagnetic responses," *NPG Asia Materials* 10 (2018): 190-196, doi: 10.1038/s41427-018-0033-6.

3장 미래를 책임질 반도체 시너지 기술

1 전동혁, 〈우주에서 소포보내기〉,《파이낸셜뉴스》(2008).

2 Arute, F. et al, "Quantum supremacy using a programmable superconducting processor," *Nature* 574 (2019): 505-510, doi: 10.1038/s41586-019-1666-5.

3 니시모리 히데토시, 오제키 마사유키, 《1억배 빠른 양자 컴퓨터가 온다: 인공지능의 미래를 결정할 양자 컴퓨터 이야기》, 신상재 옮김, (로드북, 2018).

4 이강봉, 〈1억 배 빠른 컴퓨터 언제 등장할까〉, 《사이언스타임즈》(2019).

5 김미희, 〈페이스북, 메타(Meta)로 사명 변경..메타버스 선도〉, 《파이낸셜뉴스》(2021).

6 Lu, Y.C. et al, "Reprogramming to recover youthful epigenetic information and restore vision," *Nature* 588 (2020): 124-129, doi: 10.1038/s41586-020-2975-4.

7 Foster. R., Kaplan, S., *Creative Destruction: Why Companies That Are Built to Last Underperform the Market-and How to Successfully Transform Them*, (Crown Business, 2001).

8 D'Argembeau, A. et al, "Modulation of medial prefrontal and inferior parietal cortices when thinking about past, present, and future selves," *Society for Neuroscience* 5 (2010): 187-200, doi: 10.1080/17470910903233562.

9 리타 맥그래스, 《모든 것이 달라지는 순간: 세계 최고 혁신 전문가 리타 맥그래스가 발견한 변곡점의 시그널》, 김원호 옮김, (청림출판, 2021).

10 삼성디스플레이 뉴스룸, 〈버려지는 에너지를 수확하는 '에너지 하베스팅'〉, 삼성디스플레이 뉴스룸 (2018).

11 노종연, 〈한국 남성 47% '탈모로 고통'… 37%가 "모발위해 음주 포기 가능"〉, 《경향신문》(2017).

12 Tak, Y.J. et al, "A randomized, double-blind, vehicle-controlled clinical study of hair regeneration using adipose-derived stem cell constituent extract in androgenetic alopecia," *STEM CELLS Translational Medicine* 9 (2020): 839-849, doi: 10.1002/sctm.19-0410.

13 Yao, G. et al, "Self-Activated Electrical Stimulation for Effective Hair Regeneration via a Wearable Omnidirectional Pulse Generator," *ACS Nano* 13 (2019): 12345-12356, doi: 10.1021/acsnano.9b03912.

14 심재율, 〈나노 발전기로 대머리 걱정 '뚝'〉, 《사이언스타임즈》(2019).

15 Hinchet, R. et al, "Transcutaneous ultrasound energy harvesting using capacitive triboelectric technology," *Science* 365 (2019): 491-494, doi: 10.1126/science.aan3997.

16 Chun, S.W., Pang, C.H., Cho, S.B. "A Micropillar-Assisted Versatile Strategy for Highly Sensitive and Efficient Triboelectric Energy Generation under In-Plane Stimuli," *Advanced Materials* 32 (2020), doi: 10.1002/adma.201905539.

17 조승한, 〈옷깃만 스쳐도 전기 잡는 소자 나왔다〉, 《동아사이언스》 (2020).

18 애슐리 반스, 《일론 머스크, 미래의 설계자: 지구상에서 가장 먼저 미래에 도착한 남자, 일론 머스크가 제시하는 미래의 프레임》, 안기순 옮김, (김영사, 2015).

19 Isobe, H., Xu, S.Y., Fu, L., "High-frequency rectification via chiral Bloch electrons," *Science Advances* 6 (2020), doi: 10.1126/sciadv.aay2497.

20 전승우, 〈'붐비는 와이파이'⋯테라헤르츠로 진화〉, 《한경BUSINESS》 (2015).

21 삼성 뉴스룸, 〈몇 방울의 물만으로 전기를? 누구도 가본 적 없던 길 걷는 신소재공학자〉, 삼성 뉴스룸 (2018).

22 Yun, T.G. et al, "Transpiration Driven Electrokinetic Power Generator," *ACS Nano* 13 (2019): 12703-12709, doi: 10.1021/acsnano.9b04375.

23 Bae, J.H., et al, "Self-operating transpiration-driven electrokinetic power generator with an artificial hydrological cycle," *Energy & Environmental Science* 13 (2020): 527-534, doi: 10.1039/C9EE02616A.

24 오유경, 〈에너지 하베스팅, 버려진 에너지의 재발견〉, 《카이스트신문》 (2019).

25 Liu, X.M. et al, "Power generation from ambient humidity using protein nanowires," *Nature* 578 (2020): 550-554, doi: 10.1038/s41586-020-2010-9.

26 김병희, 〈"대기 속 수증기로 전기를 만들어낸다"〉, 《사이언스타임즈》 (2020).

27 Huebner, J., "A possible declining trend for worldwide innovation," *Technological Forecasting and Social Change* 72 (2005): 980-986, doi: 10.1016/j.techfore.2005.01.003.

28 〈[궁극의 전쟁사] 전쟁에 쓰이는 물〉, 건들건들, 2021년 9월 25일 수정, https://www.youtube.com/watch?v=BejK_P4Wc50.

29 박혜경, 〈아프리카에서 흙탕물로 목 축이는 아이들〉, 《오마이뉴스》 (2016).

30 김규환, 〈포브스 선정 '30세 이하 아시아 리더'에 블랙핑크 등 한국인 28명 올라〉, 《서울신문》 (2019).

31 Kim, H.H. et al, "Water harvesting from air with metal-organic frameworks powered by natural sunlight," *Science* 356 (2017): 430-434, doi: 10.1126/science.aam8743.

32 Kim, H.H. et al, "Adsorption-based atmospheric water harvesting device for arid climates," *Nature Communications* 9 (2018), doi: 10.1038/s41467-018-03162-7.

33 오환희, 〈만수르 회사 규모-재산 얼마? '이자만 시간당 5억' 포브스 순위로 계산하면?〉,

《조선일보》(2015).

34 산업통산자원부 재생에너지산업과, 〈차세대 선도기술 조기확보를 위한 태양광 R&D 혁신전략〉, 산업통산자원부 재생에너지산업과 (2020).

35 성재용, 〈태양광 폴리실리콘 '엑소더스'… OCI 이어 한화솔루션 '포기'〉, 《뉴데일리》 (2020).

36 서장원, 〈초고효율 페로브스카이트 태양전지 소재 개발〉, 대한민국 정책브리핑 (2021).

37 Jeong, M.G. et al, "Stable perovskite solar cells with efficiency exceeding 24.8% and 0.3-V voltage loss," *Science* 369 (2020): 1615-1620, doi: 10.1126/science.abb7167.

38 정인준, 〈UNIST 석상일 교수팀, 페로브스카이트 태양전지 효율 세계기록 '갱신'〉, 《울산제일일보》(2021).

39 Yoo, J.J. et al, "Efficient perovskite solar cells via improved carrier management," *Nature* 590 (2021): 587-593, doi: 10.1038/s41586-021-03285-w.

40 Kim, C.U. et al, "Optimization of device design for low cost and high efficiency planar monolithic perovskite/silicon tandem solar cells," *Nano Energy* 60 (2019): 213-221, doi: 10.1016/j.nanoen.2019.03.056.

41 원호섭, 〈태양광 소재 '페로브스카이트'…세계가 주목하는 이유는〉, 《매일경제》(2020).

42 Kim, Y.H. et al, "Comprehensive defect suppression in perovskite nanocrystals for high-efficiency light-emitting diodes," *Nature Photonics* 15 (2021): 148-155, doi: 10.1038/s41566-020-00732-4.

43 Lee, C.H. et al, "Giant nonlinear optical responses from photon-avalanching nanoparticles," *Nature* 589 (2021) 230-235, doi: 10.1038/s41586-020-03092-9.

44 서영덕, 〈광사태 나노입자 세계 최초 발견 관련 설명〉, 대한민국 정책브리핑 (2021).

4장 반도체 인간의 탄생

1 전황수, 〈뇌-컴퓨터 인터페이스(BCI) 기술 및 개발 동향〉, 《전자통신동향분석》 26 (2011): 123-133, doi: 10.22648/ETRI.2011.J.260512.

2 Zhang, X. et al, "Tiny noise, big mistakes: adversarial perturbations induce errors in brain-computer interface spellers," *National Science Review* 8 (2021), doi: 10.1093/nsr/nwaa233.

3 Makin, J.G. et al, "Machine translation of cortical activity to text with an encoder-decoder framework," *Nature Neuroscience* 23 (2020): 575-582, doi: 10.1038/s41593-020-0608-8.

4 Srivastava, N. et al, "Dropout: A Simple Way to Prevent Neural Networks from Overfitting," *Journal of Machine Learning Research* 15 (2014): 1929-1958..

5 Xiong, W. et al, "Toward Human Parity in Conversational Speech Recognition," *IEEE/ACM Transactions on Audio, Speech, and Language Processing* 25 (2017): 2410-2423, doi: 10.1109/TASLP.2017.2756440.

6 Davis, N., "Scientists develop AI that can turn brain activity into text," *The Guardian* (2020).

7 Vu, P.P. et al, "A regenerative peripheral nerve interface allows real-time control of an artificial hand in upper limb amputees," *Science Translational Medicine* 12 (2020), doi: 10.1126/scitranslmed.aay2857.

8 Lee, W.W. et al, "A neuro-inspired artificial peripheral nervous system for scalable electronic skins," *Science Robotics* 4 (2019), doi: 10.1126/scirobotics.aax2198.

9 Yu, X.G. et al, "Skin-integrated wireless haptic interfaces for virtual and augmented reality," *Nature* 575 (2019): 473-479, doi: 10.1038/s41586-019-1687-0.

10 강동구, 〈초박판 글라스의 제조 및 플렉시블 디스플레이용 소재로의 적용〉, (석사학위, 호서대학교 공과대학원, 2011), 54.

11 Shi, X. et al, "Large-area display textiles integrated with functional systems," *Nature* 591 (2021) 240-245, doi: 10.1038/s41586-021-03295-8.

12 류현정, 〈페이스북 내 소셜VR팀 출범…세컨드라이프나 메타버스 나오나〉, 《조선비즈》 (2016).

13 Gaudet, C., "6 Strategies Netflix Can Teach Us for Dominating Our Market," Predictable Profits (2014).

14 김해석, 〈VR/AR산업 현황 및 전망〉, 정보통신산업진흥원 (2018).

15 Business Wire, "Strategy Analytics: AR/VR Outlook: Painful 2020 but Bright Future Ahead in New Normal," Business Wire (2020).

16 Morris, A., "'Epidermal VR' gives technology a human touch," Northwestern University (2019).

17 Imam, N., Cleland, T.A., "Rapid online learning and robust recall in a neuromorphic olfactory circuit," *Nature Machine Intelligence* 2 (2020): 181-191, doi: 10.1038/s42256-020-0159-4.

18 Intel Newsroom, "How a Computer Chip Can Smell without a Nose," Intel Newsroom (2020).

19 "How Neuromorphic Computing Uses the Human Brain as a Model," Intel Newsroom, last modified Nov. 19, 2019, https://www.youtube.com/watch?v=Z1GdHNwQtt4.

20 Han, W.B., et al, "Enhancement of membrane protein reconstitution on 3D free-standing lipid bilayer array in a microfluidic channel," *Biosensors and Bioelectronics* 141 (2019), doi: 10.1016/j.bios.2019.111404.

21 Miyashita, H., "Norimaki Synthesizer: Taste Display Using Ion Electrophoresis in Five Gels," *CHI EA 20: Extended Abstracts of the 2020 CHI Conference on Human Factors in Computing Systems* (2020): 1-6, doi: 10.1145/3334480.3382984.

22 이새봄, 〈금기 깨는 쾌락 산업 '19금 산업'이 뜬다?〉, 《매일경제》 (2019).

23 Moravec, H., "When will computer hardware match the human brain?," *Journal of Evolution and Technology* 1 (1998).

24 최대선, 〈알파고의 연산 능력〉, SOMETHING ODD (2016).

25 최인준, 〈일본 수퍼컴 '후가쿠' 또 세계 1위…한국은 자체 수퍼컴 0대〉, 《조선일보》 (2020).

26 김은영, 〈"비대면 수업, 홀로그램 · 가상현실 이용"〉, 《사이언스타임즈》 (2020).

27 Gabor, D., "A New Microscopic Principle," *Nature* 161 (1948): 777-778.

28 이길영, 〈홀로그램(Hologram) 기술의 이해와 서비스 사례〉 정보통신산업진흥원 (2019).

29 An, J.K. et al, "Slim-panel holographic video display," *Nature Communications* 11 (2020), doi: 10.1038/s41467-020-19298-4.

30 이정현, 〈"삼성디스플레이, 아이폰12 OLED 패널 80% 공급"〉, 《지디넷코리아》 (2020).

31 Dai, Y.N. et al, "Plasmonic topological quasiparticle on the nanometre and femtosecond scales," *Nature* 588 (2020): 616-619, doi: 10.1038/s41586-020-3030-1.

32 Ochiai, Y. et al, "Fairy Lights in Femtoseconds: Aerial and Volumetric Graphics Rendered by Focused Femtosecond Laser Combined with Computational Holographic Fields," *ACM Transactions on Graphics* 35 (2016): 1-14, doi: 10.1145/2850414.

33 ETRI 성과홍보실, 《디지털이 꿈꾸는 미래: 세상을 바꿀 테크놀로지》, (콘텐츠하다, 2018).

34 Global Market Insights, "Holographic Imaging Market Size By Product (Holographic Display, Holography Software, Holography Microscopes, Holographic Prints), By Application (Medical Imaging, Medical Education, Biomedical Research), By End-user (Pharmaceutical & Biotechnology Companies, Research Organizations, Academic Medical Centers, Hospitals & Clinics) Industry Analysis Report, Regional Outlook, Application Potential, Competitive Market Share & Forecast, 2018 - 2024," Global Market Insights (2019).

미래는 어떤 모습으로 다가오는가

반도체 넥스트 시나리오

초판 1쇄 발행 2021년 11월 17일 **초판 7쇄 발행** 2023년 8월 2일

지은이 권순용
펴낸이 이승현

출판2 본부장 박태근
지적인 독자 팀장 송두나
편집 김광연
디자인 윤정아

펴낸곳 ㈜위즈덤하우스 **출판등록** 2000년 5월 23일 제13-1071호
주소 서울특별시 마포구 양화로 19 합정오피스빌딩 17층
전화 02) 2179-5600 **홈페이지** www.wisdomhouse.co.kr

ⓒ 권순용, 2021

ISBN 979-11-68120-51-8 03320